U0593426

创新创业实践

主 编：温东荣 王海斌

厦门大学出版社
XIAMEN UNIVERSITY PRESS
国家一级出版社
全国百佳图书出版单位

图书在版编目（CIP）数据

创新创业实践 / 温东荣，王海斌主编. -- 厦门 ：
厦门大学出版社，2022.11
　　ISBN 978-7-5615-8828-4

　　Ⅰ．①创… Ⅱ．①温… ②王… Ⅲ．①大学生－创业
－高等学校－教材 Ⅳ．①G647.38

　　中国版本图书馆CIP数据核字(2022)第188483号

出 版 人	郑文礼
责任编辑	李峰伟

出版发行	厦门大学出版社
社　　　址	厦门市软件园二期望海路 39 号
邮政编码	361008
总 编 办	0592-2182177　0592-2181253(传真)
营销中心	0592-2184458　0592-2181365
网　　　址	http://www.xmupress.com
邮　　　箱	xmupress@126.com
印　　　刷	厦门兴立通印刷设计有限公司

开本	787 mm×1 092 mm　1/16
印张	15.5
插页	2
字数	322 千字
版次	2022 年 11 月第 1 版
印次	2022 年 11 月第 1 次印刷
定价	49.00 元

厦门大学出版社
微信二维码

厦门大学出版社
微博二维码

前　言

2014年9月,国务院总理李克强在夏季达沃斯论坛上提出,要在960万平方公里土地上掀起"大众创业""草根创业"的新浪潮,形成"万众创新""人人创新"的新势态。在2015年全国两会上,李克强总理在政府工作报告中指出要把"大众创业、万众创新"打造成推动中国经济继续前行的"双引擎"之一。从此以后,"大众创业、万众创新"的浪潮喷发,全国人民特别是大学生群体的创业热情得到激发。2017年8月,习近平总书记给第三届中国"互联网+"大学生创新创业大赛"青年红色筑梦之旅"的大学生回信,高度肯定了广大青年学生把激昂的青春梦融入伟大的中国梦,体现了奋发有为的精神风貌;高度赞扬了当代大学生学习延安精神,坚定理想信念,积极进取的意志品质;希望广大大学生扎根中国大地了解国情民情,在创新创业中增长智慧才干,在艰苦奋斗中锤炼意志品质,在亿万人民为实现中国梦而进行的伟大奋斗中实现人生价值,用青春书写无愧于时代、无愧于历史的华彩篇章。总书记的回信勉励再次点燃了广大青年大学生的创新创业热情,创新创业在全国上下,特别是在广大青年大学生中蔚然成风,星星之火已成燎原之势。然而,大学生作为创业的主体,在创业过程中不仅缺乏技术、缺乏知识,更重要的是缺乏经验、缺乏实践,导致大学生参与创新创业数量多,但成功案例极少。因此,在理论知识学习的基础上,开拓以实践为主的创新创业教材,对于指导大学生创新创业工作的开展具有重要的现实意义。本书作为创新创业系列教材的第二部,全书共分为5个篇章,分别为科技篇、文化宣传篇、教育篇、乡村振兴篇、环境卫生篇,并在第一部《创新创业基础》注重狠抓源头,从人才培养方案、三创课程体系建设等的基础上，更加注重执行，根据应用型大学"地方性、应用型"办学定位，结合创新创业人才培养目标要求，尝试通过不同领域的创业实践，从方案策划、前期准备、实践过程、总结提炼等方面系统阐述大学生创新创业过程中应该如何开展具体工作，努力加强大学生对创新创业实践环节的认识和了解，为大学生创新创业实践工作的开展奠定重要的基础。

由于时间及材料的限制，本书难免存在不足和疏漏之处，恳请专家、读者批评指正，提出宝贵的修改建议。

《创新创业实践》编写组

2022 年 7 月

龙岩

目　录

第一篇

科 技 篇

从"肠"计议

——畜禽肠道健康保护者,赋能养殖升级

农业农村农民问题是关系国计民生的根本性问题,中国要强,农业必须强;中国要美,农村必须美;中国要富,农民必须富。当前,我国最大的发展不平衡,是城乡发展不平衡;最大的发展不充分,是农村发展不充分。乡村振兴战略,正是党中央着眼"两个一百年"奋斗目标导向和农业农村短腿短板的问题导向做出的战略安排。产业振兴是加快农业农村经济发展的需要,是显著缩小城乡差距的需要,是乡村振兴的需要。

河田鸡是1000多年来福建省长汀县所特有的全国著名优质肉鸡地方品种。河田鸡养殖是山区农村响应乡村振兴号召的重要抓手,是实施产业振兴的重要路径。由于长期的消费习惯,我国对鸡、鸭的消费偏好较稳定。随着我国城乡居民收入的增加,对以鸡、鸭为主的禽肉产品的需求将持续增加,预计到2025年,我国禽肉消费量将达到2952万吨。但家禽养殖不易,常发肠道疾病,因此团队研发两种新型畜禽肠道保护剂,守护家禽肠道健康,积极投身乡村振兴,为养殖户提供畜禽生产和疫病防控技术服务,赋能养殖升级。

实施乡村振兴,应夯实产业"地基"。龙岩学院(以下简称"我校")组建了青年红色筑梦之旅科技小分队,以铁长乡为起点,以保护剂为桥梁,指导农民饲养河田鸡,有效利用和保护山区的资源优势和环境优势,因地制宜优化山区的养殖业结构,发展林下经济,帮助龙岩市新罗区、永定区等57户国标贫困户实现了脱贫增收,并带动200余人就业,带领农民走产业振兴致富之路。

一、实践开展的意义

(一)做理论政策的"宣传员"

党的十九大报告把乡村振兴战略与科教兴国战略、人才强国战略、创新驱动发展战略、区域协调发展战略、可持续发展战略、军民融合发展战略并列为党和国家未来发展的"七大战略",足见对其的高度重视。作为国家战略,它是关系全局性、长远性、前瞻性的国家总布局,是国家发展的核心和关键问题。乡村振兴正是关系到我国是否能从根

本上解决城乡差别和乡村发展不平衡、不充分的问题,也关系到中国整体发展是否均衡,是否能实现城乡统筹、农业一体的可持续发展的问题。大学生作为时代的"弄潮儿",应当充分发挥自己有知识、有文化、理解快的优势,在学懂弄通乡村振兴战略理论的基础上,把乡村振兴战略的总体要求、具体内容、重要意义通过灵活多变的形式进行宣传。

(二)做农民致富的"助推器"

大学生下乡的意义在于,一方面大学生将在学校学到的知识带到农村去,为农村经济的发展提供线索;另一方面,大学生到农村去,也为当地老百姓提供了一个诉说苦情、发表自己观点的空间,让他们紧锁在内心的话语得到释放。大学生应立足农村工作实际,定期深入村民家中,从村民实际困难入手,竭尽全力为村民办实事、办好事,始终与村民心连着心、心贴着心,做到知民情、晓民意、解民忧,综合运用所学的动物医学、动物科学知识,帮助村民走上致富之路。

(三)做乡村振兴的"生力军"

送科技下乡,服务新农村的社会实践活动,为中国加快建设社会主义新农村,全面建成小康社会提供了精神支柱和智力支持,而且在社会上也引起了强烈反响,使更多的人加强对社会主义新农村建设的认识,让更多的人加入这样一个行列当中来,共同为祖国的现代化建设出谋划策。这对加快社会主义现代化建设,拉动经济增长具有重要的意义。

二、实践的主要内容

团队成员不断为当地贫困户提供健康养殖技术,指导使用银杏叶复方免疫增强剂和广谱杀菌脱霉剂,为市场提供安全肉品。团队成员将优质鸡健康养殖技术传播到了福建、四川、广西、西藏日喀则和林芝等地,带动了23个大学生参与乡村振兴事业。截至2020年3月,团队共开展技术培训26次,培训农户263人次;对接养殖户57户,共帮助养殖户实现平均每户5万元的增收,并带动200余人就业。

(一)肠道黏膜免疫增强剂的研究与开发

1. 优质鸡饲养推荐中药组方——银杏叶复方免疫增强剂

目前第一代银杏叶复方免疫增强剂已进入临床试验阶段,已在龙岩正大有限公司检测中心进行了鸡肉产品药残检测,各项指标合格,证明使用该制剂后的鸡肉是安全的,是真正生态、健康的绿色食品。在万龙农场等多家养殖场推广试用后,该成果得到福建省农学会的高度评价和认可。

2. 优质鸡饲养推荐产品——蒙多康灵

团队以龙岩市校政企联合出资的奇迈基金形式与福建岩康生物科技有限公司开展

校企合作,重点攻克广谱杀菌脱霉剂即新型改性蒙脱石复配物的研制。为了有效提升其抗菌抑菌效果,团队用 X 光粉末衍射技术对现有的脱霉剂进行微结构分析,以及在分析其抗菌抑菌原理的基础上对脱霉剂的微结构进行改进,从而得到具备更强抗菌抑菌效果的改进型脱霉剂。同时,针对不同畜禽中的常见病菌,研究出不同效果的广谱杀菌脱霉剂配方。这款经过物理、化学协同处理改性后的杀菌脱霉剂,在自然堆叠状态下,片层呈现疏松、平整、面积大的特征,说明产品的延展性好,层间域宽,比表面积相对较大,可用于吸附霉菌毒素的作用位点暴露较多。

(二)河田鸡养殖技术推广与技术服务

1. 解决养殖端药残问题

针对河田鸡饲养过程中滥用抗生素问题,团队为养殖户配制银杏叶复方免疫增强剂。据河田鸡不同日龄,将银杏叶与中草药(黄芪、白术、党参、茯苓、山药、白扁豆、山楂、薏苡仁、砂仁、陈皮等)按照一定比例配制成不同组方,制备微粉后按比例添加至河田鸡日粮,可提高河田鸡机体免疫力,减少抗生素使用,保证肉品安全。

2. 减少饲料霉菌毒素污染

针对养殖过程中出现的饲料原料霉菌毒素超标导致的免疫抑制等问题,团队推荐使用校政企-奇迈基金项目研发的广谱杀菌脱霉剂,在优质鸡日粮中添加 0.15% 广谱杀菌脱霉剂,以减少霉菌毒素的危害,保证肉品安全。

3. 提供技术服务

(1)开展技术培训。团队依托长汀县农业局和永定区农业局在新型职业农民培训班上为养殖户举办"优质鸡饲养和疫病诊断防控技术"讲座。2017 年,团队参与长汀铁长乡"雨露计划",为 20 余户贫困户提供河田鸡饲养技术指导。

(2)绿色兴农。团队推广一种独特的草笼养鸡技术,即在大棚养殖区设计智能养殖草笼,使用铁网做一个长方体形状装置在大棚中,每个大棚中装置 8 排草笼,草笼长度和大棚长度接近,草笼中套种高产牧草、中草药、地瓜,空中种植百香果(支持自由采摘),鸡粪就地消纳,不仅能够给鸡提供舒适的生长环境,还能够提高鸡的自身抗病能力。

(3)现场疫病防控指导,提供临床实验室诊断。利用我校福建省家畜传染病防治与生物技术重点实验室平台,团队为农户提供疫病诊断,正确指导农户防病和治病。

(4)指导农户规范养殖技术。团队指导农户养好鸡,让他们做好养鸡生产五大方面:良种是根本,饲料是基础,环境是条件,管理是核心,防疫是保障。

(三)巩固脱贫成果

1. 因地制宜,提供个性化养殖方案

团队成员下乡进行入户调查,根据当地气候和贫困户的养殖场地面积、现有养殖设施分别给贫困户制订相应的养殖方案。对于养殖场地面积较大的农户,推荐采用半开放舍饲养优质鸡,南边开阔地带设运动场,让优质鸡得到充分锻炼,保证肉的风味物质的形成。在场址选择方面,要考虑三点:一是防疫距离,一般来说500米是林地养鸡场地与村子之间相距的最保守距离,还要保证所选场地的坡度不能超过45°;二是养殖场地要有方便的水源;三是养殖密度,通常情况下每只鸡的活动范围最好超过5平方米。对于养殖场地面积较小,只能在房前屋后进行养殖的农户,推荐他们先进行小规模养殖,然后再扩大养殖场地进行大规模养殖。

2. 提供产品和技术

团队、政府与贫困户签订激励性扶贫三方协议,团队成员发挥专业知识帮助养殖户养出零药残优质鸡。

(1)2018年4月,团队与永定区岐岭乡人民政府签订竞争性产业扶贫计划。

(2)2018年5月,团队与永定区陈东乡人民政府签订优质鸡竞争性产业扶贫计划。

(3)2018年9月,团队与新罗区雁石镇云山村合作激励性扶贫项目。

(4)2019年8月,团队与西藏林芝市签订扶贫协议。

3. 传授健康养殖技术

新冠肺炎疫情防控期间,团队成员为当地贫困户提供健康养殖技术,指导他们使用银杏叶复方免疫增强剂和广谱杀菌脱霉剂,让贫困户健康养殖,为市场提供安全肉品。团队成员共为福建省晋江市陈埭镇龙湖养殖场和花厅口村贫困户、三明市大田县上京镇溪尾村上岬自然村古盂头贫困户、龙岩市永定区抚市镇华丰村贫困户,贵州省贵阳市清镇市新店镇王寨村贫困户和清镇市流长乡干革田村贫困户提供技术服务,以及为西藏日喀则市贫困户养殖藏香鸡提供技术服务。

(四)接续乡村振兴

1. 一花独放不是春,百花齐放春满园

我校2016届毕业生江澄渊家住福建省龙岩市新罗区雁石镇云山村,其母亲因幼年时头部受伤常年行动不便,2010年父亲摔伤致脊椎骨折,无法从事重体力劳动。为了兼顾事业与家庭,江澄渊于2018年返乡创业。在团队的带领下,科学饲养优质鸡不仅推动了江澄渊创办的万龙家庭农场的发展,而且激发了云山村另外10户贫困户的内生动力,带动了云山村贫困户的创收。在政府和团队的推荐下,江澄渊参加第八届福建省大学生"创业之星"评选,获奖金10万元。

龙岩市长汀县铁长乡的曾金水,2016年以前是国标贫困户,听力三度残疾,2017年在团队为铁长乡提供的优质鸡养殖技术服务的"雨露计划"中成为"养殖标兵"。曾金水也从原来的缺乏养殖技术的国标贫困户,发展到饲养零药残优质鸡的养殖户,再到扩大优质鸡养殖规模,并与长汀县远山优质鸡公司签订养殖购销合同,到2020年为止增收60余万元,成为农村致富带头人。

2. 团队获得的荣誉

(1)2019 年荣获第五届福建省"互联网＋"大学生创新创业大赛"青年红色筑梦之旅"赛道铜奖。

(2)2019 年荣获第六届"创青春"福建省青年创业大赛农业农村组三等奖。

(3)2019 年荣获第十四届"挑战杯"福建省大学生课外学术科技作品竞赛二等奖。

(4)2019 年荣获龙岩市打造特色载体推动中小企业创新创业大赛高校组三等奖。

(5)2020 年荣获第十二届"挑战杯"中国大学生创业计划竞赛铜奖。

三、社会实践总结

(一)实践成果总结

团队创造多元化的盈利模式,并通过微信号、公众号和技术服务进行线上线下推广,帮助农民增收的同时也不断增强自身造血能力,共帮助龙岩市新罗区、永定区等 57 户国标贫困户实现了平均每户 5 万元的增收,并带动 200 余人就业。2017 年以来,团队扶贫事迹分别被海峡卫视、福建综合频道、大闽创业、三明电视台等多家媒体宣传报道,并得到龙岩市政协、龙岩市委宣传部、共青团龙岩市委的充分肯定。

2020 年新冠肺炎疫情防控期间,该帮扶模式从福建省龙岩市复制推广到西藏日喀则市、林芝市,带动了 23 个大学生参与乡村振兴事业。团队成员不断为当地养殖户提供健康养殖技术,指导使用银杏叶复方免疫增强剂和广谱杀菌脱霉剂,为市场提供安全肉品。团队帮扶成效显著,重点帮扶对象江澄渊于 2019 年获福建省大学生"创业之星"标兵称号,为团队可持续发展和带动更多贫困户脱贫致富奠定了坚实的基础。

2021 年,团队开始巩固脱贫成果、接续乡村振兴的工作,并在多年的扶贫工作中总结出了一套产业振兴模式。团队负责人林宇弘已经创建福州二向箔智慧农业发展有限公司,未来,团队计划出让 20％的股份,融资 200 万元,其中 100 万元用于给经销商供货与推广产品,100 万元用于产品迭代升级。

(二)社会实践的收获与成长

1. 团队协作能力的增强

古人云:"千人同心则得千人力,万人异心则无一人之用。"意思是说,如果一千个人同心同德,就可以发挥超过一千人的力量;如果一万个人各怀异心,恐怕连一个人的力量也比不上!团结友爱,互相协作,不仅是人们生存和发展的条件,也是现代社会发展对人们的要求。随着科学技术的高速发展,仅靠一个人"闭门造车"式的创造已不可能,这就更加需要人们学会与他人合作、共处。在实践过程中,团队所进行的每一次养殖讲座,每一次技术指导,每一次疫病诊断,都离不开团队成员间的相互配合。团队成员在勇于表达自己想法的同时,积极吸收他人的意见,争取得到一个相对完美的结果。经过长时间的社会实践,团队成员间的默契不断增加,协作能力不断增强。

2. 专业技能的增强

认识是在实践基础上建立起来的,是由感性认识飞跃到理性认识,再由理性认识飞跃到实践的过程。在这次社会实践中,团队成员运用所学的专业知识帮助养殖户,不仅向他们传播了先进的科学技术,而且还将书本中的知识运用到实践中,极大地提高了专业素养,增加了临床经验,同时也对书本中的知识有了更加深刻的了解。

3. 思想政治觉悟的提高

大学生偏向于校园内的学习和生活,相对缺乏对社会的了解,而社会的复杂程度,远不是读几本书、听几次讲座、看几条新闻就能了解的。社会实践活动能为他们打开一扇窗,提供接触社会的机会,让他们对社会有全面和正确的认识,增强自身社会责任感和历史使命感,自觉拥护党的路线、方针、政策。此次社会实践活动引导学生主动参与乡村振兴事业,积极响应国家号召,为农村注入新活力,为实现第二个百年奋斗目标和中华民族伟大复兴而不懈努力。

(三)社会实践中存在的不足

1. 专业技能的不足

实践中要帮助养殖户解决养殖难题,就需要有扎实的理论知识基础、诊断报告分析能力、一线养殖的生产经验、解决实际问题的能力等。但是团队成员的专业技能不够,若没有指导老师的帮助,就很难顺利完成养殖技术的指导。因此,应着力提升团队成员的综合素质,以便更好地发现问题、解决问题,帮助养殖户养活鸡、养好鸡。

2. 沟通方面的不足

养殖户大多是文化水平不太高的农民,他们听不懂专业术语,且团队服务范围广泛,服务对象来自多个省份,很多养殖户不会说普通话,这就使团队成员与养殖户之间的沟通出现困难。因此,团队成员今后在与养殖户的沟通过程中,要尽量使用通俗易懂的语言来解释养殖过程中的问题以及说明解决方法。此外,团队成员只有尽可能地去了解各个地方的方言,消除和养殖户之间的沟通障碍,提高人际交往的沟通水平,才能晓民意、知民心,以便更顺利地做对事、做成事。

3. 队员组成不丰富

要真正帮助农民脱贫致富,实现乡村振兴,并不只是教会农民养好鸡就能完成,还要帮助他们掌握自主销售的能力。团队成员并没有完全覆盖到这些专业领域的学生,因此需要优化团队成员组成,如增加一名销售专业的学生,这会让团队的社会实践更加专业化与理论化,呈现出更加卓越的成效。

四、心得体会

青春领航乡村振兴,红色筑梦创业人生。我们牢记习近平总书记的嘱托,传承红色基因,将高校的智力、技术资源带到乡村,扎根中国大地书写人生华章。大学生既是追梦者,也是圆梦人。我们这一群响应国家号召为助力乡村全面振兴的小伙伴组成的青年红色筑梦之旅科技小分队,从"肠"计议,扶智赋能,经过 3 年探索研发了两款畜禽肠道黏膜免疫增强剂。首先是银杏叶复方免疫增强剂,它具有维持肠道菌群平衡、促进吸收、修复肠道、抗应激和免疫调节的作用,应用于畜禽养殖可保证肉品安全。其次,团队还研发了另一款肠道黏膜免疫增强剂——蒙多康灵,它具有多效降解、增效抗逆、益生产酶(微生态制剂)、保护肠道以及抗应激的作用,可有效替代抗生素。这两款产品的研发基于团队的两个核心技术。团队首创了一种以过氧化物酶体增殖物激活受体(peroxisome proliferator-activated receptors,PPARs)为靶点的中药畜禽免疫增强剂体外筛选方法。与此同时,团队还首创了一种新型改性脱霉剂的研发工艺,对传统脱霉剂的微结构进行优化。在核心技术的支持下,团队的两款产品经推广应用后,大大降低了河田鸡的腹泻率与料肉比,提高了成活率,获得了福建省农学会的高度评价。与此同时,团队总结 3 年的养殖经验,探索出了 10 余种生态立体养殖模式,创新草笼养鸡方式让养殖环境更佳。

但愿苍生俱温饱,不辞辛苦入山林。从入户实地调查、发放鸡苗,到全程跟进养殖情况、积极提供技术指导,我们一直都在。团队的扶贫模式得到了政府、企业的认可和国家级资助,龙岩市新罗区、永定区、长汀县政府主动引进了团队的扶贫模式。"帮扶有温度,致富有门路!"尽管是在特殊的新冠肺炎疫情防控期间,团队成员仍坚持为当地贫困户提供健康养殖技术,指导使用银杏叶复方免疫增强剂和广谱杀菌脱霉剂,让脱贫攻坚在抗疫期间也"不打烊"。我们在奋斗中释放青春激情、追逐青春理想,以青春之我、奋斗之我,为民族复兴铺路架桥,为祖国建设添砖加瓦。农村这片广阔天地就是大学生追逐理想最好的实践基地,在这里经风雨、历磨难,才能更好地长才干、知国情、解民意、促发展。让农业成为有奔头的产业,让务农成为有吸引力的职业,让农村成为安居乐业的美丽家园。

"农,天下之大业也。"我们有中国共产党领导的政治优势,有社会主义的制度优势,有亿万农民的创造精神,有强大的经济实力支撑,完全可以把实施乡村振兴战略这件大事办好,不断开创"三农"工作新局面。因为相信才能看见希望,因为青春才能实现梦想。这里是我们的起点,我们将始终秉承岐黄匠心精神,健康从"肠"计议,赋能养殖升级,为实现全面小康尽一份力量。

(2021 年 8 月)

产业发展带动乡村振兴路径探索

——以角美镇玉江村为例

实施乡村振兴战略,是新时代做好"三农"工作的总抓手,是以习近平同志为核心的党中央加快破解"三农"问题、加速推动我国由农业大国向农业强国迈进的重大战略举措。产业振兴是乡村振兴的重中之重,如何立足特色资源,发展优势产业,是新时代乡村振兴战略的关键问题。

夯实乡村振兴"地基",应聚焦当地产业发展。为探索产业发展在乡村振兴中的作用,我们组建了"产业发展带动乡村振兴路径探索"调研小组,选取了全国食用菌产业重要产区福建省漳州市角美镇玉江村作为样地进行调查研究。角美镇农法栽培双孢蘑菇面积稳居全国建制乡镇的前列,玉江村更有"巾帼蘑菇示范基地"的美称,蘑菇种植已成为当地村民致富增收的重点产业。玉江村作为特色产业建设的先行实践者和优秀推进者,立足于当地产业,走出一条属于自己的致富路。

一、实践开展的意义

(一)响应国家号召

为深入学习贯彻党的十九届五中全会精神,社会各方力量积极参与新时代"三农"工作。作为当代大学生,更应当积极响应国家号召,走出校园,走进基层。2021 年 8 月习近平总书记在河北考察时指出,产业振兴是乡村振兴的重中之重。玉江村是中国食用菌的重要产区之一,产业发展极大地推动了当地经济的进步。因此,本次调研活动以角美镇玉江村为基本单位,围绕产业振兴主题,前往玉江村调查食用菌产业发展现状,发挥大学生力量,为乡村建设献计献策。

(二)提升实践能力

大学生应把学习书本知识与投身社会实践有机结合,两者对自身才干的增长、思想的成熟具有关键作用。社会实践通过实地调研、村民访谈、问卷调查等方式进行,提升学生的实践能力,也拓展学生的专业知识。学生在材料整理、数据收集、访谈实录基础上,结合最新的理论研究,进行综合分析,得出实践结论,实际感受乡村振兴战略意义,将专业知识和实践结合起来,提高社会责任感,提升专业能力,也提高对当前乡村振兴战略的认知水平。

（三）紧密联系社会

本次实践活动以食用菌发展为项目开展基点,引导学生深入社会,到基层中去,到群众中去,让学生体验并了解民情及农村生活的艰辛,培养大学生对农民的感情。大学生只有对农民和农村有了感情,才能和农民的心贴得更近,才能真切感受到耕耘的艰辛和收获的喜悦,才能真正地树立为"三农"服务的意识,更好地为社会主义新农村建设做贡献,助力社会真正实现和谐。本次实践虽然已结束,但是实践团队一直和玉江村村民保持联系,也积极运用专业技术为菇农们解决力所能及的问题,在互相交流中实现进步,共同推动玉江村产业发展。

二、实践的主要内容

（一）玉江村食用菌产业发展探索之路

引进蘑菇前,村民们依靠庄稼种植来维持生计。当时玉江村正处于人民公社时期,土地由生产队承包,农民干活赚取工分,难以养家糊口。直到 20 世纪 60 年代,在政府的号召下,玉江村开始蘑菇种植初尝试,村民抓住时机,乘势而上,以食用菌产业为发展契机,实现从收入菲薄的庄稼种植到收入有余的双孢菇种植的转变。如今角美镇玉江村是国内双孢蘑菇的主产区之一,享有"巾帼蘑菇示范基地"的美称,蘑菇种植已成为当地村民致富增收的重点产业。在产业发展的探索之路上,"政府—科技—企业—村民"四方联动是玉江村成果斐然的主要原因。

1. 因地制宜发展特色产业

角美镇玉江村位于闽南地区,地理位置优越,气候条件适宜,雨量充沛,具有种植食用菌得天独厚的条件。最初玉江村以庄稼种植为主,不能很好地利用地理优势条件。如何摆脱贫困,提高玉江村村民的生活质量,一直是村级干部反复思考的问题。靠产业脱贫是增强贫困群众"造血"机能、实现稳定增收的关键。于是,在各方面考察完成后,政府根据玉江村基础条件和天然优势,找准切入点,精准施策、因户施策,成功实现"授之以渔"。在政府的带领下,玉江村村民开始蘑菇种植,效果显著。2011 年,玉江村菇农每平方米的蘑菇收入就已达到 200 元。除蘑菇外,村民们也开始尝试杏鲍菇等其他菌类的种植,食用菌栽培成了玉江村的支柱产业。食用菌产业的发展带动了以食用菌为原料的企业等蓬勃发展,如九冬蘑菇产业园、同发食品加工厂等。从种植、加工到销售,玉江村已经形成了完整的产业链。

2. 政府领导给予高度支持

福建省委、省政府将食用菌产业列入实施乡村振兴、建设特色现代农业十大千亿产业之一。在产业发展问题上,漳州台商投资区党政领导高度重视蘑菇产业升级,在建设九冬蘑菇工厂化标准温控菇房产业园的同时,安排工业园区土地用于投资建设一次发酵培养料生产厂。在村民生产问题上,政府在玉江村设立乡村振兴服务站和村级便民服务室,让优惠政策、金融扶持、产业发展叠加融合的着力点下沉乡村,人们所关心的政策补贴、资金流通方面的问题,都可在服务站找到答案。乡村振兴服务站和村级便民服务室的建设是全面加强基层服务型党组织建设的创新性举措,切实打通了联系服务群众的"最后一公里",为农民"生活富裕"注入源头活水。

3. 玉江村村民辛勤劳作

民生在勤,勤则不匮,玉江村的发展离不开辛勤劳作的玉江村村民。蘑菇种植十分辛苦,尤其是在农忙时村民常常要起早贪黑,从凌晨 3 点开始,在昏暗潮湿的蘑菇房里进行采收、粗加工、装箱,赶在中午 11 点前,将一笞筐一笞筐的蘑菇运往收购点售卖,一刻也不敢耽搁。习近平总书记曾说过:"乡村振兴不是坐享其成,等不来也送不来,要靠广大农民奋斗。"正是因为有玉江村菇民的辛苦付出,才有了今天的美好生活。广大农民群众是乡村振兴的主力军,乡村想要发展,必须激发农民群众的积极性、主动性和创造性。在政府和有关部门的培训下,越来越多爱农业、懂技术、善经营的新型职业农民涌现,他们扎根在乡村振兴的第一阵地,为建设美好家园而不懈努力、持续奋斗着。

4. 科研人员提供技术帮助

科技创新引领乡村振兴的战略思想在玉江村有两个体现,一方面是科研工作者的参与。早期玉江村由于缺乏种植技术,蘑菇产量小,农民收入少。收到问题反馈后,龙海市(现为龙海区)工商部门及时指导农民成立了永和食用菌专业合作社,为突破生产技术、种植困难等方面的问题,以涂改临技术员为代表的各级党员干部下乡帮扶,使得玉江村的食用菌产业初具规模。长期以来,在村领导的号召下,越来越多的科技工作者走入玉江村,为提高食用菌品质、解决种植技术难关献计献策,如培养料配方的改良、病虫害的治理、肥料供应方式的转变等。科研工作者下潜一线,与农户探讨交流、到实地考察调研,迎难而上,攻坚克难,为推动玉江村食用菌的发展,积极贡献智慧力量。

另一方面是农业科研示范园的建立,最具代表性的便是九冬蘑菇产业园。九冬蘑菇产业园是在漳州台商区管委会牵头下建成的,据村民们介绍,产业园区提供菇房出租,菇农可以租借菇房进行种植,传统蘑菇种植模式每年只能收获一季,而在产业园自动化管理下,一年能收五六季。现代农业科研示范园区不仅促进了区域农业生产基地的发展,还能助推新农村建设,有效转变农业经济的增长方式。

(二)玉江村食用菌产业的发展瓶颈

1. 现有的家庭经营模式不利于先进技术的推广与应用

第三次农业普查数据显示,全国小农户数量占到农业经营主体98%以上,农业农村部在 2019 年 3 月 1 日的新闻发布会上指出,小农户家庭经营仍是中国农业经营的主要形式。然而家庭经营常伴有规模小、成本高、农业机械现代化技术受限等问题,团队成员在调研中发现,玉江村的食用菌产业发展也囿于这样的困境之中。家庭承包责任制模式下,玉江村农户分散经营且规模小,受资金和自身条件所限,先进的食用菌种植技术和设备很难得到普遍的推行和采用。以肥料处理为例,2018年之前玉江村食用菌产业采用传统农法栽培,蘑菇培养料的建堆发酵都是菇农一家一户进行,培养料堆积在菇房旁边,污水横流,导致环境污染严重。在政府安排下,该村将工业园区土地用于建设投资一次发酵培养料生产厂,公司化集中生产才得以在一定程度上实现。但是在其他方面,如蘑菇房环境调控、病虫害治理等仍然无法全面覆盖,极大地阻碍了产业的进一步发展。

2. 产品以初加工为主,附加值较低

中国是食用菌第一出口大国,而受新冠肺炎疫情影响,海外贸易受到限制,食用菌产品出口遭遇困难,这也暴露了中国食用菌产业发展存在的问题,即产品附加值较低,深加工发展滞后。疫情之下,玉江村也存在相同的问题,出口限制同样损害玉江村村民的收益。在调研中我们发现,玉江村食用菌主要以鲜食为主,加工率不足6%,产品主要为简单的干制品和腌渍品,而且食用菌加工多依赖人工,存在效率低、成本高、品质不稳定等问题。初级加工产品在与其他产品竞争时处于劣势,不稳定的品质也会给食用菌的生产、流通、销售端造成不同程度的影响。单纯的劳动付出无法支撑玉江村食用菌产业的发展,只有结合资本、技术、装备、人才的整体输出,才能更好地走出去。未来,如何种好菇、如何卖好菇、如何体现菇的价值,仍然是玉江村产业发展升级亟待思考的关键问题。

三、社会实践总结

此次调研过程,我们付出许多心血与汗水,同时也拥有了新的认知和收获。

本次调研以"产业振兴"为切入点,紧跟时势,选取了有代表性的、走在探索前头的"巾帼蘑菇示范基地"玉江村作为分析样本,通过实地调研、村民访谈,分析并总结产业振兴在乡村振兴中的探索、遇到的困境,探索出一条产业振兴助力乡村振兴的实际路径,具有一定的现实意义。

(一)暑期社会实践的简单回顾

此次社会实践活动,我们团队以福建省漳州市角美镇玉江村为主阵地,通过体验参与、分发传单、入户调查等方式围绕玉江村食用菌产业展开调研,在探索产业发展带动乡村振兴这一课题的同时,进一步调研乡村食用菌产业发展问题,梳理总结了促进和限制产业发展的背后原因,寻求解决方法,为乡村建设献计献策。通过本次实践,我们开阔了眼界,学会用专业知识去解决现实问题,真正做到将书本知识落到实地。团队成员间彼此配合,培养了团队精神,形成了互帮互助的合作意识。最为重要的是,下乡调研让我们更加深刻地理解国家乡村振兴、产业振兴的战略,树立为社会服务的意识,增强了我们作为当代大学生的责任感和使命感。

暑期社会实践安排见表1。

表1 暑期社会实践安排

行程安排	实践主题	实践方式
第一站	乡村振兴,聚焦当地产业发展	实地调研
第二站	菇房探索之旅,小蘑菇撑起致富伞	体验参与
第三站	新农村新面貌,寻访玉江之美	参观走访
第四站	回溯食用菌产业的发展历史	座谈访问
第五站	我与村民谈谈心	入户访问

(二)社会实践的满满收获

1. 提高了团队合作水平

此次社会实践让我们感受到团队的力量,每个人各司其职,又相互帮助,使得实践圆满完成。万事开头难,项目开展前期并不容易。由于经验不足,我们有时会出现意见不统一、想法难以实践等问题,但经过不断地磨合,我们相互团结形成了一个整体。我们每一天都会进行总结,在白天实践工作结束后,开展小组会,每个成员汇报今日工作情况,分享自身经验总结,制订新一天的实践方案,互相配合,积极工作,最终高效完成。

不驰于空想,不骛于虚声。对于此次调研,团队中的每个人都怀有极大的热情,大家本着投身社会实践、助力乡村振兴的一致心愿而努力奋斗。正因为有共同的目标,我们团队七个人才能紧密地联系在一起,根据每个团队成员擅长的方向分配任务,遇到难题时大家出谋划策一起解决。让团队成员印象最深的一次经历是撰写调查问卷,由于我们的采访对象是农户,调查问题要怎么拟写才能做到平实易懂成了一大难题。经过小组成员不断讨论、不断思考、查阅文献、参考资料,一次次地修改打磨,终于交出一份满意的材料。不怕苦,不怕累,分工合作,有条不紊,此次实践活动令我们明白了众人拾柴火焰高的真正含义。

2. 增强了学习自主能动性

"纸上得来终觉浅,绝知此事要躬行。"面对调研中发现的问题,我们可以清楚地感知到书本知识与实践的差距,感知到自身能力的不足。例如,在面对村民询问关于食用菌深加工的问题时,我们所能想到的是无限接近鲜品的速冻产品和冻干产品或饮料、零食等。但食用菌只是在食品方面发挥作用吗?当然不是的。在进一步查找资料时,我们发现食用菌的深加工可以拓展到健康、养生产业等其他领域,向食品、营养品、保健品、药品、化妆品等多个方向开发延伸。知识储备不足,阅历思维有限,这都激发了我们更加努力学习的决心。我们要培养刻苦努力和勇于创新的精神,勤于思考,敢于发问,努力掌握科学文化知识和专业技能,努力提高人文素养,在学习中汲取知识,锤炼品格,增长自身才干,投身社会建设。

3. 加强了社会责任感

"乡村振兴是实现中华民族伟大复兴的一项重大任务,坚持把解决好'三农'问题作为全党工作的重中之重",我们常在书本上见到、在新闻上听到这样的表述,但究竟什么是乡村振兴,什么是"三农"问题,在实践之前我们并未真正感悟。在玉江村调研的这几天,我们体会到乡村振兴的深刻内涵,也对自身的责任有了更加清晰的定义。

在与农户交谈过程中,我们切实感受到了产业振兴对改善百姓生活的含义。种植蘑菇前,村民们依靠庄稼种植来维持生计,但微薄的收入总难以养家糊口,人们过着缺衣少食的日子。而蘑菇市场大、销量高,当食用菌产业在玉江村发展起来后,几乎家家户户都可见蘑菇屋,源源不断的收益使人们的生活水平不断提升。

这一路上的所见所闻所感,使书本上乡村振兴的概念不再是抽象的描述,而是转化为村民一张张幸福满足的笑脸,让我们备受感动的同时也更加坚定投身社会实践、助力乡村振兴的理想信念。

"艰辛知人生,实践长才干。"在这半个月的调研实践中,我们宣传党的方针政策,调研乡村产业发展,聆听村民心声,回应现实关切,社会责任感和使命感都有了很大的提升。团队成员都纷纷表示在今后的学习生活中会更加努力拼搏,扎根中华大地,奉献青春力量。

(三)社会实践存在的不足

这次社会实践,使我们开阔了视野、增长了见识,同时也锻炼了我们团队协作能力。但在仔细反思下,我们发现仍然有许多需要改进的地方。

1. 实践时间安排不够恰当

我们围绕玉江村的食用菌产业展开调研,理想的状态应该是在玉江村双孢菇丰收的季节下乡,更能真切地感受和见证玉江村食用菌产业发展的具体情况。然而实践时间安排的不合理最终使我们前往玉江村调研时,错过了丰收的时期,农忙的情景、采摘的画面我们只能通过村民的描述加以想象,不能实际体验。如果我们能够在丰收采摘的时候开展实践,亲身参与,可能会有更加深刻的感悟。

2. 专业知识了解不够深入

在与村民和村干部的沟通中,我们了解到玉江村的产业发展存在一些问题,如现有的家庭经营模式不利于先进技术的推广与应用、蘑菇种植易受自然条件影响、部分村民对先进技术仍有不信任的现象等,面对这些问题,我们所能够想到的解决方案十分有限,向老师、专家咨询不够及时等。这也让我们明白要想真正为乡村振兴献力,还要不断努力,不断丰富自己的知识储备。

四、心得体会

这次社会实践是我们大学生涯中具有深刻意义的一课。当代青年是同新时代共同前进的一代,投身社会实践,助力产业发展、乡村振兴我们责无旁贷。满怀好奇和憧憬,我们前往社会实践目的地——全国食用菌产业重要产区角美镇玉江村。

(一)参观蘑菇屋,感受乡村发展

在村民的带领下,我们来到玉江村双孢菇种植区,在这里我们可以看到菇房错落有致地排列在道路两侧,门口堆有小山丘状的蘑菇屑和发酵肥料。从村民的介绍中,我们可以感受到蘑菇房的建设并不容易,起初只有村里较富裕的人家才能够合伙租菇房种植。后来随着蘑菇产业的发展,市场大,销量高,源源不断的收益使人们的经济水平不断提升,种蘑菇的人也越来越多,由多户合租到单户种植,菇房也从原来矮矮的 20 平方米单层菇棚到如今 600 多平方米的高层砖瓦房。2020 年以来,玉江村的蘑菇产业不断发展,几乎家家户户都可见蘑菇屋。蘑菇屋的发展也是玉江村发展的缩影,在产业振兴的带动下,玉江村正一步一脚印地朝着小康之路迈去。

(二)帮忙做农活,体验农作生活

我们走进蘑菇房,也没有闲着,在农户的指导下,开始堆肥和浇水的工作。在帮忙农活的过程中,我们也了解到双孢菇种植是十分讲究的,温度、湿度都要控制在合适的范围内,炎热的天气下要进行喷水,气温较低时要对菇棚进行升温,同时在换季的时候还要注意病虫害的影响。到了丰收的季节,农户会将自家的菇送到指定销售点,由专人收购并运往加工厂。这一系列步骤虽然没有精密的仪器控制和分配,但在日积月累下,辛勤的种植户们在实践中逐步形成一套完整的方案。

(三)走访农户,调研分析

我们走访村里大大小小几十户人家,发放问卷,展开调研,询问玉江村产业发展历程。在采访中我们得知,玉江村并非一开始就进行食用菌种植的。在 20 世纪 60 年代前,玉江村以庄稼种植为主,然而庄稼种植收成并不理想,拿取工分的村民只能领到微薄的工资,过着缺衣少食的生活。直到 60 年代,在政府的号召下,玉江村开始蘑菇种植初尝试,蘑菇市场广、产量大,村民的生活得以逐渐改善。在交流中,我们实实在在地体会到产业发展给村民生活带来的改善,也发现玉江村食用菌产业许多需要改进的地方,如家庭经营模式下种植技术含量低、产品以初加工为主等问题。

(四)宣传政策,普及技术

在走访过程中,我们向村民分发“乡村振兴”主题相关的传单,并积极询问他们对于国家政策的想法。村民们亲切地说道,在政府的帮助下,日子一天一天的更有盼头。我们不难看到,在玉江村的街道上贴有许多宣传语,奔赴小康的理想信念也在生活点滴中落入百姓心中,大家为了这一目标不断努力,极大地提高了劳动的积极性。针对玉江村产业发展中的问题,我们了解到在农用资金方面,自 2019 年起政府构建"镇银企农"四方联动乡村振兴服务体系,在村一级设立"乡村振兴服务站",为农户们在资金申请上提供一定方便。而在种植技术方面,目前,玉江村的双孢蘑菇生产尚处在"菇农各自为战,基本靠天吃饭"的小农水平,个别菇农床面出现大量鬼伞、绿霉等杂菌生长问题。我们就此问题向技术人员咨询,得知肥料公司化生产有利于该问题的解决,一次发酵培养料的供应既可以降低杂菌污染的风险,又可以为菇农免去最繁重的劳动,使菇农能将精力集中于菇场的出菇管理,提高蘑菇生产的效益。因此,我们将此技术向菇农普及,为产业问题的解决提供了一定的思路。

（五）记录美好,拍摄宣传片

小小蘑菇撑起致富伞,一个产业带动一批人致富,玉江人用他们的聪明才智,在实施乡村振兴战略的道路上砥砺前行,一点一点描绘出新农村的美好生活。乡村振兴不只体现在村民物质水平的提高,也体现在村民对生态宜居、生活质量的更高要求上。村民们向我们介绍,大家将破旧老房、菇房、猪栏、鸡鸭舍等拆除,将这些用地用于公共绿化,拓宽道路,一改原先脏乱臭的形象,变成生态宜居的美丽村庄。不仅如此,玉江村的教育水平也得到了提高,村里的学校也进行了扩增改建,增加了许多小学、中学的优质教育资源。每个村的发展都有独一无二的故事,在一站站的访问中,我们用相机将美好画面记录,将村民洋溢幸福的笑脸保存下来:有辛勤劳作的菇农,有溪边洗涤衣服的妇人,有放学归来天真烂漫的孩子,有门口纳凉的和蔼老人。村民安居乐业、生活祥和不正是乡村振兴的意义所在吗？科技扶贫、科研助农,玉江村的养料配方、种植技术实现升级换代。小蘑菇鼓起老百姓的钱袋子,村民们盖上新房,驾起小车,朴素、勤劳的玉江村村民真真正正地走上了小康之路。

如今,福建省已将食用菌产业列入特色现代农业十大千亿产业之一。小小玉江遍布百来座菇房,一年两茬,农户年平均收益可达 7 万元以上。相信在政府的政策支持、村民的辛勤劳作、科研工作者的探索改良下,玉江村将更加美丽,人民生活将更加幸福。

（六）实践体会

经过此次的"三下乡"社会实践活动,我们得到了很多的锻炼,更深刻地理解了责任与团队的重要性。这些锻炼让我们明白,要在实践中收获成长,发挥自己的才能,锻炼自己,肯定自身的价值,同时也要在实践中认识到自身的不足,不断改正,不断进步。此次实践活动也让我们更加深刻地体会到乡村振兴的内涵,国家的政策支持与千千万万村民的不懈努力相汇,才得以成就村庄的焕然一新。玉江村的变化正是"十四五"规划下乡村产业发展的缩影,我们坚信,基于乡村振兴战略背景,在未来,农村的肥沃土地将会绽放无限光彩。

（2021 年 9 月）

用"艾"守护老区乡村振兴之路

——以新罗区连坑村为例

党的十九大报告把乡村振兴战略作为党和国家重大战略,这是基于我国社会现阶段发展的实际需要、迈向社会主义现代化强国的需要而明确的,是中国特色社会主义建设进入新时代的客观要求。立足国内,发展乡村产业是农业高质量发展、农民就业增收、农村可持续发展的现实需要。艾草种植管护简便,抗病虫害强,储藏容易,不易腐烂,而且省工省力、成本低、效益好;全草入药,有温经、去湿、散寒、止血、消炎、平喘、止咳、安胎、抗过敏等作用;利用艾草可开发多种不同类型的衍生品,有利于实现创收,让农户真正点"草"成金。据统计,2020年中国艾草的需求规模已经达到145亿元,艾草产业前景广阔。

本次社会实践以中国革命基点村新罗区连坑村为基点,以"汇珑农场"为起点,以艾草为引线,前期带动连坑村、内坂村、赖坑村、湖坑村、考塘村等2303名农户共同脱贫致富。项目响应国家号召进一步推动乡村振兴发展。

一、实践开展的意义

(一)顺应新时代的背景

实施乡村振兴战略,是深入贯彻落实习近平新时代中国特色社会主义思想的重要体现,是统筹推进"五位一体"总体布局、协调推进"四个全面"战略布局的重大战略选择,是解决人民日益增长的美好生活需要和不平衡不充分的发展之间的矛盾的必然要求。党的十九大报告把乡村振兴战略作为党和国家重大战略,这是基于我国社会现阶段发展的实际需要、迈向社会主义现代化强国的需要而明确的,是中国特色社会主义建设进入新时代的客观要求。

(二)提高自身综合能力

社会实践"三下乡"活动,能帮助学生了解社会,了解国情,树立坚持走中国特色社会主义道路的信念;引导学生增强责任感和使命感,树立正确的世界观、人生观、价值观,提高学生的综合素质;充分发挥学生的知识和智力优势,为人民群众生产和生活基本需求服务,培养学生的劳动观念和奉献精神。大学生社会实践能促进大学生素质教育,加强和改进青年学生思想政治工作,引导学生健康成长和成才,同时培养团队之间团结友爱、互帮互助、攻克难关的集体能力,把所学的生物科学知识加以综合运用,探索种植高品质有机艾草的技术。

(三)密切了社会合作

本次实践以党建为引领,以现有新型农业经营者为主体,2020 年完成 113 名懂技术、会管理、善经营的新型职业农民培训任务,扎实做好培训学员后续跟踪服务工作,提升学员自身能力。实践促进学员学用结合、勇于实践,夯实土地规模经营、发展新型合作农场的基础,带动小农户共同发展,为乡村振兴贡献力量。

二、实践的主要内容

(一)深入农村调研,挖掘致富之路

1. 深入基层,走进农村,下到农户开展调研

2016 年,实践队历时 28 天,总行程 536 公里,深入连坑村、湖坑村、内坂村、赖坑村、考塘村,与 83 户农户开展实际问题的访谈与调研,了解村集体实际情况。项目组发放基础问卷,最后回收问卷共 432 份。实践队根据实地调研结果与村户现状相结合进行分析,发现了 5 个革命基点村存在的重要问题:农村土地荒废、价值低廉,农村人员大量外出,缺乏劳动力;农村交通不便,运输不利。因此,农民主要通过劳力工作,收入微薄;村中无产无业,致富无门。

2. 创新性开展合作扶持方式

实践队在前期采用创新性扶贫方式,由项目组进行规划设计、项目建设、产品开发及管理运营,实践队、村集体、农户三方联合共同开展,实现集体脱贫。在 2020 年 8 月 7 日的第六届福建省"互联网＋"大学生创新创业大赛"青年红色筑梦之旅"启动仪式(龙岩分会场)中,项目所在地作为承办点,实践队负责人现场与村集体、农户进行签约,为后续的合作提供更大的保障。

3. 引入艾草,点草成金,创造财富

实践队经过研究与考察发现艾草能够很大程度地帮助农户解决问题。艾草种植管护简便,而且省工省力;艾草储藏容易,不易腐烂;利用艾草可开发多种不同类型的衍生品,有利于实现创收,让农户真正点"草"成金。

实践队进一步对艾草进行了市场分析。据统计,2020 年中国艾草的需求规模已经达到 145 亿元,艾草产业前景广阔。但据调查发现,艾草产业发展仍然需要提升,现如今种植和养护技术传统、艾草加工技术落后、深度开发创新能力不足、产品品质缺乏标准化是急需解决的问题。

（二）结合专业知识，探究种植密码

1. 探索艾草高效种植技术及衍生品开发

针对急需解决的几个问题，实践队在指导老师的带领下与农场、农户展开了一系列的研究与开发。项目组成员探索出了种植高品质有机艾草的技术，如利用农作物残渣、厨余垃圾研制有机肥，利用中草药研制生物农药酵素，通过物理防治灭杀虫害。

实践队在指导老师的带领下与农场、农户联合，利用种植出来的高品质艾草研究开发了艾草衍生品，如艾草手工皂、艾草香薰、艾草糕点、艾草蒸汽罩、艾草茶、艾叶泡澡饼、艾草青团等。

在指导老师的带领下，实践队与农场、农户就前期的研究与开发成果申请多项产权保护，包含6项专利，3项软件著作权，4项商标，24项作品版权以及一套16个完整的、具有自主版权的农场专属"小艾"系列表情包。

（三）汇多元化模式，全面宣传推广

1. 探索有效的运营模式

实践队、农场、农户经过长期的沟通，形成了一套较为完整的"1＋1＋N"的多元化运营模式，主要为：通过种植艾草得到成品，再用团队独有的技艺研发、生产出艾草的衍生产品，同时开展一些户外拓展、研学活动、亲子活动等，从而达到对艾草文化的宣传。

生产加工方面主要采取"加工在镇，基地在村，增收在户"模式：在连坑村建立艾草种植基地，以当地农户为主要劳动力，开展专业技术培训保证种植与加工的顺利进行。艾草种植基地总面积力争达到1000亩①以上。

通过体验类模式和餐饮类模式的相互结合，实践队与农场、农户联合打造了一个艾意主题农场，成为集展销、聚会、文创为一体的艾草主题旅游景点；结合实际情况在农场开展一些户外拓展、研学活动、亲子活动、蔬果种植采摘等，达到寓教于乐的效果。

2. 探索全面的经营推广方式

实践队开发了一套完整的拥有版权的主题表情包用于项目的宣传推广。实践队采用线上线下相结合的推广模式，在线上各大平台进行宣传推广，线下则采用承接、举办活动的方式进行推广。

线下推广：实践队在线下做了一定力度的宣传，让更多年轻人了解艾草，感受中国的中医文化，并通过举办娱乐、亲子活动，让人们在快乐中加深对艾草的印象，进而深入了解。在推广艾草衍生产品的同时，也能提升自身知名度。这样的模式成本低，可以更好地打入市场，降低销售风险。

线上推广：实践队利用信息发达的时代现状，找准自己的定位，通过社交软件进行

----

① 1亩≈666.7平方米。

线上推广,从而制订符合项目的线上网络推广方案。通过网络营销的影响,实践队打破僵局,减轻项目薄弱环节的消极影响,紧跟新时代的脚步。例如,直播带货,通过短视频的发布,收获一定的粉丝量,接着进行网上直播,让大众进一步更好地了解艾草衍生产品。我们还通过官方的订阅号、微博官方号等,输出高质量有规律的内容,从而引起大家的注意。

（四）实践开展的成效

现已种植艾草 100 亩,年产艾草量达到 19 吨。引入初期,项目组进行技术攻关,建立了新型种植技术,开发衍生产品 12 款,申请获得 6 项专利,4 项商标,3 项软件著作权,24 项作品版权。在此基础上,项目开展"1＋1＋N"的多元化模式进行农场的运营,现达到餐厅月经营 50 多桌,拓展延学等活动年均 35 场,自驾游月均 500 人次。项目发展到目前实现签约农户年均增收 0.8 万元。由于项目的突出表现,本项目实施依托的农场获批"激励性扶贫示范点""竞争性扶贫示范点""科技帮扶示范点""创业就业示范基地"。本项目依托的"汇珑农场"承办了 2020 年第六届福建省"互联网＋"大学生创新创业大赛"青年红色筑梦之旅"启动仪式（龙岩分会场）。

在实践队、农场、农户的共同努力下,连坑村及农场的现状得到有效改善。项目联合连坑村的农户,利用实践队及指导老师掌握的科研成果,辅之以机械作业进行适度规模建设,提高土地产出率从而获得更多的收益,所在地的交通、环境、娱乐、品牌、开发等方面都得到了极大的改善。项目开展获得了国家、省、市媒体的报道,获得了中国农业农村部新型职业农民实训基地、科技帮扶脱贫技术推广示范基地等多项荣誉。

未来,实践队将在指导老师的带领下,继续与农场、农户联合为项目的发展奉献微薄的力量。主要从三个方面进行工作开展:一是建设标准化艾草种植、生产、加工示范基地。不断提升,实现艾草种植、生产、加工标准化运行,使企业项目实现可持续、可推广、可复制,不仅提升企业效益,同时带动周边地区快速发展。二是树立标杆、建设品牌。坚持完善企业管理,将农场打造成乡村振兴的示范标杆;建设完善自有品牌,促进企业发展,带动社会就业。三是建设生态、旅游、养生相结合的文化小镇。以艾草为基点,将农场打造成生态休闲、观光旅游、养生等相结合的生态旅游农场。同时不断完善农场设备设施,拓宽人流量,推动建设本地养生小镇的品牌。

（五）实践过程中面临的现实困境

1. 种植艾草的弊端

首先,相较于城市,农村的经济实力较弱,许多地区的艾草种植没有较强的人力财力支持,如果是私人小面积种植,光是联系收购商、运费就是一项非常庞大的投入。其次,野生艾草更受欢迎。许多艾草加工企业,如艾条、艾绒、艾灸、精油等产品加工企业,对艾草的需求大部分是野生艾草,人工种植市场需求较少。最后,艾草本身的价格也不稳定。由于艾草季节性较强,陈草、干草、湿草、野生草、种植草等,不同的类型、不同的质量,价格也不相同。在艾草的生产淡季,价格会被抬高;如果艾草产量高,价格也会随之大降。整体来说,艾草价格受市场的影响较大,波动幅度也较大。

2. 对种植艾草产业链了解不足

艾草种植之所以会成为各地的热门选择,主要原因有三个:一是艾草绿色、健康的特征,十分符合各地产业结构调整大主题;再者艾草投资规模小、易种植、便管理。二是我国艾草资源分布范围较广,适合不同地区因地制宜发挥地域特色。三是艾草种植利于与当地旅游、养生和医药工业等产业链深度对接,形成方协同区域经济模式。不少地区都想趁着此次机遇,加强艾草种植以起到扶贫致富的效果。然而,如果盲目种植,却容易适得其反。例如,有些地区由于缺乏科学的规划和有效的管理,盲目种植艾草后,部分产地便处于无序种植的状态,致使产地艾草品种多、单品种产量低、产品质量次,种植上不了规模。同时,又因为没有充分对接市场和深入分析产业发展现状,所以缺少能占领市场的主导和优势品种。有部分艾草种植效果较差的地区,其制定的艾草种植项目,前期在选择种植品种时缺乏市场调研,存在着盲目跟风现象,与预期市场的实际需求脱轨,最终导致种植虽然丰收,却没能达到预期的效果。盲目种植艾草,必将适得其反。艾草种植必须充分利用现有优势来做自己的优势产业,与成功企业合作和借力大型种植平台,放眼全产业链,对艾草种植做长远规划,从而真正走上艾草种植的致富之路。

三、社会实践总结

(一)暑期社会实践的简单回顾

暑期社会实践安排见表1。

表1 暑期社会实践安排

行程安排	实践主题	实践方式
第一站	三进连坑村,开启振兴门	实地考察
第二站	深入基层,走进农村农户心	走访调查
第三站	携手农户,共建农场	入户访问
第四站	用"艾"振兴,助力乡村	研究开发
第五站	汇多元化模式,全面宣传推广	宣传推广

(二)暑期社会实践的收获与成长

1. 团队之间的配合与包容

团队的力量是无穷的,要打一场胜仗,单枪匹马是绝对不可能的。"众人拾柴火焰高""人心齐,泰山移",这些流传下来的名言无不说明团结的力量。曾有人问哲学家:

"一滴水怎样才不会干?"哲学家回答说:"把它放到大海里。"这句简短的话揭示出一个深刻的道理:个人离不开集体,只有团结互助的集体才会有无穷的力量,反之即使有再大的力量也会枯竭。单靠一朵美丽的鲜花,打扮不出美丽的春天,个人只有融入团结的集体才能实现宏伟目标。在本次的社会实践活动中,为了完善一个问卷调查表,为了增加某一个环节,我们都会进行头脑风暴,往往一次简单的讨论就要持续一整夜。大家集思广益,尽可能地发表自己的看法。讨论途中出现分歧现象是时有发生的,但我们互相包容,共同成长,将大家最终的想法、最后的目标进行统一规划,最后得出尽可能完美的答案。

2. 增强毅力,艰苦奋斗

"艰辛知人生,实践长才干。"通过开展丰富多彩的社会实践活动,我们逐步了解了社会,开阔了视野,增长了才干,并在社会实践活动中认清了自己的位置,发现了自己的不足,对自身的价值能够进行客观的评价;找到了自己的目标,对自己未来将要发展的方向有了较为清晰的概念,同时也增强了我们继续努力学习的信心和毅力。我们是大学生,在并不久远的将来,就要与社会接轨,所以我们更应该做足功课,积累经验,提早认识社会,提早适应社会。

3. 理论与实践相结合

"纸上得来终觉浅,绝知此事要躬行。"鲁迅先生也曾说过:"专读书也有弊病,所以必须和现实社会相接触,使所读的书活起来。"社会实践使我们找到了理论与实践的最佳结合点。知识是宝库,但开启这个宝库的钥匙是实践。通常我们只重视理论学习,却忽视了实践环节的重要性,往往在实际工作岗位上发挥得不是很理想,与自我的预估存在较大差别。只有通过不断的实践,自己所掌握的专业理论知识才能得到一定程度上的巩固和提高,且应紧密结合自身专业特色,在实践中检验自己的知识和水平。通过实践,原来理论上模糊的或者印象不深的内容得到了巩固,原先理论上缺少理解的要点在实践环节中得到了补偿,加深了对基本原理的理解和消化。我们每一天,都在捧着厚厚的问卷,怀着一份份坚定的信念,在烈日下骄傲地奔跑着。

(三)社会实践中存在的不足

通过开展丰富多彩的社会实践活动,我们逐步了解了社会,开阔了视野,增长了才干,并在社会实践活动中认清了自己的位置,发现了自身的不足。本次社会实践中存在的不足主要为以下 3 点。

1. 实践时间还不够充裕

虽然实践已经持续了 3 年,已经明晰通过种植艾草助力乡村振兴的可行性还是很高的,但要真正了解 5 个村中的村民们的真实想法需要一定的时间去调研考察。原先在各个村对种植艾草的宣传并不到位,无法做到覆盖所有的村民,并且村里的大部分青壮年白天还要忙着工作,四处奔波,大多数留在家中接受我们调研的也都是些老年人,导致我们对那些青壮年的看法了解得并不是很全面。要想做到尽可能地全面了解,光靠社会实践的这点调研时间是完全不够的。

2. 专业理论研究水平有待提高

虽然种植艾草似乎并不是一项艰难的工作,但这其中涉及的方方面面,包括研究出来如何种植高品质艾草的技术后,要教导村民们什么样的自然环境和地理优势适合艾草的生长和繁殖,怎样做才能做到高效地种植艾草实现生产价值最大化,如何以尽可能低的成本卖出尽可能高的销售价格等,若没有带队老师的指导和帮助,还是很难完成这一项大工程的。从中可见,我们的专业理论研究水平需要进一步加强。

3. 实践队成员组成不够丰富

正如上述所说的那样,推广种植艾草助力乡村振兴并不只是用到农业生产方面的专业知识,还有其他许许多多的问题和细节需要解决,实践队中的成员显然并没有完全覆盖到这些专业领域的学生。所以小组组成需要优化,如增加一名产品专业、一名销售专业或其他专业的同学,补充团队成员在产品推广上的缺陷,这会让我们的社会实践更加专业化与理论化,呈现出更加卓越的成效。

四、心得体会

"科技支农帮扶,助力乡村农业振兴",在这条艰难曲折的道路上,开始新生活。我们连续 3 年作为龙岩学院学生参加社会实践活动,跟随实践队以及 3 名指导老师进行了暑期下乡活动。这些活动旨在用大学生科学知识的力量,帮助农户解决农产品问题,将科技的力量带入乡村,携手农户们共同走向乡村振兴。我们重点支持的农场是位于新罗区连坑村,东临内坂村,西近赖坑村,北连湖坑村,南接考塘村的汇珑农场。

出征仪式上,实践队队长洪蕾给我们讲解本次实践的目的和意义,为后期实践工作的顺利完成做好铺垫。听着队长对本次实践活动的部署,我们认识到本次实践对于我们来说不止是一次学习的机会,更会是一次丰富自身见识的经历。我们对本次实践活动的期待更大了,一方面是因为这是一次走出校门、走进实际的机会;另一方面是认为这会比在校学习轻松并且有趣,是一场知识的旅行。

坐上这辆实践号列车,沿着弯弯曲曲的小路,毒辣的阳光照在脸上,汗水顺着脸颊滑落。我们前往汇珑农场,看到农户们在烈日下辛勤劳作。科技助农三下乡不仅仅是一次文化、科技、卫生的下乡,更是一次爱的下乡!

我们通过不断地查找与考察最终选择了艾草为解决方向展开工作,因为艾草管护简便、不易腐烂,又能够制成许多衍生产品进行销售;但艾草工艺市场依然存在技术传统、技术落后的问题。为了尽快高效地解决这些问题,项目团队与村民、村集体三方签订了合作协议,确定了三方联合共同开展的创新性合作扶持方式。在后面的工作中,我们打造了集展销、聚会、文创于一体的艾意主题农场,用自己团队拥有的专利技术开发了艾草衍生产品并进行销售,也获得不错的成效,成功带动了当地农户的发展,并获得了国家以及政府的认可。同时,项目地还承办了 2020 年第六届福建省"互联网＋"大学生创新创业大赛青年红色筑梦之旅(龙岩分会场)的启动仪式。这一切都是我们从未有过的体验,新鲜的感觉萦绕在心头,未曾消减过。

作为时代的新青年,处于乡村振兴的新起点,我们正在这条道路上不断努力,不断付出,奉献自己的一份力。乡村振兴,是增强人民幸福感,是为了能让亿万农民百姓过得更好,提高社会发展水平,推动中国走向社会主义现代化强国的必由之路。而良好的生态是乡村振兴的支撑点。随着经济社会的发展,人们对生活环境的要求也越来越高,既要温饱也要环保,既要生活也要生态。青山常在、绿水长流、空气常新,成为人们美好生活需要的重要内容。只有加强农村生态文明建设,推进农村人居环境整治,推动形成绿色生产方式和生活方式,珍惜乡村的一花一木、一庭一院、一山一水,才能让人们望得见山、看得见水、记得住乡愁,用美丽乡村扮靓美丽中国。

到乡村去,到基层去,到边疆去,到祖国最需要的地方去。乡村振兴,离不开我们青年人。投身于乡村振兴,是血脉相传的责任,是"饮水思源"的义气与担当,是实现人生价值的无悔选择。青年不应与乡村脱节,人生不该只有城市的霓虹,更要有乡村的白月光。当农户面临农产品问题时,就需要具备该方面专业知识和科学技术的人才出面加以解决,将科技的力量带入乡村,助力乡村实现振兴。农村的建设与发展,迫切需要掌握现代科学文化的人来关注与支持。大学生是我国科学技术发展的后备军,应该发挥知识技能的优势,为农村建设服务,为农民群众服务。广大的农村需要大学生们去发挥聪明才智,大学生也需要到农村去,在服务农民群众的实践中接触社会,了解国情,增强社会责任感和历史使命感。通过"三下乡"社会实践活动,大学生可以改造世界观、人生观、价值观,把农村建设的需要和青年学生的成长很好地结合起来,走正确的成长成才道路。科技助农三下乡,我们不应该只局限于书中的内容,听着老师的课堂知识,更应该多出去走一走,将目光扩展到基层之中。我辈青年,更应该将前人手中的火炬接过并继续传承下去,让青春之花绽放在祖国最需要的地方。

(2021 年 6 月)

贴心服务，古田再出发

　　为了全面贯彻落实党的十九大精神，龙岩学院发挥组织引导广大青年学生深入基层、深入社会、深入群众的职能，创立贴心电器服务社，鼓励学生在服务群众的具体实践中体现先进、树立榜样，用自己的切实行动助力乡村振兴，推动全面建设小康社会。

　　贴心电器服务社秉承"奉献、友爱、互助、进步"的志愿服务精神，自2003年成立以来已义务展修100余次，培养社员1000余人，维修家电达8000余件。近20年来社团根植红土，致力实践，每学期都会安排义务维修，贴心服务广大群众，成为龙岩学院（以下简称"我校"）的品牌社团，真正落实了"我为群众办实事"的思想，践行了"知行合一"的优良学风。此次，贴心暑期社会实践队来到红色革命老区——龙岩市上杭县古田镇，接受红色文化熏陶，坚定理想信念，为当地群众办实事。

一、实践开展的意义

（一）服务地方，为民解忧

　　政府对"家电下乡"支持力度的加强，家电增多，损坏率也不断提高。家电维修店为了追逐商业利益往往不愿意维修，损坏的家电维修无门，而弃之又可惜，故家家户户基本都有闲置的故障家电，贴心电器服务社免费维修可为群众排忧解难。

（二）锤炼本领，全面发展

　　队员们在实践中运用专业技能巩固理论、发现新知，培养动手能力，提高实践操作技能，深化对所学理论知识的理解。通过实践，队员们能够拉近与社会之间的距离，拓展自己的知识面，增加个人社会经验，锻炼心性。同时与人交往和沟通的水平得到提高，组织能力、领导能力和团队协作能力得到培养。

（三）深入圣地，感受文化

　　实践所在地为古田会议的召开地，古田会议是红色基因的思想源头，是人民军队筑牢生命线的开山之篇,开辟了思想建党、政治建军的强国之路。在具有伟大意义的古田展开实践,有利于队员们了解中国共产党在解决我国特殊国情中建党、建军的历史性难题中的智慧,从而汲取力量,奋发图强,参与到中华民族的伟大复兴中。

（四）展现担当,助力招生

凝聚奋进力量,展现担当作为。实践队走进乡镇,发挥所长,关注民生,服务社会,获得当地民众的一致好评,这体现我校青年大学生良好的精神风貌,增进了人们对学校的了解,在无形中提升了学校知名度。

二、实践的主要内容

（一）前期准备

1. 任务安排,分工合作

经团队成员讨论,初步确定了以上杭县古田镇作为实践点,专人携带介绍信前往古田镇政府对接确定活动场地等事宜;专人购买电子元器件,整理工具;专人印制维修单、家电养护知识宣传单;专人负责微信宣传;专人负责住宿和行程等。

2. 场地布置,人员对接

经过近一小时的车程后,我们来到了住宿地腾龙青年之家,稍做整理即携带工具前往实践点支帐篷、拉横幅,古田镇政府张主任为我们的场地布置提供了方便。张主任让人感觉很亲切,对我们的活动很支持,前期通过镇政府的微信公众号对活动进行了宣传,也正是因为有政府的支持,我们的活动在当天就开展得如火如荼。

（二）实践开展

1. 家电维修,普及知识

在活动现场,社员们冒着高温酷热的天气,积极为村民进行家电维修、资助政策宣讲。耐心、细致地解说,得到了居民的一致认可和赞许,更有热心的居民前来拍摄视频转发到朋友圈,为此次活动进行宣传。大家纷纷拿出维修本领,本着求实、认真、负责的态度,有条不紊地在现场除尘和维修,耐心地解答村民们的询问,并宣传维护电器的基本知识,普及日常家用电器的保养方法,减少电器损坏的概率。如有必要,社员们还向有需要的居民热心地提供上门服务,更好地将"贴心"传递给每个群众。

贴心电器服务社以"学以致用,服务大众"为宗旨,想民之所想、急民之所急,发挥专业特色及所学专业优势,对群众的故障家用电器,如电风扇、电磁炉、电饭锅、热水器等进行免费维修,为广大群众解决废旧电器损坏问题,减少资源浪费,给人们带来福利,同时向群众普及家电维护保养、安全用电等科学文化知识。社员们也能因此提升动手能力,在实践中认识自我,发现不足。

本次活动,11名社员在不到7平方米的帐篷内,总共维修电器157件,包括电风扇、电磁炉、微波炉、蓝牙音箱、电视机、电脑、热水壶等,其中维修成功112件,成功率超71%。未能维修成功的电器或是因元器件老化过于严重,外壳或者电路板都腐蚀严重,即使修好也存在安全隐患;或是因现代电器集成程度比以往高,如果损坏需要检查电路板上的所有元器件,现有工具无法完成检查;或是因家电厂家在设计时采用元器件的规格与市面上常见的规格有所不同,买家只能通过厂家的售后进行处理。

2. 参观走访,学习精神

本次社会实践活动地为红色圣地——古田会议召开地,同学们在闲暇之余也参观了古田会议旧址、红四军前委机关和政治部旧址、古田会议纪念馆,瞻仰主席园,向毛主席塑像鞠躬致敬,在学习历史中用心感悟先辈们干事创业的艰辛、逢山开路遇水搭桥的智慧。这也激励成员们开拓创新,进一步树立将社团做大做强,打造龙岩市乃至福建省品牌志愿队伍的决心和信心,温暖更多需要帮助的人,将青春挥洒在祖国需要的地方。

社员们深入基层了解社会,关注国情、民情,实地考察红色文化,了解古田会议的历史,感悟革命精神,思想上得到升华,从而能够坚定理想信念,从党的奋斗历程和历史经验中汲取力量。在我们离开古田之际,一位来拿修好的电器的阿姨对我们说"古田人民离不开你们了",让社员们十分不舍。短短的时间,社员们的辛苦付出得到了古田人民的认可,这也让社员们十分感动。经过这充实的日子,社员们倍感自豪,收获满满,有维修技能的进一步提升,有团队协作能力的提高,有组织能力和沟通能力的突破,有对实现自我价值的进一步认识。社员们认识到只有到实践中去、到基层去,把个人的命运同社会、同国家的命运的发展联系起来,才是大学生成长成才的正确之路。

三、社会实践总结

社会实践是引导我们走出校门、步入社会并投身社会的良好形式。团队在实践活动中,成功修理了许多电器,学到了不少在学校里、在课堂上未涉及的东西,比如电器的整机拆装,也认识了不少没有见过的电子元件,学习了很多新电器的工作原理等。这次活动丰富了我们的实践经验、社会阅历,意义深远,对我们的帮助可以受用一生。这次社会实践的开展不仅为村民带来实惠,志愿者们更是在困难中磨炼意志,真正做到了理论联系实际,知识和技能相互融合,更加坚定了服务社会、奉献社会的理念。

(一)暑期实践简单回顾

1. 高举旗帜跟党走,小帐篷里干大事

经过社团成员的充分讨论后,我们决定选择上杭县古田镇作为实践地点,深入红色文化基地,一方面能够助力古田镇家电维修工作,另一方面也有助于社员们了解革命历史和红色精神。在活动现场,我们本着认真务实的工作态度积极为村民进行家电维修。

在维修时我们发现，其实许多家电的损坏是因为使用不恰当、方法不正确，所以我们在维修的过程中也不断向人们普及家电使用知识，引导人们正确使用家电。在维修的后半段，我们接到了当地居民上门服务的委托，一些大型电器如冰箱、空调等不方便运输，社员们便向有需要的居民提供上门服务，将"贴心"传递给每个群众。上门服务既解决了人们的麻烦，又让同学们了解到他们的生活情况，增加了本次活动的收获。本次活动，11 名社员在不到 7 平方米的帐篷内，总共维修电器 157 件，包括电风扇、电磁炉、微波炉、蓝牙音箱、电视机、电脑、热水壶等，其中维修成功 112 件，成功率超 71%。这次社会实践培养了我们工作认真、细心负责的良好习惯，拉近了我们与群众的距离，真正地践行了为群众办实事的初衷。

2. 深入古田学党史，红色基地振精神

实践后期，大家已能很好地适应每天繁重的工作。闲暇时间，大家怀着无比崇敬的心情，参观了主席园、古田会议旧址、古田会议纪念馆等，实实在在感受了革命前辈的精神。通过参观走访，我们近距离接触了许多具有伟大纪念意义的地方，如廖氏祠堂。中国共产党红军第四军第九次代表大会在廖氏祠堂召开，会议通过了毛泽东亲自起草的《中国共产党红军第四军第九次代表大会决议案》，即《古田会议决议》，这是我党我军建设史上的一个纲领性的文献，它解决了红军的性质、宗旨和政治、组织、思想建设等一系列重大问题，确立了党对军队的绝对领导。站在这片热土上，我们仿佛在与当年的革命英雄对话，历史书上冰冷的介绍文字也变得真实和生动起来。大家通过实地探访考察，感叹革命先烈之伟大，对弘扬光荣传统、继承先辈遗愿、铭记革命历史，对我们青年的政治使命和责任，有了更深刻的感悟。

(二)暑期实践的收获

1. 领悟革命精神

寻访红色圣地，瞻仰古田会址，站在纪念馆中，看到那些革命时期留下的实物和资料，我们置身其中，仿佛回到了那段峥嵘岁月，看到先辈们筚路蓝缕，为了人民的美好生活而不懈奋斗。重温革命历史，接受革命传统的洗礼，我们领悟到前人矢志不渝的精神品质，并决心将这样的品质转化到日常的学习生活中。我们将以革命先烈为榜样，发扬好古田会议精神，牢记历史，将这源源不断的动力加入学习和生活中去。

2. 锻炼实践能力

这次社会实践是我们认识社会、服务社会、锻炼自我的有效途径。走出校园，走进乡镇，让我们对国情和社会现状有了更加深刻的了解。"纸上得来终觉浅，绝知此事要躬行。"真正参与到电器维修的工作中，我们才明白原来自己还有这么多的知识漏洞，只有不断学习，才能逐渐完善自己的知识结构和知识体系。我们虽然每个人都只是一枚小小的螺丝钉，但愿意充分发挥自己的才能，为社会的进步、为人民的美好生活献出一份力量。此次暑期社会实践不但提升了我们理论运用于实际的能力和维修电器的技术,更重要的是培养了我们的责任感和服务意识,这种被需要和被信任的感觉激励我们不断努力和学习,以不辜负人们的期待。

3. 提高团队合作能力

在社会实践开展的过程中,我们团队分工明确,各司其职,在遇到困难时共同面对,商讨解决方案。实践并不容易,在炎热的帐篷下不断工作常常使我们汗流浃背,但我们互相鼓劲,相互支撑着坚持下去。这次社会实践培养了我们团队合作精神和协调分配能力,为我们以后的学习和工作奠定了良好的基础。

四、心得体会

贴心电器服务社组织校立项实践团队前往龙岩市古田镇开展"志愿服务家电维修"社会实践活动。经过近一小时的车程,我们到了居住的地方——腾龙青年之家,在此稍做休整时跟这里的老板了解当地的情况,老板很耐心也很细心地给我们介绍,一下子就让我们感受到了当地百姓的淳朴。之后我们就熟悉从旅店到实践地点——古田镇人民政府的路线,从公寓到维修地点的那条小径,窄窄的柏油路上每小段路都会留下一小段美文。这些美文有情感类的、教育类的,传递出一种正能量,每次看到都会令我们精神满满。在小径旁还有精美的壁画,有一些描绘的是经典的歌,有一些是古田会议当年的场景,充满着古田浓浓的红色文化气息。这一路走来,使人不禁感慨岁月的变迁。

第一天大家刚到现场就开始投入紧锣密鼓的工作中,大部分人负责维修电器,其他的有人传授用电安全常识及电器保养的基本知识;有人负责接收、登记维修的电器及"售后"服务;有人负责拍照宣传。太阳似乎心情不错,尽情绽放着光芒,尽管场地在一片绿荫之中,但不一会儿,每个人都汗流浃背了。短短的时间,我们就收到了很多电器,面对堆满角落的电器,我们的队员加快了维修的步伐,变得更加忙碌了。一叠厚实的维修记录单如实反映了我们的维修情况,它记载着一天繁重的工作。

日复一日,我们每天都在忙碌着,但回家的路上,看着夕阳,疲惫也随之烟消云散。回到驻地,旅馆里的阿姨早就给我们做了香喷喷的饭菜。吃完之后大家各自回自己的房间洗漱并休息,早早地就上床睡觉,养精蓄锐,期待着第二天的到来。

实践中,我们发现随着科学技术水平的不断提高,更多新的功能不断被添加到了家电中,使得家电的功能越来越多,为群众带来的方便也越来越多。然而技术进步的同时,也给大家带来了很多的问题,比如电器的很多功能有些人不会用,他们不懂得维护的方法,使得家电在使用中常常出现问题,而这些问题通常都不是技术的问题,而是功能的设置或防护措施不对导致的。所以,队员们也商讨,在归还电器时着重讲解科学使用和日常保养维护的方法。

这些日子里也有许多小朋友前来围观,他们在一旁或坐着,或蹲着,好奇地看着维修工作。在他们眼里，哥哥姐姐们就像魔术师一样，三两下就把坏了的电器修好。社员们也一边维修一边用易懂的方法为小朋友讲解其中的科学原理，小朋友们眼里满是钦佩的目光，也有小朋友说长大之后想像我们一样用自己学到的知识帮助他人。社员们听完小朋友说的话都开心地笑了，心里满是自豪。慢慢地，大家纷纷意识到，我们眼中一些小小的帮助在别人眼里却是那么重要。为了能够帮助到更多需要帮助的人，在剩下的时间里社员们都鼓足了干劲，这也是我们此次三下乡活动的意义所在和贴心精神的体现：为人民服务，尽可能地去帮助更多人。在这次实践活动中，有一件事让我们记忆深刻。当时有一个小朋友送来了一个电吹风，在我们维修时，小朋友一直在旁边看着，一脸好奇的模样，我们就用简单易懂的话给小朋友大概讲了一下这个电吹风的问题出在哪里，要怎么修好，小朋友仔仔细细地听着直到我们修好。这着实让我们感慨万分，回想我们小时候，大家的愿望几乎都是想当科学家、军人，成为国之栋梁为国效力。但在现今手机普及的时代，非常多小朋友从小就沉迷于各种手机游戏和短视频软件，他们的人生理想也与我们不同，所以这个小朋友能够认真听完我们的讲解，我们非常感动，看到了祖国花骨朵儿身上不一样的朝气。

通过这次的维修活动，我们提升了维修能力并加强了对理论知识的理解。在学校里，我们虽然也会接触一些维修电器的相关知识，但是只看书无法真正理解透彻。这次维修活动也出现了很多之前没有碰到过的情况，不可避免遇到一些难题，但通过团队成员一起分析、研究、讨论，验证假设结果，一切困难都迎刃而解了。正如俗语"一个篱笆三个桩，一个好汉三个帮"，几个人的智慧交融在一起，问题也就不难解决了。比如，实践期间我们接到大型电器的维修工作，跟随副社长一起前往群众家中维修洗衣机。在前往路上我们忐忑不安，硬着头皮到了家中，初步检查发现是洗衣机底部不工作。我们卸下后面的外壳，观察并测试是否电路问题，结果电路畅通，因此我们又一一测试每一个电路原件，最后终于找到原因，成功解决了问题。我们从刚开始的忐忑，担心技术不行修不好到沉着应对攻克难关，听到物主对我们的称赞道谢，这一刻令我们无比自豪。同样，在这次展修中，我们第一次彻彻底底地拆开了一个风扇的电机，拆下来之后就发现了问题并且将其维修好，在那之后发现也有很多电风扇都是相同的问题，也就都能够完全修好了。在这之前，这种问题不拆开电机都很难处理，我们也一直没有机会尝试。生活中我们也会遇到许许多多的困难，很多时候会被困难吓到，一直拖着不去解决，直到最后只能放弃。其实只要肯迈出第一步，就会发现我们眼中的困难没有想象中那么不可攻克，只要有恒心，敢于动手，就能够克服困难解决问题。这也是我们参加本次活动的收获之一。

此外，还有一个很大的收获就是感受到古田人民热情、朴素、友好的民风，让我们感觉心里暖暖的。活动期间恰逢三伏天，路边巡逻的城管叔叔们看到我们卖力地维修后，默默送上了一箱矿泉水来给大家解渴。有一位叔叔拿电器来维修后迟迟没有离开，因为当时正好是中午最炎热的时候,叔叔害怕社员们中暑便在一旁劝说我们先放下手里的活好好休息一会。大家便到台阶上阴凉处躲避酷暑,但即便如此大家也没有停下手上的活,而是把小型家电拿到台阶上来继续维修。也有居民担心高温下维修有中暑的风险,特地送来西瓜、菊花茶等清凉食品和饮品,他们的热情及鼓励让我们在炎炎夏日中也感到丝丝凉意。居民们的支持鼓励就是对我们服务最大的肯定,也给社员们疲惫的心灵带来了温暖。正所谓贴心暖他人,他人暖"贴心",疲惫的时候,我们就会想起许多古田人民的肯定与赞赏,关怀与帮助,从而又重新打起精神,身上的疲惫也一扫而去,继续为了修好大家的电器而努力。在以后的日子里,疲惫的时候,我们也会想起受到的鼓励,这些鼓励就像一股清泉,滋润心间。

通过这次社会实践,我们真正了解到社会生活和校园生活之间的差距。我们在学校里学的是理论知识,只有通过实践,我们才能发现知行合一的重要性。实践也可以提高我们的学习兴趣。"实践是检验真理的唯一标准",直到在实践后我们对这句名言才有了更深的理解。

实践期间,即便高温也无法阻挡大家的热情,我们学以致用,将所学所知投入实践中去,付出汗水和精力的同时也收获到帮助他人的喜悦和幸福。此次实践活动不但让我们巩固了书本里学到的知识,更让我们获得了书本以外的人生。对于这次实践活动,我们印象最深的一句话就是有位阿姨对我们说的"古田人民离不开你们了"。我们当时内心十分感慨,没有想到一个小小的维修活动会给他们带来如此大的帮助。这让我们体会到了强烈的社会责任感,让我们的人生价值得到了充分的肯定,也为将来更加激烈的竞争打下了更为坚实的基础。"知之愈明,则行之愈笃;行之愈笃,则知之益明。"在今后的日子里,我们会用这次实践学习到的知识经验,让我们的学习更上一层楼。我们也会参加更多的志愿活动,在实践中检验自己,为更多人送去温暖。

（2021 年 6 月）

脱贫攻坚助老区苏区,科技扶贫展新颜新貌

——以铁山镇前村村为例

党的十八大以来,在以习近平同志为核心的党中央坚强领导下,中国共产党团结带领全国人民,组织实施了人类历史上规模空前、力度最大、惠及人口最多的脱贫攻坚战。脱贫攻坚的伟大斗争,锻造形成了"上下同心、尽锐出战、精准务实、开拓创新、攻坚克难、不负人民"的脱贫攻坚精神。我国脱贫减贫工作的伟大实践,取得了举世瞩目的巨大成就,也积累了诸多弥足珍贵的经验,其中,科技助力精准脱贫和增强贫困地区"造血"功能已成为普遍共识。大学生是享受优质教育资源和科技资源的人,是科技扶贫的倡导者和践行者,在科技、人才和智力优势三者结合下,应该坚持扶贫扶智、"输血"和"造血"相结合,在贫困地区展开探索和实践。

为深入学习习近平新时代中国特色社会主义思想,贯彻习近平总书记关于党史学习教育的重要讲话精神,龙岩学院(以下简称"我校")以立德树人为根本任务,组织"脱贫攻坚助老区苏区,科技扶贫展新颜新貌"实践团队走进铁山镇,组织开展脱贫扶贫助力老区苏区发展项目。

一、实践开展的意义

(一)在实践中锤炼本领

为深入学习习近平新时代中国特色社会主义思想,贯彻习近平总书记关于党史学习教育的重要讲话精神,我校以立德树人为根本任务,鼓励青年学生积极参与社会实践。学生在实践中坚定理想信念、锤炼自身本领,在立足专业、拓宽视野、丰富生活阅历的同时,能够结合实际、服务社会,争当有理想、有本领、有担当的新时代青年榜样。

(二)科技力量助力扶贫

我校组织开展脱贫扶贫助力老区苏区发展项目,根据铁山镇前村村的当地实际情况,贯彻落实省、区、市脱贫攻坚战役精神,对当地农产品——细梗香草,进行推广服务。项目以科技兴农,搭建销售平台,开展农产品产销专项调研,深入了解新罗区铁山镇前村村在政治、经济、文化、社会等方面的实际情况,通过对调研材料加以综合分析,在此

基础上提出切实可行的政策建议,以供决策者做出正确的工作决策。

(三)为美丽乡村建设献力

在项目开发展过程中,同时开展禁毒防艾宣教活动,普及禁毒防艾知识、宣讲禁毒防艾政策法规等;保卫绿水青山,收获金山银山,开展保护环境入户宣传活动;开展暑期留守儿童关怀夏令营活动。发挥新媒体作用,运用新媒体平台进一步推广农产品,做好禁毒防艾、保护环境以及关爱孩童主题宣传,服务基层,为美丽乡村建设贡献青春力量。

二、实践的主要内容

实践队开展科技扶贫项目,通过在贫困地区、革命老区建立大学生科技扶贫志愿者工作站,因地制宜建设农产品产销一体化平台,推进创新扶贫,加快先进科技成果在贫困地区、革命老区的转化应用,培育创新创业主体,推动他们自力更生、艰苦奋斗,以创业带动产业发展,以产业发展带动精准脱贫,促进创新驱动、区域发展与贫困人口脱贫紧密结合;开展农产品产销专项调研,通过深入实际、深入农村、深入农民调查研究,将调研的材料加以综合分析,透过现象抓住本质,找到事物的内在规律,在此基础上为解决产品的难卖问题提出切实可行的政策建议或做出正确的工作决策;开展禁毒防艾、保护环境宣教活动,通过深入了解实践地禁毒防艾最新形势、相关工作开展情况,因地制宜组织形式多样、内容丰富的禁毒防艾宣教活动,丰富拓展禁毒防艾宣教的活动载体和途径,并因地制宜实施保护环境宣传计划;开展暑期留守孩童关怀红色夏令营活动,举办红色夏令营,开展阳光支教活动,发挥自身的专业优势进行学业辅导,为留守儿童提供学业指导、亲情陪护,通过防溺水、防诈骗、食品安全、远离毒品等主题教育为留守儿童普及自护知识,提高儿童的自我防范意识,帮助儿童更好地学习和生活,丰富暑假生活。

(一)深入基层 除危保民 振兴乡村

习近平总书记曾说:"到基层和人民中去建功立业,让青春之花绽放在祖国最需要的地方,在实现中国梦的伟大实践中书写别样精彩的人生。"实践队利用假期到获得福建省第十三届文明镇荣誉的铁山镇进行实践活动。此次活动中,实践队深入基层,开展科技扶贫、乡村振兴调研、助力创城等活动,树立当代大学生扎根基层的良好形象。

来到铁山镇,实践队了解到在镇政府工作中,下基层、做实事才是工作的重点。实践队在铁山镇人民政府的协调下分配人员到各科室开展实践活动,一方面协助各个科室完成材料的分类、归档和信息的录入,另一方面跟随政府机关人员参与各类外派活动,"清村扫楼"、拜访贫困户、房屋照片拍摄以及拒绝参与涉黑涉恶、涉麻制毒、电信网络诈骗宣传等系列活动。经过在各科室的工作体验,实践队成员不但亲身实地地了解到乡镇政府的工作职能,更清楚地明白了乡镇政府各科室部门的工作建设、部门间的配合与联系。在慢慢地接触和学习中，实践队员清楚地认识到政府的工作都是以服务群众为宗旨的，而这就需要保持一颗服务群众的心，切实保障群众的根本利益。在与工作人员交谈中，实践队了解到目前当地政府正深入执行《新罗区房屋安全隐患综合治理工作方案》的文件精神，努力做好脱贫攻坚、保障村民住房安全等工作。村管站人员还为实践队介绍了各村的房屋情况，带领实践队来到铁山镇的洋头村、溪西村等村庄开展房屋安全信息采集和录入工作，将信息上传至房屋安全信息网并对危险房屋信息进行整理。

"亲自体验了，才更加体会到在基层工作的艰辛。在基层工作确实很累，有许多繁杂的工作，但是每个基层工作人员都没有抱怨，而是默默地一直在工作，大概是因为他们都有一颗为人民服务的心吧！我觉得这是非常值得我们去学习的！"实践队员童华智表示。

振兴乡村迫在眉睫，保障人民的人身安全更是重中之重。实践队员提议鼓励村民自查房屋情况，这样既能提高政府工作人员的工作效率，又能更加精准地服务到村民。

（二）根植红土　饮水思源　激励扶贫

小康不小康，关键看老乡。老区苏区发展问题，习近平总书记一直挂在心上。"要饮水思源，决不能忘了老区苏区人民。"为深入了解国家脱贫攻坚新战略新政策，实践队在有"花果之乡，精准扶贫"之称的铁山镇，探索新型扶贫路线。

时任铁山镇扶贫办主任的廖艳萍给实践队简单介绍了激励性扶贫项目的开展情况，以及产业帮扶实施的"政府＋农场主＋贫困户"模式特点。实践队了解到铁山镇通过发展特色产业，激发内生动力达到脱贫致富，探索出了"产业帮扶＋精准扶贫"新方向，从"扶贫"转向"扶智"，从"输血"改为"造血"。

随后，实践队到特色扶贫基地进行实地考察，参观洋美村产业扶贫基地葡萄园种植地。认种人刘芳梅表示，铁山镇葡萄的特色品种多样以及政府的帮扶政策是成功的主要原因。实践队还到了金橘种植、蜜蜂养殖地，探索铁山镇实现"真脱贫、真摘帽"的秘诀。

"只有亲身下村经历体验，才会发现我们不易发现的问题，增强我们处理问题的能力以及分析能力。对当地的贫困户回访的亲身体验，真正让我体会到了并不是每一个人的生活都是一帆风顺的，也懂得了一个道理，不是努力了就一定有收获，但是只有努力了才会改变现状。"实践队员陈园感慨道。

"经过 3 天的拍摄工作，阿姨说我从一个白白的小姑娘变成了一个小黑妞。其实，我觉得晒黑不重要，重要的是我深刻体会到了基层工作的不容易。我们应该尊重基层工作人员，体谅他们，让他们在繁忙的工作中找到属于自己的价值，并有所坚持和收获。"回想起基层工作的经历，实践队员陈舒虹笑着说道。

根据铁山镇"政府搭台，农场主补台，贫困户唱戏"新模式，实践队提出通过"互联网＋

科技扶贫",降低贫困户种植风险,助力贫困户增产增收。实践队将充分发挥专业优势,努力成为扶贫和农村振兴的新生力量。

(三)七彩假期　情暖童心　青春逐梦

"少年强则国强,少年进步则国进步。"少年儿童是未来的主力军和生力军,习近平总书记指出,全社会都要了解少年儿童、尊重少年儿童、关心少年儿童、服务少年儿童。实践队来到见龙社区开展了为期三天的"情暖童心,青春逐梦,我与祖国共成长"暑期关怀夏令营活动,旨在为青少年儿童构建一个七彩假期,快乐童年。

本次夏令营活动由素质拓展、专题教育以及红色会演三部分组成。在社区工作人员和实践队的共同努力下,活动拉开了序幕。"萝卜蹲""爱的抱抱""乒乓接力"等游戏,让小朋友们在较短时间内互相认识,迅速破冰,调动气氛,更好地融入新的集体,同时也培养了小朋友们团队协作能力;"歌唱祖国"的演唱,唱出了小朋友们对祖国母亲最真挚的呼唤,一段美好时光让他们的假期不再单调,为他们的健康成长添砖加瓦;防诈骗、防溺水、防中暑、禁毒防艾、环境保护等专题教育,让小朋友懂得如何拒绝诱惑,提高小朋友的警惕性和安全意识,以及对环境保护重要性的认识;"你是什么垃圾"小游戏,更是让小朋友们懂得如何正确进行垃圾分类,更加明白垃圾分类的意义。

"这是自己第一次尝试为这么多小朋友讲课,看到小朋友们都很用心学习,不禁备受鼓舞。但通过这次的实践也更加意识到了自己的不足,更加感受到提前备课的重要性。小朋友们收获了、快乐了,便是我们的快乐和收获!"实践队员黄局艳表示。

(四)主动作为　禁毒防艾　环保创城

为响应"青春心向党,建功新时代"的号召,引领教育广大青年学生切实感受新中国成立所取得的巨大成就,增强志愿服务中的责任感和使命感,民进龙岩市工委会、民进新罗区总支、铁山镇党委和政府联合"脱贫攻坚助老区苏区,科技扶贫展新颜新貌"暑期社会实践队,深入铁山镇见龙社区开展"禁毒防艾在行动,环保创城共前行"的宣传活动。

活动中,志愿者们为居民普及有关毒品和艾滋病的知识,通过发放宣传资料,让大家更直观地感受到毒品和艾滋病的危害以及禁毒防艾的必要性,进一步提高广大人民群众对毒品、艾滋病危害的认识水平和自我防范能力;通过发放宣传资料以及接受群众咨询等形式普及生态环境保护知识,深入贯彻习近平生态文明思想,进一步推动龙岩中心城市建成区生活垃圾分类工作,同时通过现场讲解、演示,引导居民自觉、正确地进行垃圾分类,践行绿色生产和生活方式,共同建设美丽中国。

"我们累计发放宣传手册1000多份,就是希望能用实际行动倡导健康生活方式,承担起当代大学生的责任担当,在实践中学以致用,助力社区居民提高防止电信诈骗、拒绝毒品等保护自身及社会安全的意识,助力共建和谐文明的社区,助力龙岩市创建文明城市。"实践队员郭艺龙表示。

在周末空余时间,实践队还到下洋村进行入户宣传,助力龙岩市创建文明城市。实践队还将深入铁山镇基层,深入实际,继续围绕乡村振兴开展各类活动,为新农村建设添砖加瓦!

（五）现代农业　绿色发展　振兴乡村

农,天下之本,务莫大焉。务农重本乃国之大纲,重农固本是安民之基。习近平总书记指出,现代高效农业是农民致富的好路子,要沿着这个路子走下去,让农业经营有效益,让农业成为有奔头的产业。我们要推进农业现代化和新农村建设,实现"三农梦""农村梦"。

习近平总书记指出,要坚持市场需求导向,主攻农业供给质量,注重可持续发展,加强绿色、有机、无公害农产品供给。实践队来到新罗区现代农业基地——乡间果芙家庭农场,探索现代农业新型模式。活动开始,农场主带领着实践队来到果园地。在具体的参观实践中,实践队了解到园中的各种水果,如葡萄、金橘和火龙果等,都是种类中的极品;果园里的水果,从挑选幼苗、种植育苗到采摘包装果实都是经过精心准备的。果地周边是林下散养"富硒"果芙鸡(月子鸡)、"富硒"月顶乌鸡的养殖基地,把养殖产生的废弃物作为肥料,达到资源循环利用,从而大力发展绿色生态农业经济。另外,乡间果芙家庭农场依靠高海拔的自然优势,更有利于打造高端绿色的农产品。经过一天的参观学习,实践队成员收获颇丰,不仅获得知识上的增益,更有心境上的成长。

在乡间果芙家庭农场中,实践队体验到了"慢生活圈"。谈到如何让农场更好地发展,实践队提议,可建设观光、采摘、娱乐、休闲、度假于一体的农业生态家庭农场,打造现代田园综合体,并利用新媒体平台,开辟"互联网科技＋绿色农业"新模式。在农场的支持下,实践队运用抖音平台,拍摄了农场宣传视频,得到了农场的好评。

绿色龙岩美如画。龙岩把推进特色现代农业发展作为推进乡村振兴的重点工作,紧紧围绕打造"生态＋"发展定位,不断总结提升,走出一条让农业更强、农村更美、农民更富的可持续发展之路。实践队还将继续探索龙岩特色现代农业发展,助力乡村振兴!

三、社会实践总结

这次社会实践使我们体会到基层工作的辛苦和不易,对自身责任有了更多思考。

（一）暑期社会实践简单回顾

暑期社会实践安排见表1。

表 1　暑期社会实践安排

行程安排	实践主题			实践方式
第一站	深入基层	除危保民	振兴乡村	参与基层工作
第二站	根植红土	饮水思源	激励扶贫	基地实地考察
第三站	七彩假期	情暖童心	青春逐梦	参加夏令营
第四站	主动作为	禁毒防艾	环保创城	宣传禁毒知识
第五站	现代农业	绿色发展	振兴乡村	农场参观学习

今年暑假,我们以前村村为目的地,围绕"科技扶贫助力脱贫攻坚"这一课题展开实践活动。在本次活动中,我们深入基层参与工作,在镇政府的协调下,分组进行实践,一小队协助各科室整理材料,另一小队跟随政府机关人员参与各类外派活动。通过参与基层工作,我们不仅亲身体验了基层工作的职能所在,同时也感受到基层干部的负责和认真,以及基层工作的艰辛。为深入了解国家脱贫攻坚新政策,实践队在铁山镇探索新型扶贫路线,镇扶贫办主任廖艳萍给我们讲解了当地扶贫项目的发展情况,使我们对扶贫工作有了更多的了解,认识到在政府的帮助下,产业得到发展、生产力得到调动,百姓的生活也一天天好起来。除了扶贫工作,我们还参加了许多活动,如暑期关怀夏令营,为青少年儿童构建暖心小屋,宣传防诈骗和禁毒知识等。这些活动不仅丰富了我们的实践经验,也提高了我们的队员团结协作的能力。

(二)社会实践感悟收获

1. 团队合作水平提升

经过这次实践,团队成员的联系更加密切了。"三人行,必有我师",在调研的过程中,每个人都在相互学习、相互帮助,提高了团队的合作能力。在宣传禁毒活动时,我们共同努力,完成 1000 多份宣传手册的发放任务;在夏令营时,我们相互配合,为当地的小朋友做宣讲、办活动。人心齐,泰山移,实践之初觉得非常困难的事情,在所有人的共同努力下也逐一攻破。有了这些经历,我们更深刻地体会到团队的力量是无穷的。

2. 个人处事能力提高

实践活动也培养了每个人处理问题、独立思考的能力。社会实践引导着我们走出校门步入社会并投身社会,在这个可贵的机会下,我们不断锤炼自己,提升修养,树立服务社会的思想与意识。不仅如此,社会实践还拓宽了我们的知识面,带领我们走进了从未涉猎的领域,增长了我们的见识,也让我们在今后的生活中比他人更多了一份从容。

3. 发现自身不足与缺陷

"现代大学生,大多是在书本知识中成长起来的。"我们常从书中、新闻中看到扶贫的观点,但是什么是扶贫,怎么扶贫,我们并不清楚,可以说对我国的国情、民情知之甚少。社会的复杂程度远不是读几本书、听几次讲座、看几条新闻就能够了解的,而社会实践为我们打开一扇了解的窗。当真正站在扶贫一线、乡村工作一线时，我们才能真切地感受到自身能力和知识储备的不足。面对问题时，无法提出成熟的解决方法，这就更加勉励我们继续学习，发扬刻苦求索的精神，不断提升自己，为解决社会问题献出一份力量。

4. 对社会责任有更清晰的了解

大学生是享受优质教育资源和科研资源的一批人，是建设社会的储备军。只有当大学生对农民和农村有了感情，才能让他们和农民的心贴得更近，才能让他们真切感受到耕耘的艰辛和收获的喜悦，真正地树立为"三农"服务的意识，更好地推动社会主义新农村建设。下乡实践让我们了解到民情、体验农村生活的艰辛，培养了我们对农民的感情，让我们决心努力学习，为改善农村生活、促进农村发展献计献策。

四、心得体会

"你要知道梨子的滋味，你就得变革梨子，亲口吃一吃。"回想起毛主席的话语，大家在实践后深有感触。此次活动让我们更加深切体会到实践才是检验真理的唯一途径，社会才是学习和受教育的大课堂，在那片广阔的天地里，我们的人生价值方能得到更好的体现，方能为将来更加激烈的竞争打下更为坚实的基础。

实践结束后，队员任太行感慨颇深："在实践的这段时间内，我在铁山镇获得的体验是前所未有的，都是课本知识无法替代的。这次接触的实践活动，对我来说很陌生，要想把工作做好，就必须了解各方面的知识，才能更好地应用于工作中。这次亲身体验让我有了深刻感触，这不仅是一次实践，还是一次人生经历。接触到实际，才发现自己知道的是多么少。"

"也许有人认为在即将毕业前应该去实习，而不是参加实践，但我觉得实践能让我做自己想做的事，保持初心不断前行。实践教会我知行合一，放下娇宠，用一颗平常心对待生活，乐观地去面对不如意和挫折，珍惜每一次机会，这将会成为一笔宝贵的财富。"实践队员陈芳如是说道。

实践队队长陈浩川在回忆实践活动时说："这次实践，让我有机会在新的高度锻炼自己，我认为能力是重要的，然而更重要的是对自己工作的那份热忱。要真正地热爱自己的团队，每一个人都应尽量发挥好自己的作用，尽力提高自己的各方面能力，这样一些常规工作的开展就可以得到完善。通过实践，我们零距离接触了社会主义新农村，增长了见识，提高了自身的交际能力与实践工作能力，为自己人生的奋斗目标打下了坚实的基础。"

"社会实践让我们大学生提前了解社会，为将来真正走上社会提供宝贵的经验和阅历，也为将来从事任何工作打下良好的基础。很多大学生都清醒地明白'两耳不闻窗外事,一心只读圣贤书'的人不是现代所需的人才。大学生要在实践中培养独立思考、独立工作、独立解决问题的能力。这次实践使我更加了解社会,以后如果有机会,我会更加积极地参加这样的活动。"实践队员郭艺龙如是说道。

处在美好的青春时节里,书写奋斗的记忆。十二个夏日,充实而精彩,实践队运用所学知识、自身的努力,团结一致融入铁山,服务铁山,为其带来活力和一腔热血。此次实践让身处象牙塔的队员们更加深刻地了解了基层干部们工作的不易,也更加激励了队员们勇往直前。离开铁山时葡萄正成熟,那葡萄就像实践队员们过的这段日子一样,饱满、丰盈、甜美,轻尝一口,回味无穷!

"纸上得来终觉浅,绝知此事要躬行。"实践队员们在这个暖意融融的暑期走入社会,深入基层,立足社会需要,扎根祖国大地,以小我融入大我,激扬青春力量,做出个人贡献,在深入群众中锤炼作风,在联系实际中寻找不足,用实际行动交出属于自己的"青年答卷"! 不忘初心、牢记使命,本次实践虽然已经结束,但今后的路还很长,我们会继续努力,充实自己,回报社会,为祖国的建设贡献自己的力量。

(2020 年 5 月)

菁选多肉

——菁心守护乡村振兴路

乡村是具有自然、社会、经济特征的地域综合体,兼具生产、生活、生态、文化等多重功能,与城镇互促互进、共生共存,共同构成人类活动的主要空间。乡村兴则国家兴,实施乡村振兴战略是建设现代化经济体系的重要基础,是建设美丽中国的关键举措,是传承中华优秀传统文化的有效途径,是健全现代社会治理格局的固本之策,是实现全体人民共同富裕的必然选择。

振兴乡村建设美丽中国,首先是要解决乡村存在的实际问题,而要想解决乡村存在的问题首先是要学会运用知识。如何将知识注入乡村,让科技改变乡村、助力乡村、建设乡村是本次社会实践的核心课题。

为了让知识能够得到充分运用,科技能与乡村振兴道路契合,我们组建了"科技支农"实践队,以技术开发为核心,专注于多肉组培苗的研发,致力于打造一个有技术、有特色、有服务、有口碑的品牌,以此方向展开科技改变乡村的道路探索。

一、实践开展的意义

(一)了解了时势需要

本次实践从科技出发,结合当下乡村振兴大方向,将实践成员所学到的知识充分运用,了解当下时势需要,打造以科技为亮点的突破道路。

(二)提升了实践能力

本次实践围绕技术开发、多肉组培苗的研发而展开,提升了学生的实践能力,也拓展了学生的专业知识。在后续的工作中,实践队不断学习积累市场优劣势的分析、劣势解决方案的实施、核心知识产权的申请等经验,结合实践实际情况,得出实践结论,提升专业知识运用实践能力。

(三)密切了社会合作

本次实践聚焦以科技改变乡村,在实践过程当中指导老师、实践队与农业农村局合作开展大型农户培训(四期),共培训 500 多户农户;科技支农 7 个区县 11 个村,协助 132 户农户开展多肉种植,并帮助他们实现致富。同时为打造有特色的品牌,实践队成员设计并拥有了 63 项作品版权,涵盖项目产品的品牌标志、产品文化、多肉周边设计等,多方位与社会联系,密切合作。

二、实践的主要内容

(一)科技改变乡村的道路探索

1. 确定目标

本次实践以多肉植物为基点,以技术开发为核心,专注于多肉组培苗的研发,致力于打造一个有技术、有特色、有服务、有口碑的品牌,并且通过各种多肉设计为品牌塑造形象,将多肉的研发、生产、销售一把抓。实践队还将此种经济模式推广到各村,带动各村当地经济发展。

2. 据实分析

实践队对多肉市场背景进行调查并对目前各多肉行情进行优劣势分析,找出突破点。根据对多肉背景的分析我们发现,2019 年多肉的客户人群突破 2 亿,市场规模更是达到了 1000 亿,同时拥有着近 200％的年复合增长率,多肉行业的发展呈现出积极的态势。《2019 年中国多肉植物行业分析报告》指出,目前多肉行业在推动国民经济增长中有重要的作用。从总体看,多肉行业的市场前景非常可观。实践队对多肉行情分析后发现,目前国内多肉植物产业存在的市场痛点主要表现在几个方面:

(1)多肉行业技术落后、缺乏创新。

(2)多肉市场产品单一、精品难现。

(3)多肉行业门槛低、发展盲目无序、价格低廉。

(4)多肉市场产品进口依赖严重,与欧美、日本等还存在很大差距。

(二)根据现实"对症下药"

1. 弥补不足,找准优势

经过分析发现了多肉植物产业存在的痛点之后,实践队通过不断实践创新,严格把关自身制作的产品质量,形成完整研发方案。一系列操作完成后,实践队也对自身所具有的能力进行分析,发现具有下列优势:

(1)拥有多肉组培核心技术、研发专利配方,生产成本显著降低。

(2)创新能力强,研发出众多新型产品,与市场其他产品差异化明显。

(3)对产品质量进行严格把关与筛选,力求产品精品化,绝不以次充好。

(4)拥有完整的产业线,生产与销售一条线,规模较大。

通过使用实践队研发的组培配方,多肉的繁殖速率和成活率成倍增长,成本比传统组培方式低。

2. 保护创新,独立设计

实践队对自己研发出的产品产权第一时间进行了保护,并且为了打造菁选多肉品牌,成员还以多肉为核心进行了一系列的品牌形象设计。通过成员的不断努力,目前实践队已拥有 6 项发明专利,8 项实用新型专利,3 项软件著作权,技术涵盖了多肉植物组培快繁、组培外植体包膜、抗菌、促生剂、组培外植体消毒及多肉植物生长光源筛选装置。另外,实践队、合作企业联合建立了福建省首个"多肉植物地方标准",填补了省内多肉行业标准的空白,加强了商家的产品标准意识,更好地引导行业规范化、标准化,推动多肉行业持续健康高质量发展。为更好地推动品牌发展,实践队还对品牌进行了相关设计。通过成员的不断努力,目前实践队已拥有 63 项作品版权,涵盖项目产品的品牌标志、产品文化、多肉周边设计等。

(三)产品生产与销售服务

1. 产品的多样化生产

通过对市场的分析,实践队研究确立了多种多肉产品。

(1)传统培养方法培育市场接受度广、技术要求低、方法简单、成本低、利润高的多肉产品。

(2)我们调查市场后了解到,现在大多数公司生产的组培品种单一,质量参差不齐。我们目前培育的主要品种为玉露、万象、玉扇、十二卷、寿、日月潭等,所选品种包括市面流行款式和研发难度较高品种,致力于品种的创新与研发,不断推出新产品来保持市场活力与开拓新市场。

(3)我们经过增减不同激素含量与改变生长介质获得不同品种多肉的组培配方,致力于研发出精品组培苗。

(4)目前我们采用的基质配方有赤玉土、蛭石、珍珠岩、泥岩、苔藓草等。我们研究调和比例和制作加工方法,针对中低端的多肉和高端的多肉分别研发了适合种植的土壤,土壤配方比市面上的传统配方培育效果更佳,多肉成活率也更高。

2. 产品的双层生产模式

实践队将产品的生产模式分为两种:一是直接进行组培苗的批发销售。我们在无菌、适宜生长的条件下对多肉植物进行组织培养,可以在短时间内大量繁殖出优良品种与类型,再通过批发销售方式供给市场。二是与农户进行合作。本项目采用了"企业＋农户＋企业"的生产模式。成品生产过程:生产的前端,利用项目特有的专利技术生产组培苗,属于技术型;生产的中端,驯化种植的过程交由农户,属于劳动型;生产的终端,成品销售由企业提供销售渠道,属于渠道型。

3. 产品的互利共赢销售

为实现双方互利共赢、带动就业,我们为农户提供两种成品销售渠道。

第一种,农户自销,我们为他们提供免费的平台,只收取组培苗的成本。这个过程存在较大风险,但利润较高。例如,10000 株玉露组培苗,种植后由农户自销,售价 9.9～28.0 元/株。我们收取 10000 株苗的成本 2000 元,农户管理成本约 45000 元,销售成本 20000 元,可实现利润 32000 元。

第二种,我们回购产品,进行销售,不收取农户组培苗成本。此过程,不存在产品滞销问题,但利润相对较低。例如,10000 株玉露组培苗,种植后由项目组回收,回收价 6.5 元/株。农户管理成本约 45000 元,可实现利润 20000 元;项目组批发出售 7.5 元/株,毛利润 10000 元。

以上两种模式相互配合,不仅达到助农利农的目的,而且为项目带来收益。

4. 多重营销模式相结合

在对多肉市场以及民众需求进行分析之后,实践队规划推行了多种营销方案。具体内容如下:

(1)目前产品以批发为主,零售为辅,批发业务占总体的 94%。

(2)开通微店、淘宝店铺,进行线上零售销售,增加产品覆盖率,同时可利用网络购物节等节日进行产品促销,降低成本,提高产品性价比。

(3)通过拍摄短视频或直播引流,运用抖音、微视等平台增加产品曝光量,利用种草、安利、包装、趣味等营销手段进行推广销售。

(4)开发独立的 App 软件进行线上线下结合推广。

(5)举行线下活动推广宣传,如制作多肉饰品、花束,设立多肉展示橱窗,开发主题婚礼或多肉主题餐厅、咖啡馆等扩大影响。

(6)开发专属吉祥物与微信表情包等多肉周边产品,进行品牌宣传与推广。

(7)参加全国各地举办的多肉节或多肉比赛,通过比赛扩大品牌知名度,同时扩大高端型多肉的影响力,发展更多中高端用户。

(四)实践现状以及社会合作

1. 实践现状

目前实践队已参与培育传统多肉苗 96 种,主要是景天科多肉植物;已培育组培苗 52 种,主要是目前无法进行叶插繁殖,需要组培技术才能实现扩繁的品种及部分变异、杂交品种;已培育高端精品组培苗 2 种,主要是需要增减不同激素含量与改变生长介质的高端变异品种;已研发多肉种植基质 2 种,主要是多肉种植土,可有效提高多肉的生长速率,大量减少多肉的生长时间。

2. 未来前景发展

打造品牌,商业化发展。优化产品结构,增大产业规模,优化生产设施,完善品种门类,增强企业弹性,提高专业性生产,合理规避同质化,不盲目跟风,追求品质,打造品牌,提高企业知名度,力求做到规模化、标准化、精品化、系统化、差异化,使项目更长久发展。

3. 社会合作

本次实践指导老师连续 3 年带领项目团队成员 19 人,组建"科技支农"实践队,将项目成果推广至龙岩市武平县(云礤村、东岗村、东留村)、长汀县(邓坊村、桥下村)、连城县上余村、上杭县白水村、永定区西陂村、新罗区(山前村、连坑村)以及漳平市古溪村,共计 7 个区县 11 个村,行驶里程达 2615 公里,通过政策、技术等支持,带领农户增收致富,共扶持农户 132 户,助力乡村振兴。相关事迹被中国新闻网报道 1 篇、中国青年网 22 篇、武平文明网 1 篇,龙岩学院团委各大平台报道 16 篇,受到社会广泛好评。

将科技带到乡村,用科技改变乡村,是乡村振兴的一条知识强路。我们号召当代青年大学生将自己所学习到的知识运用起来,让知识的风吹进乡村,用科技的力量守护乡村振兴道路。菁选的多肉不只是多肉,还是一条菁选的积极道路,精心地守护每一次创新带来的突破。为实现科技发展带动乡村大变样,我们实践队每一个青年学生都有责任,我们一直在路上!

三、社会实践总结

在实践过程中,我们有汗水、有笑声,有收获、有感悟,也有反省和思考。

(一)暑期社会实践的简单回顾

暑期社会实践安排见表 1。

表 1　暑期社会实践安排

行程安排	实践主题	实践方式
第一站	遨游数据海,分析大背景	数据分析
第二站	目标确立,向前进	走访调查
第三站	菁选多肉,菁心规划	研究开发
第四站	携手农户,共同发展	农户培训
第五站	多元化模式,全面宣传推广	宣传推广

(二)暑期社会实践的收获与成长

这次实践活动,在探索"科技改变乡村,科技助力乡村振兴"这一课题的同时,实践队通过查找资料调查多肉背景、运用本身所学知识对多肉品种不断研发,集思广益与农户合作确立的互利共赢的生产模式与销售方式等,为我们的实践增添了不少色彩。这次活动丰富了我们的实践经验,提高了我们的团队合作能力,也使我们认识了更多的小伙伴,从中获得的经验与知识让我们受用一生。社会实践引导着我们走出校门、步入社会并投身社会;我们要抓住这个培养锻炼才干的机会,提升修养,树立服务社会的思想与意识。同时,实践活动还拓宽了我们的知识面,让我们走入了从未涉猎的领域,增长了我们的见识,也让我们在以后的生活中比别人多了一份经验,受益匪浅。

此次社会实践活动也让大家更加具有团结合作精神,在实践研发的过程中会遇到很多专业性的问题,但是大家都没有放弃,反而是迎难而上,解决问题。这种不逃避的精神不仅是一种美好品质,而且让大家更加团结互助。

(三)社会实践中存在的不足

当然这次社会实践,在让我们更好地了解社会的点点滴滴、开阔视野、增长才干的同时,也让我们认清了自身的位置,发现了自身的不足,主要有如下几点。

1. 实践队成员组成不够丰富

实践队成员虽然在技术方面专业对口,但还是缺乏设计方向的同学。由于美化设计专业人员的缺乏,我们的美术设计作品还需要多改进。对于多肉各类品种的研发,我们还需要学习更多的相关专业知识为后期的产品研发奠定基础。

2. 实践时间不够长

实践队虽然每年都有在进行社会实践,但大多集中在寒暑假。时间不够充裕导致产品的创新度不够强,且用来了解情况的时间有限。新成员无法快速掌握各项多肉植物相关知识并上手实操,只能学习较少部分的实践知识,但真正要开始参与各类品种的研发需要较长时间的学习。这是本次实践中最需要团队和成员改进的地方。此外,在平时也要有实践精神,成员在学习之余也不能忘记实践的知识与后续。

本次社会实践的圆满结束,承载了每个成员的辛苦付出。在本次社会实践中,每个成员都有着特殊的收获,我们都为能够充分利用专业知识带动农户发展而感到骄傲。在此期间,我们还接触到了不一样的版块,进行了品牌相关美术设计,能力得到了多方面的锻炼和提升。总之,每个人都在此次实践中受益匪浅。

四、心得体会

从确定"科技助力乡村"为实践主题的那一刻起,这一次实践就注定不平凡。此次实践帮助解决农户在种植过程中遇到的技术问题和营销上的问题,并且团队成员将自身所学知识学以致用,助力龙岩市乡村振兴。在本次实践中,我们认识到了学好专业知识的重要性和团结一致的必要性,增强了吃苦耐劳的精神,锻炼了沟通表达能力。

实践出真知,在学校我们是将知识贮藏起来的"松鼠",社会实践则是打开我们贮藏知识门的"钥匙"。有了这把钥匙,我们才得以将自己贮藏起来的知识充分利用。

本次社会实践,我们不断对多肉的背景进行分析,找到实践产品及技术本身存在的问题并不断解决问题。经过不断创新,不断克服困难,我们创新多肉产品品类,解决多肉产品品类单一的问题。为了让农户也能够发展,实践队不断探索并最终找到和农户互利共赢的产品生产销售模式。在创新的路上我们一直在前进,从未放弃。作为大学生,不能一味沉浸书本的理论知识,要学会知行合一,要坚定理想,脚踏实地,志存高远,执着追求,助力乡村振兴,推动中国乡村事业发展。

学习新知识,逢路开山。除了运用本身所学知识进行创新,我们也一直在不断提升自己的综合素质,学习新的知识,让知识与知识碰撞融合,共同发展。在本次社会实践中,我们不仅巩固并运用本身所拥有的知识,也一直在学习有关品牌、美术、设计方面的内容。要打造出有特色的实践产品品牌,就得拥有属于品牌的标志和让人耳目一新的设计。为此大家都展开了"内卷"式学习设计。每个人都对这块新的领域兴致勃勃,有空的时候大家总会设计一两个有关的 logo 或是表情包。这其中我们也会发生各种各样的争执,但是大家依旧团结。尽管时间紧、任务重,我们依然在规定时间内完成了成套表情包的设计以及品牌 logo 设计。

此外,我们还学习了大量的数据分析技能,力求每个数据都能准确。每一个成员都在用自己的方式努力着。我们相信天道酬勤,相信能收获美好的事物,因为我们都在努力着。

真做总结,奔赴未来,没有最好,只有更好。做事情,只有学会总结并且定期复盘,才能真正做到学有所成。实践队针对本次实践活动进行了总结,虽然活动圆满结束,但是仍然存在一些问题。首先是没有做好实践记录导致后期复盘时素材内容不够,不能做到很好的自我认知;其次是专业知识还不够,还要借助外力和老师的帮助才能完成产品的创新,大家还需要进一步学习,提高自身的知识水平。

在实践过程中,团队的每个成员都真正学到了很多知识,不仅仅是增加了专业知识,还对生物专业有了更深的了解。通过实践活动,实践队员看到了社会发展的现状,获得了受益一生的经验。实践活动锻炼了大家的综合能力,对每个人的改变都是潜移默化的。此外,实践队员彼此之间都有了默契,能较好地完成任务,明白了各实践队员团结一致的重要性,以及感受到了一群人奔着一个目标共同努力的喜悦感。

团队成员都深知实践的辛苦,但还是决定跟随着实践队指导老师的步伐,参加实践活动,一方面,是因为一直谨记着习近平总书记所说的青春是用来奋斗的,不想虚度暑假的时光,想在暑假期间有所成长;另一方面,是因为想深入农户,了解乡村发展情况,并利用所学的专业知识解决农户遇到的疑难,助力乡村振兴。在实践过程中,实践队员也曾想过放弃,但是每一位实践队员都坚持下来了,因为实践队始终秉持着一句话,既然选择了,就要义无反顾,全力以赴。

时间飞逝,转眼间实践活动已圆满结束,我们很感谢本次实践,正是这次社会实践给了每一个成员成长的机会。这不仅是一次眼界的开阔,更是一次青春的挥洒。虽然社会实践已经结束,但我们每一个人已然做好下一次再启程的准备! 我们始终愿意为极其有意义的事挥洒我们的青春年华!

(2021 年 4 月)

VR 游龙院，全景看未来

党的十九大以来，党中央全面分析国际科技创新竞争态势，坚持把科技创新摆在国家发展全局的核心位置，全面规划科技创新工作。科技兴则国家兴，科技强则国家强，建设创新型国家和世界科技强国是中国发展的迫切要求和必由之路。当前，以信息技术、新能源技术为主要特征的科技革命和产业革命方兴未艾，新一轮的科技革命正蓄势待发。

随着大数据、人工智能等技术的高速发展，"元宇宙"成为网络热词，这一未来移动互联网发展方向成为大众关注的焦点。虚拟现实技术作为"元宇宙"的技术支撑，同样引起大家的广泛关注。虚拟现实（virtual reality，VR）融合了多媒体、传感器、新型显示、互联网和人工智能等众多技术，是引领全球新一轮产业变革的重要力量。当前，基于全景拍摄的虚拟现实内容制作和体验技术日趋成熟，已广泛应用于旅游景区导览、数字展馆体、楼盘装修设计展示等众多领域，越来越多的高校也开始借助这一最新的数字技术，用于校园展示和宣传推介。本项目正是基于此背景，组织策划并制作龙岩学院VR校园导览，直接服务学校对外展示及招生宣传。通过此次活动，队员们纷纷树立起科技兴国、治学报国的人生理想。

一、实践意义

本实践项目目标明确，主要服务于龙岩学院进行招生宣传。团队成员来自学校不同专业，依托高校 VR 实验室设备和技术优势，利用最新的 VR 技术和移动互联网技术，制作龙岩学院 VR 全景校园导览，将先进的信息技术融入学习生活中。

（一）响应科教兴国战略

科教兴国战略强调优先发展科技和教育，以此推动经济社会的发展，实现国家的富强和民族的振兴。本次社会实践活动的开展，坚持教育为本，提高学生的科技文化素质，寓教于乐，寓教于学，在实践中加强学生对先进科学技术的了解。

（二）服务招生工作及对外宣传

VR 技术可应用于校园多场景领域。实践团队通过 VR 技术，前期拍摄和后期制作相互辅助，还原场景画面，展现学校风貌，让全社会尤其是有志于报考龙岩学院的学生及其家长，以及关心龙岩学院发展的校友、社会人士，借助移动互联网就可身临其境游览龙岩学院。

（三）锻炼学生实践能力和专业水平

实践项目通过撰写策划方案、场景拍摄、配音导览、后期制作等方式进行，方案合理，团队分工明确，分为配音组、拍摄组、地图导览组、缝合组等实践小队，同学们在实践活动中能充分发挥学业特长、专业特长。通过实践，学生在不断强化专业知识的同时，也能发现自己的不足与缺漏之处，及时补足，提高专业能力。实践成员们独立工作又相互配合，一方面能够锻炼大家独立思考、解决问题的能力，培养直面困难、不怕挫折的精神；另一方面又能提高大家的合作能力，培养团结协作的意识，为将来的学习和工作奠定坚实的基础。

二、实践的主要内容

本项目是传播与设计学院绿洲 VR 工作室联合传媒实验教学示范中心，对接龙岩学院教务处招生办实际需求后，联合龙岩学院团委合作开展的实践项目。项目团队了解到，随着移动互联网信息技术的发展，全国各大高校对外宣传展示，尤其是招生、招教宣传的形式和手段日益丰富，其中，VR 全景导览成为新颖手段，它超越传统的平面照片，以 720°沉浸式、互动式元素极大地增进了用户的体验感。项目指导老师与教务处招生办、团委负责老师进行了充分沟通和论证，提出了本实践项目的构想和设计。

本实践项目旨在利用全景图、文字、语音、图表、H5 等形式，全方位、立体化展示和介绍龙岩学院，包括校园环境、教学场地、实验设施、生活环境等，实现人们足不出户就能迅速全面了解和"体验游览"龙岩学院的目的。实践主要分为 4 个阶段：

（1）前期准备：前期需要撰写策划方案，还要确认拍摄的地点。拍摄地点的设置需要考虑全面，既要有最能展现龙岩学院风光和特色的主要场景，又要体现大学新生最关注的兴趣点和需求。经过充分讨论，我们暂定要拍摄的场景有：图书馆内景、宿舍内景、食堂内景、艺术楼内景、逸夫实验楼重要实验室内景、福煤楼重要实验室内景、小黄楼重要实验室内景、厚德楼内景、教室内景、体育馆内景、双创基地外景及内景、大学生科技园外景及内景、校内咖啡厅(摇美味)内景、奇迈篮球场全景等。在实践过程中，参加本次活动的同学们积极热情地与龙岩学院里的各个实验室与活动厅等场所的负责老师沟通交流，以认真、严谨、负责的态度去完善本次活动的资料收集与拍摄。

（2）实景拍摄及语言导览解说词(介绍词)整理、配音：实地拍摄有严格的场地要求，为了保证任务的完成进度，我们与各地点管理员协商拍摄需求，团队内部制定空余时间表，安排拍摄任务及时与老师对接。商量好拍摄时间后，我们约定在计划时间内拍摄完毕。

在拍摄过程中，实践团队遇到了很多的问题和困难。例如，拍摄到一半的时候遇到天气突然由晴转阴甚至下雨，导致拍摄不得不中途停止；同学们预约好时间，但设备问题或者临时突发情况导致改变行程，这些问题都是常有的。其中，最主要的困难当属天气恶劣。龙岩在暑期暴雨、中雨不断，天空一直不放晴，导致我们一直延期拍摄，进程不断往后推，实践开始很长一段时间后才正式启动拍摄。虽然有时是阴天，没有下雨，我们能够对校内的体育馆、网球场、图书馆、实验楼等进行全景图拍摄，但由于天空昏暗，拍摄过程也面临光线不足、画面阴暗的问题，收效甚微。针对此问题，我们对相机进行反复调试，问题才得以逐步解决。拍摄期间还出现去了拍摄地点却因为教室正在使用而无法开展工作的情况。在拍厚德楼的智慧教室时，当时一间教室正在使用，而另一间教室门是关着的，我们只能等教室用完再拍。所幸有时情况灵活，在等待的过程中，赶巧教室的负责人在办公室，在他的帮助下，我们在另一个教室顺利完成拍摄任务。

这些问题和困难看起来都是小事，但是在拍摄期间对我们造成的困扰是不可忽视的，我们从中也学习到了很多，明白了遇到困难时该如何去解决，如何去寻找帮助，一步一个脚印地完成每次拍摄任务。这些在实践中不断遭遇困难又克服困难的过程让我们行动力、执行力得到了极大提升，收获颇丰。

配音工作与实景拍摄同步进行。在项目指导老师的带领下，绿洲VR工作室完成了解说词的分配任务以及配音任务，其中绿洲VR工作室成员吴丽梅为主要负责人，这一阶段在项目中是极为重要的一环。各个场景的解说词撰写及配音都很不容易，一方面要体现场景特点，融入学院风采，另一方面在配音时要控制语速语调，咬字清晰富有情感。撰写解说词需要反复斟酌和考虑，传播与设计学院的同学在全校开展解说词收集工作，并安排小组成员细心筛选收集上来的稿件，以期找出最佳解说词。

在这一过程中，团队的分工协作显得很重要。实践成员吴丽梅提道："虽然我是这一环节的负责人，但是总体上还是要感谢工作室成员的互帮互助。解说词撰写任务分配下去后，因为有了团队的力量，才能让这个项目顺利地进行下去，并且为后期配音省了很多麻烦。"据了解，解说词的收集工作分配至工作室的每一位成员，每人分别到相关的介绍区域寻找最精准的解说词并进行汇总，简洁精炼、准确定位。后期配音主要由工作室成员吴丽梅负责，工作主要在传播与设计学院录音室进行，用最质朴生动的表达方式为项目解说添上亮丽的一笔。该阶段任务的完成保证了工作室暑假立项项目的顺利进行。

(3)后期制作：后期工作是整个实践活动最为辛苦的环节，它需要综合音效、画面和呈现形式3个条件进行多因素考虑，需要花费很多时间。后期工作主要围绕照片缝合、热点添加、地图制作、语音导览录音4个任务展开，对实践成员水平有较高的要求，如需具备Photoshop软件技能和配音能力等。

后期制作首先要将前面的实景拍摄内容导出。数据调整与导出是一项浩大的工程，所用软件程序较为精细，每一步都必须精确到位，有时候会出现一整晚通宵来合成全景图的情况。有一次，工作组在凌晨四点半完成了全景图的合成，打算在电脑旁小憩一会儿，等天亮后继续Photoshop软件修图，不承想合成两张图的时候发现之前合成的尺寸没有明确，这意味着之前的工作劳而无功。于是我们只得继续振奋精神，重新合成图片。Photoshop调色和数据导出一样困难，它是全景导览制作竣工不可或缺的步骤，是一件操作较为复杂，且存在主观因素干扰的事情，前期拍摄的问题都会在此刻被放大。Photoshop调色工作讲究精细，慢工出细活，操作复杂只是技术问题，调色的美观、舒适度才是决定作品成功与否的关键。打开Photoshop，按下快捷键Ctrl＋O，打开全景图文件，按下快捷键Ctrl＋J，复制背景图层到新图层中，生成"图层1"……伴随着这一系列的操作，全景图的最后模样定型了。其间，调色组成员反复研究，反复征求团队成员的意见，不断完善和调整色调，最终成功完成所有全景图的调色工作。

（4）发布、传播：我们在制作过程中，自觉形成良好习惯，将每一次作品的初稿和终稿收集，保留工程文件，这为我们后期的成果提交带来了许多便利。我们将所有全景图照片源文件、全景导览文件包以数据形式上传，放在相关部门服务器中，供网站使用，作品成果保存在720yun平台后，以网络链接和二维码的形式提交给学校相关部门使用，可用于移动端和PC端转发传播。当第一版龙岩学院全景导览平台上传成功，我们不禁流下欣喜的泪水，这宣告了实践团队基本完成龙岩学院VR全景导览暑期社会实践项目。前期工作已圆满结束，后面的工作主要是修改完善，我们针对反馈意见进行调整，并利用互联网进行推广。最终，在指导老师的带领下，绿洲VR工作室相继完成了实地拍摄、场景配音、后期缝合、地图导览等相关任务，每个阶段由一至两名队员主要负责，确保每个环节顺利完成。

在此期间，我们明白了团队分工协作的重要性。拍摄组张晓杰曾因天气不佳导致拍摄工作受阻，经过多次的重拍，最终拍到了最满意的全景照。配音组吴丽梅的解说词收集工作量巨大，好在她能合理安排分工，再加上工作室成员通力协作，最终圆满完成收集工作。缝合组唐茜、地图导览组黄耿元都在规定时间内顺利完成本组工作任务。

本项目成果以数据形式保存在网络平台和校方服务器上，可永久使用，并能实现内容的持续更新，可广泛应用在龙岩学院招生宣传、招教宣传、对外交流和展示等。在这次实践活动中，我们锻炼了工作能力，提高了专业水平，通过实践，对新兴技术有了更加深刻的了解。看到自己的实践成果能够给人们带来便利，大家感到由衷的高兴，自豪感和幸福感油然而生。

三、社会实践总结

本次实践项目围绕招生宣传主题,可行性强,内容积极向上,能体现时代精神,具有实践意义。实践项目视角独特,具有较强的吸引力和感染力,团队成员参与热情度高。项目切实服务学校所需,深入学校内部,具有较强的针对性和可操作性。实践团队分工明确,方案合理,能体现团队特色。实践活动既能充分发挥成员学业特长、专业特长,服务社会,又能让成员在服务学校的过程中得到锻炼。

(一)社会实践回顾

本次活动分为前期踩点、中期拍摄与解说词录制,及后期全景图缝合制作与发布传播 3 个阶段,是传播与设计学院绿洲 VR 工作室联合传媒实验教学示范中心,对接龙岩学院教务处招生办实际需求后,联合龙岩学院团委合作开展的实践项目。

活动前期我们围绕实践方案展开讨论,选择拍摄地点,安排拍摄时间,将日程安排表明确列出,确保活动顺利进行。拍摄场景的选择要兼顾场地特点和场地条件等因素,和老师协商后,我们选定图书馆内景、宿舍内景、食堂内景、艺术楼内景、逸夫实验楼重要实验室内景等进行拍摄。

活动中期的任务有两条主线,一个是拍摄组的取景工作,一个是配音组的资料收集和配音制作。在拍摄过程中,最大的困难还是天气因素,许多素材因天气不佳不得不重新拍摄,或者是拍摄到一半的时候遇到天气突然由晴转阴甚至下雨,导致拍摄不得不中途停止,以及同学们预约好时间,但由于设备问题或者临时突发情况导致改变行程,这些都是常有的。不过,在同学们努力下大家还是做好了自己的工作,达成预期目标。配音组的同学在资料收集过程中也有遇到一些小挫折。例如,某些场地的负责人临时有事不在,或者遇到资料缺失部分的情况,不过在同学们持之以恒地坚持下,最终还是补齐了解说词的资料部分。中期任务虽然困难,但在大家的共同努力下,我们顺利地完成了中期工作,为后期活动的开展奠定了良好基础。

活动后期,我们对所有素材进行收集,主要围绕照片缝合、热点添加、地图制作、语音导览录音 4 个任务展开。这一过程需要频繁运用到专业的软件技术,对实践成员的专业能力有较高的要求,熬夜通宵完成任务时有发生。最终,我们将所有全景图照片源文件、全景导览文件包以数据形式上传,当第一版龙岩学院全景导览平台上传成功,我们不禁留下欣喜的泪水,这宣告了实践团队基本完成了龙岩学院 VR 全景导览暑期社会实践项目。最后,我们根据老师和同学们的建议,对作品反复修改,最终较为圆满地完成任务。

(二)社会实践收获

(1)提升个人实践能力。在本次实践活动中,我们积极投身工作,组织、交际和管理等多方面能力在不断锻炼中有了很大的进步。在实践开展中，我们遇到许多难题，但在大家的共同努力下，我们将难点逐一突破。这次经历给予我们直面困难的信心和勇气，磨炼了我们的意志，给我们未来的学习和工作带来许多帮助。

（2）亲身体验新兴科技。VR，让精彩"浸"在眼前。在这次实践活动中，我们不再是新兴科技的旁观者，而是参与者，亲身见证新兴科技成果的制作过程，感受到VR技术带来的科技感和沉浸感。完成校园全景图制作工作，我们不仅丰富了自身知识面，还充当了科技传播使者，促使更多的人了解到VR技术，体验到VR技术的魅力。

四、心得体会

暑期社会实践是我大学生活中一段难忘而有意义的经历，这次实践经历使我更加真正了解学校和社会，学到了很多在课堂上学不到的知识，也打开了视野，增长了见识，同时体会到了团队的力量和合作的重要性，为我以后真正走向社会打下坚实的基础。

学习的目的就是运用，而实践正好扮演了把学到的理论知识正确运用到工作中去的角色。我们必须要做到用理论去指导实践，用实践去证明理论。所学的知识只有运用到实践中去，才能体现其价值。实践是一个锻炼的平台，是展示自己能力的舞台。而这次创作实践是一次综合性地对自身综合素质的检验，让我发现了自身存在的不足，同时也看到了自身的特质和闪光点，使我对未来的就业方向和人生规划有了更清晰的认识。

——黄耿元

投身到社会实践中去，才能使我们发现自身的不足，为今后出校门，踏进社会创造良好的条件；才能使我们学有所用，在实践中成才，在服务中成长，很好地融入社会并有效地为社会服务，体现大学生的自身价值。暑假期间我参与的虽然是学校项目，但是也体会到了社会工作的不易，并且在这次实践中，我更加明白了团队的精神和力量，收获颇多。我参与的是学校的招生宣传VR全景项目，新技术的发展也在为我们的学校注入更多鲜活的力量。这次的招生宣传，我觉得会带给学校不一样的生命力。

（1）要善于沟通交流。此次实践活动让我们明白沟通在学习、生活中尤为重要，好的沟通能力不仅可以提高自我，也可以帮助我们在各方面取得更优异的成绩。我们需要和别人沟通我们的想法，才能磨掉棱角，成就大事。在实践过程中，我们每个人分工不同，但又环环紧扣，这就需要我们具备良好的沟通能力，培养团队默契。此次实践，我收获颇丰，当我没有办法认知所有事物以及项目中存在的要点时，我及时与团队成员沟通交流，提升了整个团队的运作效率，也更加清楚了自己的定位。我很高兴自己能够很好地与团队协作交流。配音也不是一件简单的事，缺少任何一个环节都会不完美。在今后的生活中，我也会继续用认真配音的态度对待每一件事。

（2）要有自信。在多次与社会上的人的接触中，我更加明白了自信的重要性。没有社会工作经验没有关系，重要的是要有自信，肯学敢问。社会工作经验都是积累出来的，没有第一次，又何来第二、第三次呢？自信使你更有活力，更有精神。从前，我是一个性格内向的女孩，不会表达内心的想法，但在参加了此次实践活动之后，我变得开朗自信了许多，在团队工作中逐渐找到了自己的价值，发现了自己的闪光点，这让我有很大的信心，并且在团队成员的鼓励下，我能更坚定地给自己努力的理由，奋斗的理由，既然接受了它，就得好好做下去。

（3）在社会中要克服自己胆怯的心态。实践活动之初，我常常觉得自己的能力不行，所以一直都只是默默观望。后来，在团队成员的鼓励下，我开始动手尝试，在自己不太擅长的领域钻研，不懂就问，渐渐地发现自己也能把事情做完，并且可以做得更好。时间飞逝，大二的暑假就这样结束了，我很开心能够参与这样的社会实践，不仅让我感受到了团队的力量、自我的力量，更让我明白了经验和实践的重要性。和朋友、老师在这一次的项目中学习，我也意识到自身的不足之处，更加坚定了我之后希望去完善自己的地方，所以这个夏天是美好的，让我懂得很多，铭记很多，我希望以后还能有这样的机会让自己成长。希望这一次的 VR 招生宣传项目可以为学校做出一定的贡献，希望自己能在社会实践中成长更多。

——吴丽梅

学生社会实践是引导我们走出校门，走向社会，接触社会，了解社会，投身社会的良好形式；是培养锻炼才干的好渠道；是提升思想，修身养性，树立服务社会思想的有效途径。通过参加此次社会实践活动，我一个工科生不仅熟悉了单反相机的使用方法，掌握了 Photoshop 等图形图像处理软件的使用技能，更重要的是，扩大了交际面，结交了不同院系的同学和朋友，提升了沟通能力和社会交际能力，从中领悟到了很多新的东西，同时也看到了自身存在的缺陷和不足。这些都是我人生中一笔宝贵的财富。

此次实践活动拉近了我们与社会的距离，令我们开拓视野，增长才干，在锻炼自身本领的同时，见证了科技成果的魅力。科技改变传统的生活方式，给人们生活带来巨大便利，让我们体会到科技创新的重要性。2018 年 5 月 2 日，习近平总书记在北京大学考察时说："重大科技创新成果是国之重器、国之利器，必须牢牢掌握在自己手上，必须依靠自力更生、自主创新。"科教兴国是我们国家发展的重要战略，我们作为当代大学生，在享受最新科技带来便利的同时，也应明确青年学生的成才之路与肩负的历史使命，科技兴国，治学报国，为促进科技发展而发奋努力。

——刘亮亮

（2021 年 6 月）

科技支农、助力乡村振兴路径探索

——以武夷山市为例

十九大报告指出：农业农村农民问题是关系国计民生的根本性问题。2021 年 3 月，在福建考察调研期间，习近平总书记来到武夷山市星村镇燕子窠生态茶园，察看春茶长势，了解当地茶产业发展情况。习近平总书记指出："要把茶文化、茶产业、茶科技统筹起来，过去茶产业是你们这里脱贫攻坚的支柱产业，今后要成为乡村振兴的支柱产业。""武夷山这个地方物华天宝，茶文化历史久远，气候适宜、茶资源优势明显，又有科技支撑，形成了生机勃勃的茶产业。"习近平总书记一语道破了武夷山茶产业的"成功密码"，就是因势利导，统筹文化、资源等固有优势条件，并通过科技赋能，使资源和产业形成较高程度的匹配，带动一方经济、富裕一方百姓。

习近平总书记高度赞扬武夷山茶产业发展取得的历史性成就，充分肯定了科技特派员制度的重大意义，为做好巩固拓展脱贫攻坚成果同乡村振兴有效衔接指明了道路、凝聚了力量。

巩固拓展脱贫攻坚成果，应聚焦当地产业，因地制宜用科技推动产业发展。为探索科技与产业发展在乡村振兴中的作用，我们组建了"科技支农、助力乡村振兴"实践队，选取了拥有全国生态茶园示范基地的福建省南平市武夷山市作为样地进行调查研究。武夷山市中的燕子窠生态茶园作为全国标准生态茶园之一，生产的生态茶叶已成为当地村民增收致富的重点产业。燕子窠作为特色产业建设的先行实践者和优秀推进者，立足于当地产业，走出一条属于自己的致富路。

一、实践开展的意义

（一）响应国家号召

为深入学习贯彻习近平总书记在燕子窠的重要讲话精神，作为当代大学生，更应当积极响应国家号召，走出校园，走进基层，应用所学知识帮助当地产业发展。武夷山市作为习近平总书记首次提出"三茶统筹"创新理念的地方，提出绿色生态茶园建设标准，对绿色生态茶园建设以及示范推广具有很重要的意义。茶产业作为武夷山市产业发展,极大地推动了当地经济的进步。因此,本次调研活动以武夷山市为基本单位,围绕产业振兴主题,前往武夷山市各镇、乡、村调查茶产业发展现状,发挥大学生力量,辅助科技特派员开展工作,将他们的科技成果转化落地,为乡村建设建言献策。

（二）提升实践能力

大学生应把学习书本知识与投身社会实践有机结合,这对自身才干的增长、思想的成熟具有关键作用。社会实践通过实地调研、村民访谈、问卷调查等方式进行,提升了学生的实践能力,也拓展了学生的专业知识。学生在材料整理、数据收集、访谈实录基础上,结合最新理论研究,进行综合分析,得出实践结论,实际感受乡村振兴战略意义;将专业知识和实践结合起来,提高社会责任感,提升专业能力,也能对乡村振兴战略有更深入的了解。实践是教育教学内容的重要组成部分,以学生个人主动参与及体验为主,是稳固所学知识、吸收新知识、提高能力的重要途径。它不受教学大纲的限制,学生可以在这个课堂里自由驰骋,发挥自己的才能,在动手的过程中体会课本知识,提高自己的动手能力,充分利用在校期间掌握的科技知识,在社会实践中磨炼自己,真正锻炼和提高自己的适应能力。同时,社会实践有助于激发学生对社会问题的思考。培养组织学生参加社会实践活动,将有助于学生接触群众,了解社会;学生在社会实践过程中很自然地要走出校门,离开书本,走入社会,通过融入社会、贴近自然、感触生活,增加对社会的认识与理解、体验与感悟,并能够在此基础上反思社会现象,开展批评思考,从而增强社会责任意识。这是一个长期积累的过程。同时,在参与实践活动的过程中,学生会对出现的一些问题进行思考,并站在自身的角度探寻解决的方法,加深对社会的认识,且综合素质得以提高。社会实践活动具有实践性、开放性、生成性和自主性等特点,为学生综合素质的提升,特别是创新精神和实践能力的培养,提供了广阔的空间,是实施素质教育的良好载体。学生在社会实践的过程中,通过参与、动手、思考、解决问题等过程,将所学的书本知识内化为自己的能力,在思想素质、求真精神和务实的品质得到全面提升的同时,积极向上、珍爱美好生活的优良心理品质也得到了培养,有助于尽早地融入社会。教育的目的是培养对社会有用的人才,学生在学校学习的最终目的是要学以致用,为以后的社会生活积累必要的知识储备。社会实践活动可以使学生拥有一次运用书本知识的机会,同时也使学生对社会有一个初步的了解。在这种双向了解的过程中,学生可以学习社会知识,为以后融入社会生活做一个铺垫和准备。

（三）紧密社会联系

本次实践活动以茶产业发展为项目开展基点,引导学生深入社会,到基层中去,到群众中去,让学生体验并了解民情及农村生活的艰辛,培养大学生们对农村、农民的感情。只有当大学生们对农民和农村有了感情,才能让他们和农民的心贴得更近,真切感受到耕耘的艰辛和收获的喜悦,从而为社会主义新农村建设出力,更好地巩固脱贫攻坚成果,真正实现社会的和谐。本次实践虽然结束了,但是实践团队一直和武夷山市各茶农保持联系,学生们也积极运用专业知识为茶农们解决问题,在互相交流中实现进步,共同推动武夷山市产业发展。

二、实践的主要内容

(一)各地走访了解现状

1. 上梅乡(上梅村、厅下村)

实践队来到上梅乡进行实践活动。上梅乡政府的领导们十分重视本次活动,在实践队到达之后便立刻召开了座谈会议,会上双方就"如何推动上梅乡茶产业高质量发展"这一问题展开交流。

通过与乡领导座谈交流,实践队得知:上梅乡原茶园占地面积13000多亩,但由于茶园开垦时间相对较晚以及政府对茶园面积的限制,目前茶园面积仅有3000多亩。虽然上梅乡茶园面积小,但在茶农们相对科学的管理下,茶叶产量、品质都相对较高,同时乡政府对茶园的管理也十分重视。

据了解,上梅乡的红色文化底蕴深厚,红色景点众多,如上梅暴动陈列馆、上梅暴动后坊遗址群、红军路等皆是人们耳熟能详的红色景点。因此,基于当地的红色资源与特色,实践队向乡政府建议打造红色旅游观光茶园,将上梅本地红色文化与生态茶园文化、茶文化相结合,打造出一款专属于上梅乡的品牌特色。

2. 星村镇(红星村、程墩村)

实践队来到星村镇与当地政府开展关于"如何推动星村镇茶产业进一步发展"的座谈会。从交谈中,实践队了解到作为闽北革命老区的星村镇、程墩村,革命先辈们曾在这里抛头颅、洒热血,他们的奉献以及那段艰苦岁月不该被遗忘。

3. 岚谷乡(横源村、后源村、井水村)

实践队前往岚谷乡进行"科技支农"实践活动。岚谷乡人民政府与实践队召开座谈会,乡领导与实践队就"助推岚谷乡茶产业高质量发展"交流意见。实践队表示本次实践旨在为横源村毛茶储存及管理和对茶园施肥等问题提供技术指导,向农户传递新的毛茶管理理念和茶园管理知识,促进茶业回暖,带动茶农增收,为实现巩固脱贫攻坚成果奠定基础,以实际行动助力乡村振兴。

4. 兴田镇(仙店村、兴田村)

实践队来到兴田镇,经过与当地人民政府的联络、交谈,了解到当地茶园主要面临的问题有茶叶产量低、茶叶品质较差,所以茶叶售价也比较低,影响了茶农的收入。

(二)实地调研知晓农户面临问题

为了进一步了解各地茶园面临的具体问题,实践队通过政府工作人员联系当地农户到茶园进行实地调研。

在上梅乡上梅村,实践队成员与乡政府领导来到了一处生态茶园基地,更深层次地了解茶园问题所在。在茶园基地里,杀虫灯和粘虫板随处可见,但即便是有杀虫灯和粘虫板,仍旧无法根本解决虫害问题。在与茶农的交流中,成员们了解到茶树树干中存在蛀心虫是当地茶农、茶企的一大烦恼。以前可以用大量的农药对茶树进行喷洒,从而杀死蛀心虫,但在政府限制使用农药后,他们必须将茶树树干折开,把蛀心虫一只只捉出来,这大大增加了人工成本。在上梅乡厅下村,实践队来到了一户茶农家中,在与茶园负责人王先生交流的过程中大致了解了当地茶园情况。当地茶叶大部分属于高山茶,由于地势优势,茶叶品质相较于其他地段的茶叶高些,但近年来因为病虫害,当地茶园茶青产量连续两年大幅度下降,更有甚者如肉桂因病虫害问题导致绝收。茶农们由于科学知识匮乏,难以很好地进行病虫害防护,只能靠天气吃饭。

在星村镇红星村,据村领导介绍,我们得知红星村村内拥有丰富的旅游资源和景点,如青龙瀑布、龙川瀑布、原始森林公园、玉龙谷等各大景点,但茶叶销售情况不容乐观,只有一些较为出名的茶叶产品好销售,其余茶叶都处于滞销状态。实践队还来到星村镇程墩村与茶农龙小平进行交流。通过与龙先生的交流,实践队成员们了解到其所构建的生态茶园中种植的皆为高山茶,以种植水仙为主。但龙先生也反映该生态茶园由于海拔高、气温较低,冬季低洼地带易遭受霜冻;除此之外,由于人工除草费用高、机械除草易破坏生态茶园、农药除草易导致农药残留等,"除草"也成为构建生态茶园的一大难题。

在岚谷乡横源村,实践队通过与农户李先生一番交流后,得知李先生茶厂的毛茶非常容易变质。随后,实践队立马与李先生来到其仓库进行考察与分析,发现王先生的仓库较为潮湿,且部分地方有异味,通过进一步了解后还发现,仓库经常有工人在吃饭,从而导致茶叶吸味、变质。在与岚谷乡后源村当地茶农亲切交流后,实践队了解到,目前制约当地茶产业发展的主要因素有:茶园管理不科学、施肥不当,导致茶青品质不高;加工工艺相对落后,使得成茶品质不高。其中最为典型的属茶农廖先生,他家的茶叶目前的问题主要在茶叶加工摇青环节,加工出的茶叶品质不高,导致连年滞销。

(三)提出解决方案

对于调研和实地考察了解到的问题,实践队与科技特派员专家研讨出相应的解决方案。

1. 病虫害方面的问题解决措施

农业防治是综合防治的基础,茶树栽培中农业防治措施是多方面的:

(1)选用角质层厚和茶单宁含量高的抗病虫良种,通过合理密植,减少病虫害发生。

(2)采取中耕除草,使茶毛虫、茶尺蠖的蛹、茶籽象甲、茶象甲幼虫和蛹都暴露于地表而死亡,还能减少病虫的寄生场所。

(3)合理施肥,氮、磷、钾的合理配比能使茶树营养平衡,增强抗病虫的能力。

（4）合理分批多次采摘,可抑制茶蚜、小绿叶蝉等虫害的发生,也可消灭部分螨类害虫。

（5）在冬季清园,将茶园中的枯枝落叶、杂草蒿秆清理出园,集中烧毁或深埋,可减少来年的初侵染源,减轻病虫危害。

（6）大力推广生物防治,开发应用性诱剂:

①以菌治虫:用农药苏云金杆菌(BT乳剂、8010、青虫菌6号)等防治茶毛虫、茶尺蠖等鳞翅目害虫,用浏阳霉素防治茶树害螨。

②以菌治病:用各种农用素——放线酮、多抗霉素、井冈霉素、春雷霉素等,防治茶树病虫,取得了一定成效。

③性诱剂防治害虫:性诱剂是一种不使害虫产生抗药性的昆虫诱捕剂。据报道,目前已合成了几十种昆虫性诱剂,在茶叶生产上应用的有茶小卷叶蛾性诱剂以及茶毛虫和茶尺蠖性诱剂等。

④物理防治方法:利用某些害虫的趋光性,用灯光诱杀成虫,可用白炽灯或黑光灯进行诱杀,但灯光诱杀必须避开灯下益虫出现的高峰期。

2. 茶园除草问题解决措施

（1）人工除草:一是用手工拔除(带草根)在茶树树干周围和缠绕在茶树树冠上及茶丛间的杂草;二是用刀或割草机割除生长在茶园畦面、梯壁、路边、水沟边等空地上与茶树争光争肥的杂草;三是用锄头挖除茶园树冠内的害草和畦面上的白茅、蕨、象草、防己、葛等;四是除草时期应根据草的生长情况和便于劳动力的安排进行,选择在杂草旺盛时期、开花结实前、茶叶采摘前进行;五是选择晴天和阴天交叉进行;六是利用除下的杂草作为茶园防旱覆盖物。

（2）机械除草:在春茶、夏茶、暑茶、秋茶采摘前用机械割除茶园害草,可选用CG415割草机。但是,茶树树干周围、缠绕在茶树树冠上和茶丛间的杂草要用人工拔除,避免割伤茶树枝杆。

（3）生物除草:在茶园生草期放养适量食草动物控制杂草生长。茶园放养动物的目的在于控制杂草过量生长,但放养的动物不宜过量,否则易造成茶园土壤板结,不利于茶树生长。具体放养数量应根据动物的种类、大小和茶园草量来确定,如在667平方米的茶园内可养鸡10~20只,鹅3~5只,也可以养羊1~2只。

3. 茶园施肥问题解决措施

首先是改良土壤酸化。如果检测确定茶园的土壤偏酸,可以施入一些碱性肥料,比如草木灰,可以结合有机肥在园中施用,起到中和土壤的效果,此外也可以配合石灰一起施用,但是由于石灰过量使用有可能会造成土壤板结,因此建议用白云石灰。白云石灰由碳酸钙和碳酸镁构成,除能够改良土壤酸化情况外,还能提高茶树的产量和品质。白云石灰通常是在秋施基肥时配合基肥一并施入,每亩用量200~300公斤,如果是酸化比较严重的土壤,则要根据实际情况适量增加,每年施用一次即可,注意施入的深度要在 20～25 厘米,这样才能起到应有的效果。

其次是增加土壤养分。土壤养分不足可以从两个思路来解决:一是多施有机肥,减少化肥用量;二是合理均衡施用微量元素肥。最好要用腐熟的有机肥,每亩 2000～2500公斤,实际还要结合当地具体情况,通常施用 3 到 4 年土壤肥力就有明显改善。至于微量元素,以硼元素为例,普通的土壤硼含量是 0.005％～0.010％,但是在红壤里硼含量比较少,仅有 0.0001％～0.0005％。因此,合理施用微量元素肥是非常有必要的,具体要根据所在茶园的土壤类型进行合理施用。

最后是稳定土壤结构。如果当地气候变化较大,就需要及时完善排水灌溉系统,可以在茶园的周围种植一些间隔林,或者在茶园里种植绿肥,比如紫云英,既能补充一定养分给茶树,还能有效改良小气候,稳定土壤的结构性。如果是想要新建茶园的茶农,最好是选择有一定坡度的山地,这样建成的梯田形茶园,能有效避免水土流失等异常情况。

4. 茶叶加工问题解决措施

(1)鲜叶分级造成茶叶红边现象及解决措施。适时分级解决茶叶红边的措施是:不能机械地将鲜叶分级机用于鲜叶分级,而是要将鲜叶杀青后再分级,这样既避免了茶叶红边,同时又提高了工作效率,减少了一次将鲜叶放到地上再从地上扫起来的工时;再者杀青后的茶叶经过鲜叶分级机分级可起到散热摊凉的作用,有利于提高绿茶品质。如果是小型滚筒杀青机,则需要杀青前分级,鲜叶应采回来后立即分级,而不应摊凉后再分级。

(2)滚筒杀青同时出现焦叶和生叶现象及解决措施。解决同时出现焦叶和生叶的措施要按照绿茶制作原理。当杀青叶偏嫩时(有未杀透的生叶)要增加温度、减少投叶量,或两种措施同时进行;当杀青叶偏老或出现焦叶时要降低温度、增加投叶量,或两种措施同时进行。但同时出现焦叶和生叶时,按照制茶原理,增温和降温是矛盾的,减少和增加投叶量也是矛盾的。遇到这种情况,经验不足的制茶工人往往不知如何是好。处理这种问题只有一种办法,就是降低温度和减少投叶量两种措施同时进行。

(3)绿茶制作过程热惯性现象及解决措施。由于绿茶制作过程存在着热惯性现象,且在这段惯性时间差内茶叶的品质会发生不利的变化,因此必须减少或消除这段时间差以保证绿茶品质。其方法就是:在这段惯性时间差之前实施升温或降温措施,以达到各个工序的最适温度。关键问题是如何把握好这段时间差,不同的机械和不同的工序及投叶量其时间差都不同,这需要在实践中掌握,经验办法是少量多次添加柴碳或间歇式开关电源以维持某一温度,避免高温和欠温情况的发生。

5. 岩茶毛茶保存问题解决措施

岩茶比较耐储藏,储藏温度一般要求在 20 ℃以下,保管得当——密封、干燥、避光、正常可以储藏 24 个月以上,香味的损失不大,而且储藏后泡出的水反而会更加醇厚。岩茶的条索壮、容易碎,不宜抽真空,一般外面的包装采用硬质包装,内袋用铝箔袋或者塑料袋包装。只要做到不让茶叶跑气,每次喝完扎紧袋口,或者买些密封性能好的不锈钢的茶叶罐存放都可以。岩茶一般不提倡在冰箱低温保存,如果要放在冰箱保存也是可以的,但是最好要用锡箔密封袋,具密封性能一定要好。

岩茶储存的常见方法和注意事项主要如下:

(1)选用双层铁盖的茶叶盒,不宜装得太满,放入干燥剂,分层盖紧铁盖。

(2)采用深色玻璃瓶,放入茶叶和干燥剂,盖紧盖子并用石蜡封口,存于阴凉避光处。

(3)选用干燥的保温瓶,封好口。

(4)短期保存可先用干净纸包好,放入双层塑料袋内。

(5)放入冰箱内保存,温度在 0～10 ℃ 最佳,不能与香皂同放,也不能与糖放在一起。

(6)如生霉,不可晒,放在锅中干焙 10 分钟左右可复原,锅要干净,火不宜太大。

(7)保存环境要干燥、洁净、避光、低温、少氧,忌水分含量高、接触异味、光线照射、高温环境、暴露于空气。

三、社会实践总结

此次项目实践针对武夷山市茶叶农业的发展问题及其相关的解决方式做出总结。在参加本次社会实践过程中,我们更加深刻地明白了茶叶对武夷山以及茶叶相关从业人员的深刻影响。因此,在本次社会实践中,我们根据自己的专业知识,总结更多的关于茶叶农业基础种植中的相关问题并提出解决措施。

助力乡村振兴,是当代大学生的责任与义务,也是当代大学生的初心与使命。

(一)暑期社会实践的简单回顾

暑期社会实践安排见表1。

表 1　暑期社会实践安排

行程安排	实践地点	实践主要内容
第一站	武夷学院茶与食品学院团委办公室	召开出征前工作部署会议
第二站	武夷山市上梅乡上梅村	深入上梅村,解决生态茶园构建中出现的病虫害问题,提出蛀心虫的防治措施,并结合当地红色资源,助力打造红色旅游观光茶园

续表

行程安排	实践地点	实践主要内容
第三站	武夷山市上梅乡厅下村	根据厅下村茶园现状,提出高山茶园病虫害防治措施,通过粘虫板、幼虫灯的引用,解决茶园病虫害问题,同时有利于生态茶园的构建
第四站	武夷山市星村镇红星村	重走红色足迹,追溯红色记忆,将当地红色文化与茶文化结合,将茶叶融入红色革命基地,助力打造红色革命观光茶园
第五站	武夷山市星村镇程墩村	结合程墩村生态茶园现状,在不破坏生态茶园系统的情况下,提出低成本的除草方案
第六站	武夷山市岚谷乡横源村	走进横源,向茶农传递新的毛茶管理理念,解决毛茶储存中易变质的难题
第七站	武夷山市岚谷乡后源村	处理茶叶加工问题,针对茶叶加工中摇青环节,进行技术指导
第八站	武夷山市岚谷乡井水村	走访茶园,针对农户提出的茶园施肥等问题提供技术性指导
第九站	武夷山市兴田镇仙店村	实地考察200亩生态茶园,在协助解决生态茶园问题的基础上,指导茶农科学防治病虫害
第十站	武夷山市兴田镇兴田村	针对土壤酸碱比例失衡等问题,通过取样研究,提出科学合理的土壤改良方案
第十一站	武夷学院茶与食品学院团委办公室	对暑期社会实践进行总结归纳,团体成员分享个人的经验与收获,分享重走红色足迹、追溯红色记忆的思想感受

武夷山农业支柱产业以种植业为主,特别是茶叶种植。从产值来看,2020年武夷山全市农业产值达29.93亿元,其中茶产业产值高达22.63亿元,在整个农业产值中占比75.61%;从涉茶人口来看,武夷山常住人口达23万多,其中从事茶产业人口高达12万多,占比过半。发展茶产业也因此成为振兴武夷山经济和社会发展的重要路径。但武夷山仍有部分茶农由于种植和加工技术方面知识的欠缺以及地理环境的天然不足,导致茶叶品质不佳,产值不高。此外,部分茶农专业知识和发展观念的欠缺也导致其营销路径受阻。本项目利用团队所学的茶学专业知识,结合自身的创业项目,科技下乡、科技支农,促进乡村振兴,对于提高茶农种植技术和加工技术亦具有重要的意义。

本项目致力于科技支农,以茶科技助力茶产业发展,通过与当地政府开展共建的方式团队,以及运用团体成员所具备的专业理论知识发现和收集武夷山市不同乡镇茶农遇到的种植和加工技术问题。团队根据所发现的问题实地进行调研和取样,最终制订相对应的解决方案,进一步促进农业科技的发展,推动当地农业发展,建设生态茶园,改善农民收入,提高经济效益。

此次社会实践主要针对武夷山市因茶园管理不足以及加工技术不成熟等,出现长势变弱、病虫害加剧、产量降低、品质下降等问题的部分茶园,展开社会实践活动帮助茶农解决这些问题。同时,结合大学生创新创业训练项目,通过由大学生创业项目所建立的科技特派员智库以及学生们自身所学知识给予茶农在种植和加工方面的指导意见以及解决方案。本次项目一方面解决农户在种植上的技术问题,另一方面解决农户在加工上的问题,从而形成农业产品与技术人才的融合发展,促进农业科技发展,有效巩固当地农户脱贫攻坚成果,提升茶叶的价值。因此,本项目的开展具有重要的意义。

本次社会实践虽然已经结束,但是我们"科技支农、助力乡村振兴"社会实践队的步伐仍未停止,我们的支农行动并不是一次性的,而是长久性的。一方面我们会根据团体相关成员在实验室的土壤研究化验数据和茶叶品质检测指标,进一步对本次社会实践中指导过的茶农进行回访和后期指导。另一方面,我们也会不断学习和掌握相关的专业知识,拓宽自己的知识面,继续运用所学的专业知识去帮助茶农,号召更多的茶农科学的管理茶园,实现保产增值,促进武夷山茶乡振兴。作为新时代的大学生,我们将紧紧跟随习近平总书记的足迹,为实现茶产业发展,促进乡村振兴贡献出自己的一份力量。

（二）社会实践的满满收获

1. 更加深刻地理解了"支农行动不是一次性的,而是长久性的"

本次社会实践虽然已经结束,但是我们"科技支农、助力乡村振兴"社会实践队的步伐仍未停止,我们的支农行动并不是一次性的,而是长久性的。我们会根据团体相关成员在实验室的土壤研究化验数据和茶叶品质检测指标,进一步对本次社会实践中指导过的茶农进行回访和后期指导。

2. 增强了学习专业知识的主动性

本次的社会实践使我们更加深刻地理解了茶叶对武夷山市的经济影响,及对整个武夷山茶叶产业从业者的影响。茶叶在种植、加工、售卖中等遇到的一系列问题,都需要我们利用专业知识来解决,这就要求我们学习并掌握好专业知识。

3. 加强了社会责任感

助力乡村振兴,是当代大学生的责任与义务,也是当代大学生的初心与使命。为此,在武夷山市甚至全国茶叶经济中,身为相关专业的大学生要承担的责任必不可少。因此,作为新时代的大学生,我们将紧紧跟随习近平总书记的足迹,为实现茶产业发展,促进乡村振兴贡献出自己的一份力量。

4. 学会用实际行动来诠释当代青年的责任与担当

社会实践活动开展以来,我们共计帮扶茶农 10 余户,开设茶叶知识讲座 2 场,累计培训茶农 100 余人,用实际行动诠释当代青年的责任与担当。实践队累计帮助茶农解决了茶农化肥施放不合理、茶园土壤酸化板结、茶叶农药残留等问题,以及在病虫害防治(如茶短须螨)、除杂草、茶叶加工环节的摇青及焙火、构建生态茶园中存在的其他问题。

（三）社会实践存在的不足

实践队通过实地走访帮扶茶农，为推动打造更高质量的生态茶园，促进茶产业发展，实现乡村振兴注入更持久的活力。但经过仔细反思，我们发现仍有许多需要考察和改进的地方。

1. 专业与实践的结合不足

在本次的实践过程中，我们发现武夷山市的茶业发展仍旧存在一些问题，如现有的家庭经营模式不利于先进技术的推广与应用，部分村民对先进技术仍有不信任的现象以及向老师、专家咨询不够及时等。面对这些问题，我们所能够想到的解决方案十分有限，要想真正为乡村振兴献力，我们还要不断提升自己的知识水平。

2. 实践时间安排不够恰当

茶与食品学院"科技支农、助力乡村振兴"2021年暑期"三下乡"社会实践队由14名成员组成，历时25天深入武夷山市进行社会实践，虽然帮助很多茶农解决许多问题，但是活动时间与某些茶叶的最佳采摘季节不重合。茶叶每个季节都可采摘，但是有些茶叶在特定的季节采摘比较好：龙井茶，一般是从春天开始前后一个月左右的时间采摘，并且要赶在立夏之前结束；茉莉花茶，在夏天采摘比较好；冻顶乌龙，在冬天采摘比较合适。因此，本次社会实践对于整个武夷山市茶叶农业的认识还不够全面。

3. 实践经验的不足

由于缺少实践经验，在本次社会实践过程中遇到一些突发情况时，我们不能很好应对。例如，在下乡过程中，衣服穿着不得当，与当地农民语言不通造成交流的障碍以及下雨天气忘记拿雨具等。因此，在以后的社会实践中，我们不仅要提升自己的专业知识，还要多了解一些生活常识。

四、心得体会

此次活动是实践队将书本知识与社会实践有机结合的典范，是学生走出学校，走向社会的良好方式之一。作为新时代大学生的我们既要读万卷书，也要行千里路，坚持从实践中来到实践中去。

（一）深刻体会青年的职责

本次在厅下村的实践中，我们明白了想要真正提高茶叶的产量，不仅仅要提高自己的专业知识，也要让更多的茶农去了解更多科学种植茶叶的方式。

我们重走红色足迹、追溯红色记忆，在帮助当地利用当地乡村特色打造红色观光茶园的乡村振兴道路上回顾党史，践行党全心全意为人民服务的宗旨。实践队通过资源整合、寻求专家建议，以实际行动践行大学生的初心与使命，使党史学习教育更加深入青年学生工作中，进一步传承红色基因，感悟奋斗初心，勇担新时代青年的历史使命。

我们身为实践队成员,在这次活动中充分发挥专业所长,为武夷山茶产业发展注入新动力,展现了当代大学生的精神风貌。这次的实践活动不仅与当地政府座谈交流,还走访收集当地茶农的需求,为茶农提供相关知识指导,同时也丰富了我们的课外知识,让我们对专业知识有了更进一步的认识。此次实践不仅是一次助农之行,也是一次学习之旅、科技之旅,更加坚定了实践队成员科技支农的决心,在助力茶产业振兴的道路上不忘初心,奉献自己的青春力量。

实践结束后,通过对茶园的考察,我们再一次增长了专业知识,并且认识到只有将理论运用到实践中去才是积极正确有效的促进发展的方式。而我们也从这次的实践中明白:乡村要振兴,就要以科学技术作为第一生产力,与时俱进,跟进时代的步伐,推动乡村良性发展。

此次活动为我们专业知识的施展提供了很好的平台,使我们能够更好地将理论与实际相结合,同时在实践中我们也意识到作为一名"小小科特派"我们还存在许多不足,距离成为一名真正的科技特派员还有很长的一段路要走。我们将更加努力学习专业知识,坚持理论知识与实践有机结合,希望能够借此为成为一名真正的科技特派员打下坚实的基础,同时更好地助力当地茶产业发展。

这次暑假的社会实践是丰富而有意义的,一些心得和体会让人感到兴奋,但又绝不是仅仅用兴奋就能描述清楚的。灼人的太阳底下,大家一起活动,不畏劳苦,因为这是一种实实在在的收获。这不仅是一次实践,还是一次人生经历,是一生宝贵的财富!

(二)帮助武夷山市当地茶农劳务,理解"粒粒皆辛苦"的含义

在本次实践过程中,我们一边走访当地茶叶地,一边帮助种植、采摘、加工等,看到了普通茶农的辛苦劳动,更强烈地希望自己能够为他们提供更多的科学技术。

(2021 年 6 月)

第二篇

文化宣传篇

传承漳州五种精神，争做时代六有青年

　　在漳州这方有着悠久革命历史传统的热土上，极具乡土味和鲜活感的漳州"五种精神"鼓舞着一代代漳州人民奋勇前行。2021 年，中国共产党成立 100 周年，在全党、全国上下喜庆党的百年华诞之际，我院开展暑期社会实践活动，让学生在实践活动中学习践行伟大建党精神，践行社会主义核心价值观，了解和掌握在漳州大地上不断传颂、弘扬的五种熠熠生辉的精神硕果。本文旨在调查分析漳州五种精神，为在校园内宣传以及发扬漳州精神提供理论基础。从调查结果来看，当代大学生在当今生活环境中，在继承并实践漳州五种精神与时代六有标准中存在一些问题，漳州五种精神与本地高校思政教育的结合有待深化提高。本文对此进行了具体分析，同时还结合习近平总书记对新时代青年"六有"要求，对漳州五种精神的传承与新青年的成长方向提出若干建议，希望五种精神能渗入每个学生的思想意识当中，让学生以"六有"标准锻造自己，做有理想、有追求、有担当、有作为、有品质、有修养的六有青年。

一、实践开展的意义

　　漳州红色精神，是在漳州这方有着悠久革命历史传统的红色热土上凝结孕育出的精神硕果，沉淀于历史，根植于文化，迸发于当代，集中体现了漳州人民的理想信念、精神气质与实践智慧。2016 年 4 月 26 日，习近平总书记在安徽考察，在知识分子、劳动模范、青年代表座谈会上就青年成长成才问题做出重要论述，要求青年要敢于做先锋，而不做过客、当看客，让创新成为青春远航的动力，让创业成为青春搏击的能量，让青春年华在为国家、为人民的奉献中焕发出绚丽光彩，并在考察中国科技大学时寄语大学生要有理想、有追求、有担当、有作为、有品质、有修养。习近平总书记的"六有"要求，为我们广大青年成长成才指明了方向。

　　2021 年是中国共产党成立 100 周年，也是"十四五"规划的开局之年，为巩固党史学习教育成果，发挥红色文化原乡的地缘优势，弘扬漳州五种精神，我院特开展以"传承漳州五种精神，争做时代六有新人"为主题的暑期社会实践。本次实践引导教科学子走出校门,在实践队老师带领下参观中国女排腾飞馆、毛主席率领红军攻克漳州纪念馆、漳州 110 事迹展览馆、龙江精神展示馆、谷文昌纪念馆等本土红色基地,投身社会实践大熔炉,深化党史学习教育成果,见证漳州精神的形成之路,切身感受传承漳州五种精神的力量——吃苦耐劳、自我革命的"红军革命精神",干事创业、攻坚克难的"谷文昌创业精神",顾全大局、无私奉献的"龙江大局精神",团结奋斗、顽强拼搏的"女排拼搏精神",廉洁奉献、竭诚为民的"漳州 110 服务精神",做到心中有信仰,脚下有力量。

此次调研将"六有"要求贯穿于教育教学过程,使我校学员进一步了解了漳州五种精神的时代价值内涵,于漳州红色精神视角下培养和造就又红又专、堪当时代大任的优秀人才。

二、实践的主要内容

(一)调研方法

本次暑期社会实践队走访调研了中国女排腾飞馆、谷文昌纪念馆等地,同时,通过文献整理、实地走访等方式对漳州五种精神进行了解和调查。

1. 文献整理

实践队以当地展馆、纪念馆等为基地,通过中国知网、万方等平台积极收集网络资料,在活动开展前期广泛收集与漳州红色精神现状、传承与弘扬相关的文献资料,促进实践队员对五种精神的了解,奠定社会实践开展的理论基础和依据,为下一步的实地考察活动打下了良好的基础。

2. 实地调研

实地调研是本次社会实践的主要调研方式。实践队组建小分队开展实践考察。实践队成员先后奔赴龙江精神展示馆、中国女排腾飞馆、漳州 110 事迹展览馆、谷文昌纪念馆等地开展调查走访,通过与相关人员的谈话得到关于漳州五种精神的背景、内涵、大致发展情况,并通过第一手资料,更直观性地从陈列的文物藏品、图片资料和各种相关的历史文献中感受红色文化现状,以及这些文物给时代带来的影响。

3. 访谈法

为更深层地了解漳州红色精神的发展历史与价值内涵,实践队成员根据前期收集的资料整理预设相关问题,在调查走访中,与纪念馆讲解员、当地居民、先烈后代开展面对面访谈,从而得到关于漳州文化的相关信息。

4. 归纳总结

本次调研多次采用归纳法。通过调查得到丰富的、个性化的信息,在调研活动结束当天各分队开展线上总结会议,分享实践经验,总结每日实践活动,对收集的材料进行归纳总结等;经过归纳、分析、综合、整理,得出带有规律性的结论,最后总结调研结果,撰写调研报告。

（二）调研现状、问题

1. 大学生对漳州"五种精神"及其内涵缺乏了解

如今，快节奏的生活方式使当代青年大学生容易变得浮躁、好高骛远，在探索人生价值的道路上容易迷失方向，这就需要正确的社会价值主流引导青年朝正确的方向发展，形成正确的价值观。作为青年大学生，了解时代精神是必要的，但经过调查发现，完全了解漳州"五种精神"的学生只占极少数，完全不了解和只了解其中一两种精神的学生占大多数，可见本校学生对本地的时代精神了解程度过低，而能够深度发掘并践行漳州五种精神内涵价值的青年大学生更是凤毛麟角。

2. 大学生缺乏进行时代精神学习实践的意愿和机会

习近平总书记曾说，"既多读有字之书，也多读无字之书"。大多数大学生对时代精神践行有一定的经历和经验，但总体看来，进行实践探索活动的力度还是不够理想，有待通过各方面措施来提高。

正所谓"纸上得来终觉浅"，当前学生通过各方面书籍、宣传栏目和网络媒体等多种途径，在潜移默化中已经对社会倡导的时代精神与价值主旋律有了一定的认识和了解。但是对于学生是否有切身实际去感受体验的机会、是否有在实际生活中践行所学习到的理论等一系列关于实践的问题，目前仍未解决。

总体来看，学生们关于时代精神实践方面的问题现状主要有两方面：一方面是学生自身角度，部分学生可能还未认识到实践的重要性和必要性，甚至有部分学生缺乏进行实践活动的动力与意愿；另一方面是外在因素，学校、社会并不一定能提供给学生充足的时间、机会去进行实践探索活动。

3. 漳州"五种精神"与高校思政教育的结合有待深化

传统的思政教育内容仅仅围绕解决大学生的政治观问题，但新时代的发展、大学生知识面的拓宽以及自学能力的加强，让高校思政教育不能再沿袭以前固有的教育内容和模式，否则会使思政教育工作缺乏实效性，变得"形式主义"化，且学生也会失去兴趣，重结果轻过程，进而导致思政教育工作不理想。

漳州不仅是一座不断涌现时代新人与时代精神的现代化城市，更是一座拥有着丰富红色革命文化基底的历史古城。这给予了本地高校丰富的、生动的、可行性强的思政教育素材，这些素材更能吸引漳州高校的学生切身实际地去体验、践行其价值内容。但是就当前形势来看，这些素材与漳州本地高校思政教育结合情况还有很大的提升空间，需要创新、探索更多的教育方式和途径，让更多大学生深度了解并践行漳州"五种精神"。

三、社会实践总结

长期以来，中国共产党始终对青年学生寄予厚望，青年学生始终沐浴在党的关怀中成长。中国共产党第十八次全国代表大会以来,以习近平同志为核心的党中央高度重视关爱青年学生。习近平总书记多次与青年学生座谈,给青年学生回信,评价和赞扬"当代大学生是可爱、可信、可贵、可为的"。习近平总书记对青年学生成长成才的关怀,充分体现了党中央站在战略高度对大学生的关怀信任,为当代青年学生成长成才提供了根本遵循,为团学组织引领和服务青年学生成长成才指明了前进方向。习近平总书记对大学生成长成才提出明确要求,勉励同学们"做有理想、有追求的大学生,做有担当、有作为的大学生,做有品质、有修养的大学生"。坚定履行引领青年学生成长成才的使命职责,引领广大青少年坚定不移听党话、跟党走,努力成长为中国特色社会主义事业的合格建设者和可靠接班人,是党交给共青团的光荣使命,也是新时期中国共产主义共青团深化改革的必然要求。此次活动紧紧围绕这一使命和主题,锐意改革创新,着力增强政治性、先进性、群众性,在实践过程中加强对青年学生的思想政治引领和价值引领,汇聚起实现中国梦的磅礴青春力量。

闽南师范大学教育科学学院暑期社会实践队通过线上、线下相结合的调研方式,以漳州"五种精神"为核心,积极挖掘运用漳州丰富的人文资源和红色资源,让实践成员感到"可亲、可信、可学",推动实践教育取得良好成效。实践队通过文献整理、实地考察、调研走访等方式,在深入了解谷文昌的创业精神、红军的革命精神、龙江的大局精神、"漳州110"的服务精神、女排的拼搏精神中,重温漳州在中华人民共和国成立以来波澜壮阔的历史变迁和社会发展进程,凝聚起担当使命、砥砺前行的力量,争做时代六有新人。这次调研绝不止于精神理论层面,我们也将对照先进,查找不足,推进整改,把初心使命转化为带领学生队伍攻坚克难,推动团学工作稳步发展。总体来说,本次调研收获共分两大部分。

(一)传承漳州五种精神

1. 团结奋斗、顽强拼搏——女排拼搏精神

"女排精神"是中国女排的历史遗产。中国女排不畏强手、顽强拼搏、为国争光的背后凝聚了一种精神、一份情怀,而这份情怀正是所谓的"爱国情怀"。自中华人民共和国成立至今,中国女排先后取得了一系列优异的成绩,在赛场上她们充分展现了"祖国至上,团结协作,顽强拼搏,永不言败"的女排拼搏精神。郎平说,不是中国女排赢球了才有女排精神,其实中国女排精神一直都在。它是中华体育精神的精髓,是中华民族精神的体现。为了更好地传承与弘扬中国女排精神,提高国家文化软实力,我们还通过文献资料法、访谈法和思辨法对女排精神及其价值进行进一步的系统理论研究。1981年11月16日,中国女排在第三届世界杯比赛决赛中战胜日本女排夺得冠军,随后经历了"五连冠",女排精神逐渐凝结为时代精神。结合国家的发展和女排的发展,我们将女排精神分为3个阶段:①1976年至1992年;②1992年至2013年③2013年至今。第一阶段是中国改革开放的初始阶段,第二阶段是中国改革开放的中期阶段,第三阶段是中国改革开放进入全面深化改革时期。女排精神是时代的主旋律,是中华民族精神的象征,影响了几代人积极投身到改革开放、社会主义现代化建设和中华民族伟大复兴的事业当中。女排精神不仅成了中国体育的一面旗帜,更成了整个民族团结一致、锐意进取、昂首前进的精神动力。在 21 世纪的今天,中国走在了中国梦的伟大复兴之路上,女排精神仍具有巨大的现实意义和时代价值。

漳州是国家历史文化名城,在广袤的漳州平原,孕育着敢拼会赢的精神。漳州是中国女排腾飞的重要训练地,女排们一直将漳州当作培养她们成长的"摇篮"和"娘家"。中国女排腾飞馆内陈列着 3000 多张鲜活的旧照片和珍贵的文献资料,实践队员了解到女排姑娘们一代又一代的成长、汗水、泪水、荣耀、拼搏,深刻领悟中国女排不畏强敌、顽强拼搏、永不言弃的精神。为了铭记中国女排的辉煌业绩,漳州耸立起中国女排"三连冠"纪念碑。"女排拼搏精神"熠熠生辉,时刻引领我们青年人要积极主动学习女排们团结战斗、顽强拼搏的优秀品质,激励鼓舞着我们树立敢拼会赢的精神斗志。

2. 廉洁奉献、竭诚为民——"漳州 110"服务精神

"漳州 110"是人民群众对漳州市公安局巡特警支队直属大队的简称,其前身是成立于 1986 年的漳州市公安局芗城分局治安巡逻中队。"漳州 110"是全国公安机关最早实行警务机制改革的基层单位,1990 年引领全国建立 110 报警服务台和快速反应机制,实行巡逻与接、出、处警一条龙服务的警务机制,开创警务改革先河。1996 年 8 月,公安部在漳州召开现场会总结推广其先进经验,推动全国各地开通 110 报警服务台,使 110 成为人民警察队伍的标志性品牌。习近平总书记在福建工作期间,多次亲临考察指导,并赞誉其为"人民的保护神"。

一进"漳州 110"事迹展览馆,就能看到醒目的几个大字:人民的 110。"一心为民,永做人民的 110",30 余年来"漳州 110"的庄严承诺不改,初心情怀不变,在赤诚为民的实践中不断探索服务民生的新途径,形成了主动预警、精细布警、多维接警、动中处警和智能化指挥、精准化服务、标准化执法、专业化建设的"四警四化"现代警务新机制。"快速反应、热情服务"已成为"漳州 110"的标签。如今,"漳州 110"的警情处理,5 分钟内到场率达 80% 以上,10 分钟内到场率达 100%,群众满意率达 100%。

回顾"漳州 110"成立之初,仅靠 7 名民警、3 支枪、1 辆三轮摩托车,就在两个月内处理了上百起警情。"送孕妇上医院"和"护送女工下班"两件求助警情引发了"漳州 110"服务精神的萌芽。在讲解员的带领参观下,我们一路从创业与成长、传承与发展、关怀与荣耀、弘扬与飞跃四大模块中,深切感受"漳州 110"建队以来不忘初心、砥砺奋进的使命担当。

在"漳州 110"事迹展览馆里,有 3 面绣着"人民的 110"的锦旗:一面是受助群众送的,一面是福建省委省政府颁发的,一面是国务院授予的。不同的年代,不同的地方,相同的"漳州 110"民警,真实地展现了"漳州 110"的为民初心。"远亲不如近邻,近邻不如

110""人民的保护神""人民卫士，一心为民"便是人民群众用来形容"漳州110"的话语。队伍的功勋荣誉墙上，400余面老百姓自发送来的锦旗被高高悬挂于展馆顶部，寓意着"人民至上"，从细微之处体现了对"人民"的珍视。

"漳州110"始终秉承"人民的困难就是我们的困难，人民的满意就是我们最大的心愿"，把群众所忧、所惧、所需、所盼作为一切工作的出发点、落脚点，把办好民生小案、小事、小情、小节作为践行初心使命的具体实践，以实际行动兑现了人民公安为人民的庄严承诺。在新的历史条件下，我们大力弘扬新时代"漳州110"精神，就必须深入践行以人民为中心的发展思想。这一核心思想对于我们这批参与此次实践调研的新任学生干部来说是一笔宝贵的精神财富，我们认识到只有做群众身边的榜样，为群众做实事做好事，在工作中多尽一份责任，多出一份力量，少计较个人得失，才能达到贴近群众、温暖群众、服务群众的工作目标，才能不断增强人民群众获得感、幸福感、安全感。

3. 吃苦耐劳、自我革命——红军革命精神

"红军革命精神"教育我们广大青年要吃苦耐劳，自我革命。毛主席率领红军攻克漳州纪念馆是一座三层的砖瓦房，因其坐落芝山，皆由红砖砌墙，故有"芝山红楼"之称。这栋有着西式风格的小楼原是美国教会寻源中学的校长楼，1932年，毛泽东率中国工农红军东路军，从长汀挥师南下，大败国民党反动派军队攻克漳州。红军进漳后，毛主席住在红楼里，在这里，他运筹帷幄，指挥红军攻下漳浦、南靖、石码等地，发动群众筹粮筹物，壮大红军队伍，开辟闽南苏区，漳州也因此成为中国共产党革命征程中重要的一站。

地处漳州市人民政府大院内的芝山红楼，展示了中国工农红军东路军攻克漳州的英雄壮举。实践队成员走进毛主席率领红军攻克漳州纪念馆、中共福建临时省委旧址，重温军人誓词，倾听解说员讲解革命故事，仔细观看展馆内展出的大量实物、图片和史料，感受红军攻克漳州的历史及形成的革命精神。中国工农红军在漳州留下了光辉的足迹，也留下了一笔宝贵的精神财富，是漳州人民心中的丰碑。红军的革命精神穿越时空、历久弥新，成为激励漳州人民战胜困难、勇往直前的精神动力。

一座楼，一段历史；一个人，一份情怀；一坐标，一种精神。传承红色基因，弘扬红色文化，红军精神在广袤的漳州大地生根发芽，鼓舞着一代代青年人。"红军精神一直激励着漳州人民。时光流转，当我们重新审视和回顾这段峥嵘岁月时，不禁深深地感到，这是毛泽东和红军留给漳州人民的一笔弥足珍贵的精神财富。"

4. 顾全大局、无私奉献——龙江大局精神

龙江精神展示馆坐落于漳州龙海市榜山镇洋西村的龙江颂景区。在展示馆里，我们品读了龙江精神，重温了1963年龙江人民堵江截流、引水溶田的故事。展示馆一楼主要布置旱情肆虐、堵江抗旱、丢卒保车、团结协作、喜获丰收5个部分，二楼主要布置风格传承、精神传承、精神永驻3个部分。那些饱经沧桑的老物件、珍贵的老照片和旧报纸、栩栩如生的模拟沙盘以及声情并茂的介绍视频，生动地重现那段震撼人心的峥嵘

岁月，重现了当年龙海榜山人民顾全大局、团结协作、无私奉献的精神。我们通过前期资料收集和此次参观调研得知："龙江精神"从发端到发展再到壮大，走过了一个过程，这个过程就是从起先的"榜山风格"发展成为"龙江风格"，最后才定型为"龙江精神"的。在西溪的防汛抗旱战斗中，榜山公社洋西大队发扬"舍小家顾大家""丢卒保车"的共产主义精神，淹掉 300 多亩即将收成的小麦和甘蔗，保证了堵江工程的顺利实施，起到了典型示范带动作用。洋西大队"牺牲小我，顾全大局"的精神和后来榜山公社"淹千三、救十万"的精神被赞誉为"榜山风格"，带动了全县的抗旱斗争。在西溪堵江过程中，涌现出了"先保十万，后顾两千，舍卒保车，全盘皆活"的"玉枕风格"；在北溪堵江中，出现了"损失八百算啥，救活六万要紧"的角美公社沙州大队典型事例；在南溪堵江行动中，出现"200 多亩良田被淹是小利，拯救下游 3 万多亩水田是大利"的东泗公社西岭大队的感人事例。50 多年来，"龙江精神"传承了几代人，教育了几代人，激励了几代人，成为人们在处理全局与局部、集体与个人之间利益关系时的精神坐标。

今天，在和平的环境中改革开放，发展中国的政治、经济、文化，建设有中国特色的社会主义，实现民富国强和伟大民族复兴，也是一场革命，仍需要我们去探索、去实践、去创新。我们必须弘扬"龙江精神"，培育大学生团结协作、奋发图强、艰苦奋斗、开拓创新的意识，展现出舍小家、为大家的"龙江精神"。

5. 干事创业、攻坚克难——谷文昌创业精神

谷文昌，河南林州人，从 1950 年开始在福建省东山县工作，他担任县委书记 10 年，带领群众艰苦奋斗，改变了东山的面貌，受到广大群众的敬仰。2015 年 1 月，习近平总书记在中央党校第一期县委书记研修班学员座谈会上谈到谷文昌的先进事迹时指出，"他一心一意为老百姓办事，当地老百姓逢年过节是'先祭谷公，后拜祖宗'"。2015 年 6 月，习近平总书记在会见全国优秀县委书记时指出，焦裕禄、杨善洲、谷文昌等同志是县委书记的好榜样。

"谷文昌精神"是对谷文昌一生表现出的党性修养、思想品质和道德情操的集中概括。"谷文昌精神"内涵丰富，底蕴厚重，跨越时空，主要表现为坚定不移的理想信念、一心为民的公仆情怀、求真务实的担当精神、艰苦奋斗的优良作风。在谷文昌纪念馆中，大量珍贵的历史照片、图片和谷文昌同志生前使用的实物，再现了党的好儿女、人民的好书记谷文昌同志从 1953 年到 1964 年间面对恶劣的自然环境，亲身躬行、夙夜匪懈，带领东山人民矢志不移植树造林、根治风沙，终令风沙肆虐的东山从"荒岛"蜕变为风光旖旎的"宝岛"。这是"谷文昌精神"形成的实践基础，也是弘扬"谷文昌精神"的现实教材。在新时代弘扬"谷文昌精神"，就是要聚焦人民对美好生活的需要，团结带领人民实现美好生活，展示"老典型"的"新风采"。

参观谷文昌纪念馆，了解谷文昌全心全意为人民服务的先进事迹，激励全体队员自觉对标谷文昌，以"谷文昌精神"为动力，全力推进学生干部工作。同时，实践队里的老师也深刻体会到要以谷文昌同志为镜，坚定理想信念，树立清廉品格，始终做到忠诚、干净、担当，传谷公之心，扬谷公之德，做新时代的"四有教师"。为了将"谷文昌精神"内化于心，在谷文昌塑像前，实践队全体成员在领誓人陈雅玲老师的带领下，右手握拳高举过肩，面对鲜红的团旗庄严宣誓，重温入团誓词。通过宣誓活动，全体团员的心灵得到了再一次的净化和升华，坚定了理想信念。厚积数十载的"谷文昌精神"，"逾远而弥存"，成为指引我们携手共创美好生活的磅礴力量。

（二）争做六有青年

实践队员感悟漳州时代精神，更加深刻体会到，作为青年大学生，应当肩负起时代责任，高扬理想风帆，静下心来刻苦学习，努力练好人生和事业的基本功，做有理想、有追求的大学生，做有担当、有作为的大学生，做有品质、有修养的大学生。

1. 理想追求心中有

重温红色的记忆，沿着奋斗的足迹，探寻漳州"五种精神"中蕴含的理想追求。"以人民为中心、做人民的保护神"是"漳州110"精神的核心内涵；"快速反应、热情服务"成为"漳州110"的标签。"漳州110"坚守为民初心，坚定理想信念，在改革中创新，在创新中发展，追求群众满意率达到100%。中国工农红军东路军在毛泽东率领下，一举攻克漳州，取得红军战斗史上的重大胜利。老一辈革命家对党忠诚、信念坚定、无私奉献的革命精神是我们新青年开拓前进的勇气和力量。中国女排从1981年首次夺得世界冠军到1986年世锦赛五连冠，从20世纪90年代陷入逆境低谷到21世纪卧薪尝胆再出发，无不体现出奋斗不息的精神。女排姑娘们身上强烈的爱国情怀和为国争光的责任感、使命感，是中国女排坚定的理想信念。谷文昌胸怀理想、心系人民、不畏困难、奋斗一生，在老百姓心中树起了一座不朽的丰碑。不论是肩负重任还是身处逆境，他从未忘记自己共产党员的身份，从未褪去党员底色，从未动摇心中信仰，始终相信党、坚信党的事业，这是谷文昌坚定的理想信念。

理想信念确立了个体的人生意义和价值坐标，也成为个体毅然前行的巨大动力。青年学生必须要有坚定的理想追求，这样在遇到困难挫折时便能重拾勇气，继续前行。此次调研漳州"五种精神"对我们成为有理想、有追求的新青年起到重大的引导作用，激励我们朝着更远大的理想前进，不忘初心。

2. 担当作为行中有

青春的价值，唯有在奋斗中才能彰显；青春的激情，唯有在奉献中方能释放。"有担当、有作为"与"有理想、有追求"是一脉相承的，空有理想而没有行动、害怕行动只会一无所获。空谈误国、实干兴邦，只有做到敢于承担历史重任，不畏惧风险，勇往直前，才能真正做到有所作为。正如女排们，为国争光是她们一直以来的梦想，这一梦想是引领她们前进的动力，但奔向梦想的道路十分曲折。在艰难环境下她们仍团结一心、刻苦训练、攻坚克难，即使面临许多挫折和质疑，也没有打垮她们。女排姑娘们绝不放弃任何希望，把握每一个机会，每分必争。每得一分，大家就挥臂庆祝，相互加油鼓励；每失一分，也在相互提醒，研究战术。漳州的110始终把人民置于第一位，做到把群众所忧、所惧、所需、所盼作为一切工作的出发点、落脚点，把办好民生小案、小事、小情、小节作为践行初心使命的具体实践，以实际行动兑现了人民公安为人民的庄严承诺。只要人民有需要，他们就会在第一时刻出现。每一位警察始终做到权为民所用，情为民所系，利为民所谋，毫无保留地将党和政府的温暖送到人民群众中，用行动担当起肩头之重任，人民之信任。东山县委书记谷文昌同志也用行动诠释全心全意为人民服务的宗旨。面对恶劣的生态环境，他带领东山人民矢志不移植树造林，根治风沙。凡事他坚持做到亲身躬行，始终做到忠诚、干净、担当，始终做到心中有责。在履职期间，他坚持一切从实际出发，实事求是，不推诿、勇担当，说话办事坚持一是一、二是二，从不虚以逶迤。正是这种可歌可泣的担当精神，每时每刻都在激励着我们青年一代。

无论是女排，或是漳州110，抑或是小县城的书记谷文昌同志，他们都以实际行动来履行使命，成为有担当、有作为之人。作为生在新时代，长在红旗下的我们，永远无法真正感受那片烽火连天的岁月，但革命前辈抛头颅洒热血的赤诚在我们内心深处，我们仍经常被那些"俯首甘为孺子牛"的人所感动。所以，对于大学生，归结一点就是要积极实践，并在实践过程中肩负起自己应当承担的责任，或说是历史和时代的重任，在实践中发现问题、解决问题，真正地为祖国建设添砖加瓦。

堪当大任的青年一定是有担当、有作为的青年。只有有了坚定的理想信念，有了扎实的学识和过硬的本领，当代青年才能实现自己的远大理想和抱负，把理论与实践相结合，到祖国和人民最需要的地方放飞青春梦想。"纸上得来终觉浅，绝知此事要躬行"，广大青年要同全国各族人民一道，珍惜韶华、奋发有为，自觉担负起时代赋予青年的历史重任，勇做走在时代前列的奋进者、开拓者、奉献者，做知行合一的实干家。只有把有限的生命投入无限的为人民服务中，把自己的人生理想融入国家和民族的伟大事业中，在为人民服务中茁壮成长、在艰苦奋斗中砥砺意志品质、在实践中增长工作本领，不惧风雨、勇挑重担，让青春在党和人民最需要的地方绽放绚丽之花，才能在实现中华民族伟大复兴的中国梦的历史进程中实现人生价值，最终成就一番事业，这样的人生才是有意义、有价值的人生。

3. 品质修养性中有

"锤炼品德修为"是应有的素质。"任人唯贤，以德为先"，品德高尚的人，即使才能平庸，也不会为社会、百姓带来灾难。从来不曾听说过哪个品德好的人受人讨厌。而那些品德败坏的人，才能越大对社会、百姓的危害就越大，那些"苍蝇""老虎"令大家深恶痛绝，他们都是因为不修德政，最终身陷囹圄、身败名裂。所以，只有立德修身，才能给社会带来正能量。良好的品德是新时代中国青年必须具备的素质，唯有这样，才能布德施政、渐行渐远。

古人云:"以铜为镜,可以正衣冠;以古为镜,可以知兴替;以人为镜,可以明得失。"而今我们常用英雄的精神涵养新时代青年的精神品质,将英雄视为楷模,视为人们前进路上的引领者,引导人们树立正确的世界观、人生观和价值观。走进芝山红楼,先烈们对革命事业矢志不渝的坚定理想和信念,不怕牺牲、英勇作战的大无畏革命精神深深地令我们青年人动容。来到毛主席工作室,我们只看到简陋的床铺和一张办公桌。毛主席用行动展现了清正廉洁的品质修养,为青年人树立了光辉的榜样。龙江精神和女排精神培育我们团结协作、艰苦奋斗的中华优秀传统品质;漳州110一心为民,坚持从群众中来到群众中去,教育我们尽职尽责,不计个人得失的品质;谷文昌在任职期间不以权谋私,坚持从人民利益出发,引领我们学习甘于奉献的品质,并将此品质内化于心,外化于行。

惟贤惟德,能服于人。新时代对青年一代的道德素养与能力修为提出了更高的要求,"不会"已不能成为"做不了""做不好"的借口。广大青年更应在改革中发展、在发展中学习,把握青春年少正当时,汲取漳州"五种精神",提升自身专业水平,在与自己的比学赶超中实现跨越与进步,努力成为新时代社会发展推波助澜的六有青年。

四、调研建议

(一)着力创新举措,加强对漳州"五种精神"的宣传

一方面要从大学生的发展特点和内在需求出发,分析大学生在现阶段的状态,通过什么方式他们更能够接受宣传教育。紧密围绕漳州"五种精神",利用各级信息平台、QQ、微博以及手机等现代信息技术手段,用大学生喜闻乐见的宣传方式将漳州"五种精神"的宣传与班级班会、集体聚会等活动结合起来,把漳州"五种精神"融入大学生的社会生活中。融合新媒体,熟练掌握各类平台宣传的技巧,了解青年大学生的喜好,采取精准宣传和引导,再对漳州"五种精神"及其内涵进行适当"包装",让其深入人心。另一方面应丰富漳州"五种精神"的内涵,让其能够更自然、更贴近人们的价值追求,紧跟时代发展的步伐,针对性地深化核心内容、融入新时代新思想,在思想的相互碰撞中完成更深层次的蜕变。

(二)着力增设实践基地,激发青年实践意愿

现如今面临的一个巨大难题是缺少适合当下青年发展的实践机会。同时,当代大学生自身素养也要到达一定高度,这样才有充足的底气去争取实践的机会。高校要有领导学生参与实践的能力,在面对实践机会缺少而意愿参与学生过多的情况下,适当帮助在校学生寻找实践机会,努力建设符合学生发展的实践基地。相关部门在当前情形下应当放开政策,鼓励社会各单位开放实践机会,适当划拨资金挖掘、建设新的实践基地,鼓励学校支持以社会实践代替课堂教学活动。

部分学生缺乏进行实践活动的动力意愿,要想激发起当代大学生实践的意愿,各高校应设立相应基础课程,鼓励和引导学生深入学习相关理论知识,给大学生普及有关时代六有青年内涵与核心内容。在补给理论知识的同时,可以通过观摩前辈实践过程及成果活动,让学生们学习如何正确运用理论于实践之中,了解到理论与实践的结合并不是没有意义的事。在过程中通过组织实践教育活动,让学生们真切地体会实践活动带来的收获,切身感受实践的意义。

（三）着力强化思想,将漳州时代精神与思政教育有机结合

首先,强化思政教育场所保障。可采取单独设立、与教学场所合用、与社区共建共享等方式,确保思政教育有充足的活动场所,使得宣传教育地点不局限于学校,同时也能够为社会提供适当的红色基地。其次,强化高校教师教学方式,加强高校思政教师队伍建设,深化高校思政教师培训内容,深入研讨如何将漳州"五种精神"与思政有机结合,让学生能够对思政课堂有足够的学习兴趣;不断提高队伍教学水平,以学生能够接受的交流方式接近学生,取得学生的认同,让学生接受,进而打破传统方式带来的隔阂,培养与学生的亲近感,循序渐进地将漳州"五种精神"深入人心。最后,强化教育活动经费保障,让宣传教育不限于"以教师为中心"的教学模式,实现"学生为主,老师为辅"的教学方式,开展多样化宣传教育活动,深化漳州"五种精神"与本地高校思政教育的结合。

（四）着力探寻红色足迹,挖掘乡土红色资源

漳州是重要的革命老区,革命历史悠久,除了"五种精神"外,全市有云霄乌山革命纪念馆、诏安大乌山景区、东山战斗烈士陵园、平和暴动纪念馆、红军三平会师纪念馆等多处红色旅游景点,是重要的青少年革命及爱国主义教育基地。但漳州红色资源存在开发、建设、利用起步较晚、发展较慢、效率较低的问题,对于本土红色资源,应不断创新保护模式、进一步发掘开发方式和传播形式。

首先,要通过扩大媒体宣传,鼓励群众发掘珍贵的革命文物、历史资料,加强人民对历史古物的保护观念。其次,增设激励机制,征集革命纪念文物,鼓励群众贡献红色资源,让更多的红色资源出现在群众的视野中,有利于对红色资源的保存与使用。同时,组织学习历史资料,走访历史足迹,仔细查找每一处,做好红色文物的登记、注册、入藏和保管。最后,调查红色遗迹、文物形成的原因以及背后所发生的故事,深入挖掘红色文物的精神文化内涵,不断丰富充实宣传教育内容,增强互动和交流,令参观者身临其境,能够有效提升参观红色古迹带给群众的实际收获。

五、心得体会

漳州这片土地涌现出"红军革命精神""谷文昌创业精神""龙江大局精神""女排拼

搏精神""漳州110'精神"。作为新时代的青年大学生,在此次暑期学习中我们也深受这些精神的洗礼。习近平总书记曾寄语:年轻人在学校这一步很重要,要心无旁骛,静下心来刻苦学习,既要读"有字之书",又要读"无字之书",努力练好人生与事业的基本功。通过两天的调研活动,我们也深刻领悟了漳州"五种精神"之内涵,汲取了"五种精神"之精髓。青春的价值,唯有在奋斗中才能彰显;青春的激情,唯有在奉献中方能释放。正值风华正茂之时,我们要胸怀理想,志存高远,刻苦学习,不负韶华,肩负起时代之重任,树立理想志向,争做有理想、有追求、有担当、有作为、有修养的大学生。

——吴婉婷

此次参观红色教育基地的社会实践经历,时间虽短却收获颇多,炽热的革命情怀鼓舞着我们,沿途所见所闻所感所悟激励着我们。我们生在红旗下,长在春风里。人民有信仰,国家有力量。目光所及皆为华夏,五星闪耀皆为信仰。我们参观红色古迹、学习党史,每一次的社会实践活动都是自己的一项宝贵财富。通过它,我们提升自己的各项能力,练就本领、增长才干,结识比自己更优秀的人,学习他们身上的优秀能力,提升自己。我们有幸,一次次见证历史!中华悠悠五千年的文明沉淀为勤奋勇敢、自强不息的伟大民族精神。而作为青年一代的我们也有着不一样的使命——怀着为着祖国繁荣昌盛的初心,为实现民族复兴而不懈奋斗。我们更应承先辈深厚红色基因和艰苦奋斗优良作风,在祖国社会主义建设浪潮中勇立潮头、大展身手,将小我融入大我中,以青春之我成就青春之中国。

——孙先建

读万卷书,行万里路。此次我们有幸加入教育科学学院暑期社会实践队,以漳州"五种精神"为核心,通过实地考察、调研走访、资料收集等方式,积极挖掘运用漳州丰富的人文资源和红色资源,这对我们来说是一次挑战与收获并存的实践过程。在深入了解谷文昌的创业精神、红军的革命精神、龙江的大局精神、"漳州110"的服务精神、女排的拼搏精神中,我们凝聚起担当使命和砥砺前行的力量。这些厚积数十载的精神,"逾远而弥存",成为指引我们携手共创美好生活的磅礴力量。社会实践锻炼了我们,也培养了我们,通过社会实践这样一种形式,我们在各方面都得到了充分成长。它已经成为大学生展现自我的一个舞台,在这样的一个舞台上,我们可以尽情地展现我们青春的姿态和敏捷的才思。终有一天我们这一群充满理想与朝气的大学生,将真真正正地在社会这个大舞台上展现我们的抱负和智慧。

——李洋榕

(2021 年 6 月)

红色基因系心中，时代青年勇传承

——金砂乡红色文化多元化传承与发展研究实践报告

习近平总书记曾说："共和国是红色的，不能淡化这个颜色。"红色文化代表了中国共产党人和广大民众的优良品格，不仅是中国人民价值观念体系中的重要组成部分，更是凝聚国家力量和社会共识的重要精神动力。金砂乡位于全国著名的革命老区福建省龙岩市永定区，是中央苏区红色文化的核心部分，是众多老一辈无产阶级革命家战斗和生活过的地方，既拥有闽西地区的红色文化基因，又蕴含着自身特有的文化内涵，其开发和发展对于发挥红色文化铸魂育人的功能，推动经济发展具有重要的作用。

一、活动开展的意义

（一）传承红色基因

"把红色资源利用好、把红色传统发扬好、把红色基因传承好"，这是习近平总书记在视察工作、治国理政中时常强调的要点。历史是最好的教科书，优秀传统文化是最深厚的文化软实力。红色基因、红色传统、红色资源是中国共产党人创造的宝贵思想和文化财富，而金砂乡由于其特有的历史故事和文化底蕴，蕴藏着丰富且宝贵的红色文化资源。对金砂乡开展红色文化多元传承与发展研究，有利于响应中共中央办公厅、国务院办公厅印发的《关于实施革命文物保护利用工程（2018—2022 年）》的文件精神，深入学习习近平新时代中国特色社会主义思想，贯彻习近平总书记关于党史学习教育的重要讲话精神，为国家发展凝魂聚气，强基固本。

（二）培养实践能力

互联网的迅速发展，加之当前部分大学生自身缺乏主动实践的意识，导致许多大学生精通理论知识但缺乏动手能力，精于纸上谈兵却疏于身体力行。本次社会实践有利于帮助学生走出课堂、走入基层。学生在树立爱国情怀和对红色文化高度重视的同时，通过和各行各业的人员打交道，了解国情、了解社会，增强社会责任感和使命感，促进思想政治素质的提高和社会化进程，提高动手实践能力。

（三）提升专业能力

本次实践队的成员以经济与管理学院和传播与设计学院的学生为主,在实践过程中他们充分发挥专业特点,广泛走访调查,深入当地,运用专业知识,深入了解分析金砂乡红色旅游产业现状,探索红旅发展新路径,形成了一份包括金砂乡红色旅游资源发展状况分析、金砂乡红旅产业发展新路径探析的调研报告,并与金砂乡西田村达成了初步合作关系,将在今后较长的一段时间内以学生之所长,助力金砂之发展。

二、实践的主要内容

金砂乡位于永定城西 6 公里处,被称为永定西大门,是全国著名的革命老区。金砂乡作为"永定暴动"与土地革命的摇篮、"红色交通线"大站,享有"二十年红旗不倒"的美誉,在中国革命历史上有着别的地区难以比肩的地位和影响。近年来,金砂乡政府依托丰富优质的红色文化资源,积极推进中央苏区红色交通线及金砂红色小镇建设,以推动金砂乡旅游业与经济社会协调发展,带动乡村经济发展。

实践队在出发前通过查找文献、小组讨论的形式制订了详尽的实践计划,对实践日程做出了合理的安排,并与金砂乡政府、景区工作人员提前做好了联系,做到了有备而发,有条不紊。在这次实践过程中,实践队成员集思广益,以饱满的热情全身心投入此次调研活动中,深入当地群众,通过实地考察、问卷调研、举办座谈会、访谈交流等方法,对伯公凹、中央红色交通线纪念馆、金谷寺、张鼎丞故居遗址等景点以及当地居民、商户、游客、政府及景点工作人员进行了细致的调查访问。与此同时,实践队还制作了一份《金砂乡红色文化认知现状调查问卷》,通过线上线下两种途径分发给居民和游客填写,通过全方位、多角度的调研,对金砂乡红色旅游产业有了一个较为清晰的认知,并以此出发,提出了金砂乡红旅产业发展新路径。

三、社会实践总结

本次实践活动开展前,通过前期的宣传、面试、笔试等一系列方式招募队员,最终由选拔出的经济与管理学院、传播与设计学院、师范教育学院 18 名学生组成"红岩微语"实践队,团队结构合理,涉及年级、专业丰富。筹备工作完成后,指导老师与实践队主要负责人前往金砂乡进行踩点考察,与当地政府、景点工作人员取得联系,结合实际情况组织实践队成员进行文献研究、资料收集、实践技巧培训等。

（一）集思广益,有备而发

活动开展前,"红岩微语"实践队在龙岩学院同心楼前举行了一次简短的行前会议。在此过程中,指导老师为团队成员进行实践内容的介绍与动员,并对大家提出了要求和期望，给予了大家很多鼓励，同时阐明了调研的要求。团队成员纷纷表示将会遵守学校和社会各项规章制度，以饱满的热情全身心投入此次调研活动中，结合当地实际与实践目的，选择合适的调研方法进行调研，深入当地群众，收集最真实、最准确的调研信息。这次行前会议完善了实践计划，为实践活动的顺利开展开了一个好头。

（二）重走交通线，赓续先烈魂

实践活动的第一站便是中央红色交通线纪念馆。纪念馆设立于 2015 年，是一处重要的爱国主义教育基地、党史教育基地和党员干部教育基地，纪念广大革命先辈和人民群众用生命维系着的这条中国共产党的生命线，承载着厚重的中央红色交通线和苏区文化。"红岩微语"实践队成员通过讲解员的讲解和展板上的图片与文字，了解到不少关于红色交通线曾经的运行情况，知道了"三块银圆""一门七烈士"等许多红色交通线上可歌可泣的故事，回望 90 年前革命先辈的艰苦奋斗历程。

（三）访先辈故居，忆革命情怀

第二站，我们来到了张鼎丞故居及纪念亭。在张鼎丞先辈故居，展现在人们眼前的是一扇两米宽、三米高的残垣断壁和一块用大理石雕砌而成的张鼎丞纪念碑，述说着先辈大公无私的故事。调研当天适逢永定区委党校的苏老师正在为前来缅怀学习的一众游客讲解有关张鼎丞先辈的生平事迹，在苏老师深情生动的讲解中，实践队成员深刻感悟到张鼎丞先辈高尚的道德情操和优良的工作作风。在漫长的革命岁月中，张鼎丞同志对党忠诚，对人民负责，无私奉献，两袖清风，为后人留下了宝贵的精神财富。

（四）游红色金谷，思艰苦奋斗

离开张鼎丞故居后，我们来到了金谷寺。金谷寺，始建于公元 1260 年，其历史可追溯到南宋景定元年，沉淀着厚重的历史底蕴。与此同时，金谷寺作为"永定暴动"的策源地之一，拥有光荣而悠久的革命历史。实践队成员通过参观金谷寺内革命先辈们的办公场所，深刻地感受到了革命环境的艰苦与革命斗争的不易。没有激情洋溢的解说，没有张扬文化的宣传，静谧的金谷寺就那样潜移默化地将自己身上所承载着的红色文化，融入游客心中，于无言间，传承着革命先辈的意志和理想。

（五）闪闪伯公灯，照亮革命路

实践活动第四站，我们来到了伯公凹。伯公凹在中国革命史上拥有重要的战略地位，是中央红色交通线入闽第一站。在革命年代，当共产党员看见伯公庙中点燃的"信仰之灯"时，就意味着他们安全到"家"了。在参观伯公凹时，实践队恰逢永定区湖雷中学校长携子侄在此进行红色教育。郑校长表示 2021 年为建党一百周年，今天的幸福生活是一代代共产党人以大无畏的奋斗精神和无私的奉献精神拼搏而来的，要充分利用本地红色资源，加强青少年党史教育，并对实践队本次活动表示了肯定。通过介绍、对游客的访谈以及队员自身的体会，实践队深刻接受了伯公凹精神的熏陶，充分了解了伯公凹的故事和历史。

（六）缅革命先烈，展红色未来

"红岩微语"实践队在调研各个红色遗迹、纪念馆后，开了一个简短的小会，队员们都认为，调研告一段落，但红色精神的传承永远不会终止。作为新时代的青年，实践队成员必将在缅怀革命先烈的同时，传承闽西苏区精神，以实际行动弘扬先辈们留下的红色基因，力争以最好的精神面貌向党的百年诞辰献礼。在此精神的推动下，实践队成员完善了后期的实践计划，推动了实践的持续进行。

（七）聚焦文创，赋能发展

在实地调研金砂乡红色遗址、纪念馆之后，实践队来到金砂乡红色小镇，对金砂乡红旅产业进行进一步的实地调研。作为"红色小镇"品牌的重要组成部分，金砂乡充分利用金砂红色文化资源，打造了丰富多样的文创产品。乡政府在红军街边开设了一间红军街文创中心，里面陈列着各式各样的带着浓厚金砂特色的文创产品。走进文创中心，小红军雕像、十大元帅相册、毛泽东像章……种类繁多的红色文创产品让人们深刻体会到了浓浓的金砂红色氛围。在文创中心的对面，还有一间红色驿站，里面展示着色彩丰富、特色鲜明的金砂红色文化邮票，让前来旅游的人们可以第一时间把喜悦分享给远方的亲友。实践队还采访了红军街文创中心的销售员，她表示，金砂红色文创产品近些年来发展迅速，相信在居民和政府的支持下，金砂红色文创产品将拥有一个光明的明天！

（八）深入基层，实践为先

为获取第一手数据，了解金砂乡红色旅游业的发展现状和对当地社会的具体影响，实践队成员深入基层，实地统计商铺数据，并对当地居民、商户、游客等进行访谈。与此同时，实践队还制作了一份问卷——《金砂乡红色文化认知现状调查问卷》，通过线上扫二维码、线下填写纸质档两种途径请居民和游客填写问卷。从问卷样本分布来看，调查对象涵盖的范围大、层次多，具有广泛代表性，能够在一定程度上体现金砂乡当前的经济、文化及红色资源开发利用等相关问题。

（九）畅所欲言，思想盛宴

实践队还有幸采访到了金砂乡副乡长，并在金砂乡宣传干事的带领下，同金砂乡西田村党支部书记进行了座谈。通过座谈，实践队成员对金砂乡红色旅游业发展现状、党史学习教育及金砂乡未来发展规划和方向都有了更为深入的了解。带队老师表示，实践队成员包括经济与管理学院及传播与设计学院学生，学生可以充分发挥学科特长，为金砂红色小镇的建设提供人才支持和专业技术支持，真正实现以青春之光，耀金砂之魂的大学生担当。金砂乡与会代表也在座谈会中表示，"乡村振兴，人才为要"，希望构建多方共建共享机制，鼓励高校青年学生积极参与乡村建设，共同推动打造红色小镇，助推乡村振兴事业的发展，实现生态、民生、经济的全面发展。

（十）青春之光，助力金砂

实地调研很快就接近尾声，通过本次调研，实践队成员对金砂乡周边红色旅游资源、金砂乡红旅产业现状以及金砂乡红旅未来发展方向，有了一个较为全面详细的了解。实践队还将继续消化吸收实践成果，通过多种形式总结升华课题，为进一步树立起革命老区红色旅游品牌和形象提供指导和借鉴，助推当地经济发展，切实改善居民生活水平，以青春之光，书写金砂故事！

四、心得体会

陆游曾言："天下之事，闻者不如见者知之为详，见者不如居者知之为尽。"社会实践活动是培养学生创新精神和实践能力，提升学生综合素质的良好载体。"千里之行，始于足下"，身为大学生的我们除了需要在课堂上学习理论知识，更应该积极参与社会实践，过去那个"两耳不闻窗外事，一心只读圣贤书"的年代已不符合时代要求。我们团队在指导老师带领下组成"红岩微语"实践队，开始了为期两个月的大学生暑期社会实践活动，此次活动我们来到了红色小镇金砂乡。

毛泽东曾言："团结一致，同心同德，任何强大的敌人，任何困难的环境，都会向我们投降。"在调研过程中，我们小组成员根据调研计划，结合自身特长和所学专业，各自分工，找准自己在团队中的定位，各司其职，在完成自己分内的任务之外，大家也懂得发挥团队合作精神，积极主动分担其他成员未完成的任务，从而保证了整个调研活动的进度。"人是要有帮助的。荷花虽好，也要绿叶扶持。一个篱笆打三个桩，一个好汉要有三个帮。"在这两个月的时间，小组成员们由生疏到熟悉，无论是前期的活动准备，还是后期的实地调研和实践报告的撰写，大家在一起不断磨合，相互理解，一起为一个目标而共同前进，团队默契度也在这个过程中得到提高，团队日渐成熟。在调研活动中，团队精神得到了升华，团队凝聚力得到了提升，团队能力也得到了质的飞跃，这是我们这次活动中令人欣喜的收获。

通过实践我们认识到，虽然金砂乡拥有丰富的文化资源和自然资源，旅游资源种类多，组合条件好，对游客喜好适配度高，客源量丰富，适合发展红色旅游和休闲度假观光，但是基础设施建设不完善，各景区资源分散，旅游产业化不足，收益较低，旅游方式单一、扁平化，缺少对各类旅游资源的规划、整合，知名度也不高，对游客的吸引力略有不足。对此，我们实践队也通过实践报告提出了打造多元化产业结构，充分发掘文化内涵；带动居民参与开发，实现生态经济共生；创新发展模式，加强开发利用等建议，希望能够为金砂乡红旅产业的发展带来启发。

习近平总书记指出，"在党史学习教育中，要充分运用红色资源""用好红色资源，传承好红色基因,把红色江山世世代代传下去"。在调研过程中,我们亲身感受到了金砂乡浓郁的红色文化氛围,红军街、红色研学资源、红色主体文创产品等在金砂乡应接不暇。习近平总书记在庆祝中国共产党成立 100 周年大会上的重要讲话中指出:"一百年来,中国共产党弘扬伟大建党精神,在长期奋斗中构建起中国共产党人的精神谱系,锤炼出鲜明的政治品格。"如今进入新时代,让体现崇高革命精神和共产主义理想信念的红色文化传承下去更是我们青年一代需要肩负的使命和担当。我们要始终当好红色文化的传播者和宣扬者,在习近平新时代中国特色社会主义思想指导下,向国人、向世界讲好红色文化故事,传承红色基因,继承和发扬老一辈革命家面对困难仍旧勇往直前的精神,不断增强中国特色社会主义的道路自信、文化自信。

我们每一个成员在此次的调研活动中都收获颇丰,既有成功的成果也有挫折过后的经验。在调研的过程中,和村民交流探讨提升了我们的人际交往能力,调研路途的颠簸让我们更加懂得了吃苦耐劳,走访每一个革命遗址和纪念馆让我们懂得了感恩,感恩革命先辈们为我们现如今美好幸福生活做出的牺牲,也让我们更有勇气和坚定的决心肩负起属于我们的时代使命和社会责任。凡是过往,皆为序章,我们在继往开来中奔赴下一个美好的未来,也在每一个当下守护着先辈们留下的宝贵精神财富。

虽然此次的暑期社会实践调研活动已经圆满结束了,但是还有更多丰富的体验在等待着我们,我们要勇往直前面对下一个机遇和挑战。我们以社会实践活动为契机,不断探索着创新实践方式,建立专业、实践和服务社会融合的有效机制,结合专业特点,积极地将自己的无限可能和饱满热情投入丰富多彩的社会实践之中,并且也把社会实践中所学的经验应用到今后的学习中,不断地丰富和全面提升自我,在实践中实现价值、服务社会,在实践中感受最有意义的青春。人生因为经历而焕发光彩,而这一次的实践调研活动也必将成为我们人生旅途中一笔宝贵的财富。

(2021 年 6 月)

探寻战火中的"学习"与"使命"

——基于点燃闽中烽烟的革命老区大田县历史调研

在新时期,青年一代对红色基因的传承,关系到党和国家的前途,关系到中华民族的命运,关系到中国梦的实现。福建省三明市的红色历史可以用"一区三地"概括:中央苏区的核心区、中央红军长征的出发地、红旗不倒的革命根据地和伟人革命的重要实践地。闽中大田,山峦高耸,地势险峻,是闽西通往闽南沿海的咽喉要道,利于游击战的开展,占据十分重要的战略地位。朱德、彭德怀、罗荣桓等红军高级将领都曾在这片红土地上浴血奋战。

为了更好地探寻战火中的"学习"与"使命",践行习近平总书记对新时代青年"生逢其时,重任在肩"的殷殷嘱托,"溯源寻史"红色文化调研团队深入三明市大田县各乡镇,学史明理、学史崇德、学史增信、学史力行,在时代迭变历程中体会共产党人爱党爱国爱家乡的情感,在调研实践中培养与时俱进、紧跟时代脉搏的精神,坚定理想和信念,争做时代新人,努力成为新时代有责任意识和创新精神的建设者。

一、实践开展的意义

(1)响应国家号召。近年来,在加强革命文物保护,讲好红色故事、传承红色基因等方面,从中央到地方都开展了大量的工作,进行了诸多探索。在中共中央政治局第三十一次集体学习时,习近平总书记指出,要用心用情用力保护好、管理好、运用好红色资源,为此"溯源寻史"红色文化调研团队深入三明市大田县各乡镇展开实践活动,传承红色基因,赓续红色血脉。

(2)传承红色精神。100年来,中国青年满怀对祖国和人民的赤子之心,积极投身党领导的革命、建设、改革伟大事业。三明市大田县作为革命老区,蕴含着丰富的红色文化资源,无数能人志士在此浴血奋斗,为更美好的中国不懈努力。不忘本来,面向未来,实践队探索红色历史,重温革命历史和红色记忆,从中汲取精神营养,发扬前辈们艰苦奋斗的优良传统,在新时代长征路上创造新的辉煌。

(3)锻炼实践能力。实践队成员通过前期实地调研、深度访谈、了解红色历史、参观红色基地等活动,锻炼交流能力,提高思想水平,通过后期的资料整理、报告撰写等工作提升自己的书写能力和逻辑梳理水平,全方位提高自己的综合素养,为以后的学习和工作打下坚实的基础。

二、实践的主要内容

此次实践队调研目的地——福建三明,是一片红色热土,其红色历史可以用"一区三地"概括:中央苏区的核心区、中央红军长征的出发地、红旗不倒的革命根据地、伟人革命的重要实践地。实践队成员在暑假期间,带着满腔的热血踏上了这片土地,在前辈以及讲解员的带领下了解到:闽中大田,山高林密,地势险要,是闽西通往闽南沿海的咽喉要道,便于开展游击战争,战略地位十分重要。曾经的光辉岁月中,朱德、彭德怀、罗荣桓等一批红军高级将领,都在这块红土地上浴血奋战。实践队历时 13 天,深入大田县 4 个乡镇的 21 个村,走访党政机关、企事业单位等 10 个,红色文化景点 5 个,与各单位负责人、青年代表深入访谈 47 次,召开线上线下研讨会 20 次。此次调研是我们践行习近平总书记对青年"生逢其时,重任在肩"的殷殷嘱托的实际行动,也是我们青年一代建功立业要修炼的"精神之钙"。我们要以毕生的奉献和顽强的斗争来体现社会主义家国情怀,使爱国的伟大精神旗帜永远在心中高高飘扬!

(一)调研革命先进人物——大田革命火种叶炎煌

1. 历史背景

实践队在鸿图中学范建宏老师的带领下进一步深入了解大田革命英雄——叶炎煌。叶炎煌于 1909 年 11 月出生在大田县华兴乡京口村,祖辈历代行医。1919 年举家迁往厦门。1926 年,正值中国第一次国内革命战争进入高潮,鲁迅在厦大群贤楼礼堂为全体师生演讲,讲题为"少读中国书,做好事之徒"。针对当时时局,他把少读中国书同"救中国"联系起来,提出青年学生当然要救国,并不在多读中国书,而是要勇于做改革社会的"好事之徒"。鲁迅的爱国精神激励着无数的中国人,尤其是青年人,当时的张鸣玉、方松杉、杨格致等人,就是听了鲁迅的演说后投考到黄埔军校的。叶炎煌也在此时深受鼓舞,毅然决然加入了中国共产党。1927 年,不安于简单行医,愿意做鲁迅说的"好事之徒"的叶炎煌,以行医为掩护,致力于党的秘密工作。后来,他担任中共厦门市委机关工作人员。叶炎煌的"叶丽春堂"诊所就成了中共地下党组织的接头地点,无数重要纸条在此中转,无数革命信息在此传播。1928 年下半年,叶炎煌任厦门市委机关工作人员期间,曾介绍进步学生叶飞(后任全国人大常委会副委员长、开国上将、原海军司令员)入团,叶飞放弃毕业考试,加入共产党的地下活动。1929 年初,叶炎煌受中共厦门区委委派,回到家乡大田开展党的工作,建立了大田的第一个党组织——中共大田特支。他是在闽中腹地大田播下革命火种的第一人,组建了秘密农会,拉开了大田新民主主义革命的序幕。1934年1月,中共中央批准福建省委临时委员名单,叶炎煌为省委委员。同年8月,他在厦门不幸被捕,押解到福州,不久便被国民党杀害,时年26岁。就义前的一个月他曾写道:"我可以不要舒适,不要家庭,不要金钱,不要我应得的一切,甚至连命也不要了,但我相信,我能为革命干一番事业。"

一个本可过着安逸生活的医学世家的青年,却将生命完全奉献给了中国革命,革命家、军事家陈毅也十分佩服叶炎煌的精神品质,将其称为新中国的奠基石。

2. 历史影响

除了在历史知识中了解叶炎煌,实践队还一路跋山涉水,随指导老师来到了叶炎煌的故居——联芳堂。2018年,联芳堂被福建省人民政府列为第九批省级文物保护单位,同时也是中国红色文化经典旅游景区。

悠悠的均溪河和潺潺的仙峰河犹如等腰直角三角形的两条直角边,同属两条河上游的"金三角",汇合在盆地的中央,这里被村里人认为是风水宝地。村里的政治文化中心——村部、学校点缀在这块热土上。叶家宗祠"南阳堂",就在"金三角"的中轴线上,爱国爱民的传奇故事在此演绎着,播撒着革命的火种。距离"南阳堂"四五百米的地方,有一座祖房,大田革命斗争史上具有历史意义的英俊青年——叶炎煌便是从这里走出来的。

一段往事,一段历史,把大田县华兴乡京口村联芳堂与武陵乡百束村述祖堂的主人紧紧地联系在一起,正是这段曾经被时光淹没的历史的重新发现,改写了大田县的革命斗争史和组织史,把大田的革命斗争和组织历史从1937年2月,提前到了第二次国内革命战争时期的1929年初,整整提前了8年。叶炎煌作为这一历史的亲历者和创造者永远值得被怀念和崇敬。一个为国家和民族做出过重要贡献的人,不该被忘记也不会被忘记!

实践队在调研过程中查阅资料,了解到叶炎煌的孙子叶伟忠在回忆录中曾说过:"我爷爷用医术来拯救苦难的人民,但他看到,光靠为民治病解决不了人民生活苦难的问题,必须推翻旧社会,才能真正使人民过上好生活,因此他毅然参加革命斗争,为了人民的解放事业,他贡献了自己的一生。"这与鲁迅当年的弃医从文的高尚革命思想有着"异曲同工"之处。

叶炎煌不仅积极投身于革命之中,而且积极宣传革命,大力地鼓舞和激励青年同志投身革命。1928年,叶炎煌担任厦门市委机关工作人员时,组织读书会,团结进步青年,建立团支部,发展团员,介绍叶飞加入共青团,把叶飞引上了革命道路。他们在波澜壮阔的闽粤赣边区的革命斗争中做出卓著贡献,为共产党的发展壮大做出不懈的努力。这是我们这一代青年人所应该学习的精神,应该拥有的伟大志向!

(二)调研革命代表基地——星火迸发的武陵

1."中共武陵小学党支部"历史背景

完成京口村调研后,实践队还来到武陵乡探寻大田的红色文化。在解说员林首水的耐心讲解中,队员们了解到关于武陵中心小学曾任校长林大蕃的种种事迹。林大蕃20岁初中毕业后,毅然拒绝了国民党县党部的高薪聘请,回到家乡武陵,决心"办学救国",他发动乡亲集资建校办学,并出任武陵中心小学校长。

1936年底,林鸿图从保定返乡,向时任武陵小学校长林大蕃等人介绍了"一二·九"运动情况和"西安事变"内幕,这极大地激发了林大蕃等人的革命热情。1937年2月,林鸿图返校前夕,接收林大蕃、林茂森为中共党员,并在武陵县建立了大田县第一个党支部——中共武陵小学支部,林大蕃担任支部书记。同时,林鸿图在校内外广泛组织开展抗日救亡活动,继续发展党的组织,把"一二·九"运动的游行照片、宣传品和其他抗日救亡的书刊等寄给家乡广为传播,使大田县的一批青年深受教育和鼓舞。支部建立不久,"七七事变"发生,抗战全面爆发,大田党组织以武陵小学为基点,积极开展抗日救亡宣传活动,通过开设农民夜校、妇女识字班,组织"读书会""同学会""儿童团",广泛联系当地群众和各校师生,传播抗日救亡的思想,宣传马列主义理论,考察培养了一批爱国热血青年骨干。

1938年11月,中共武陵小学支部扩建为中共武陵埃中心党支部,林大蕃任书记,下设桃溪等3个党支部和桃源等4个党小组,先后吸收了林志群、肖冠槐、郑超然、林大森等18人为中共党员。党组织的活动范围从武陵小学扩展到武陵的桃溪、百束,桃源的兰玉、王山及谢洋等乡村,直至城区的大田县初级中学。

2. 八一希望小学

红土地上恩泽远,雪山脚下情谊长。

在高峰耸立、山峦起伏的闽中腹地雪山脚下有一所神圣庄严、令人向往的学校——福建省大田县武陵乡八一希望小学(武陵中心小学)。这是由福建省军区官兵和三明军分区及大田县人民武装部捐款援建的小学,它的前身是奠定了闽西北地区中共党组织的发展基础的武陵小学党支部旧址。学校以弘扬"老区传统和八一精神"为宗旨,铭记历史,以国防教育为特色,真正做到武陵红旗世代传。实践队员们跟着林首水老先生来到小学进行参观,八一希望小学副校长向队员们介绍道:学校通过许多年的实践,成功将国防教育活动途径进行了创新。主题队会是日常渗透国防教育的主阵地,各班经常结合时事、纪念日举行国防教育系列主题队会,主题有"宝岛台湾""南京大屠杀""颂英烈""军旗双双在咱心中"……活动形式更是多种多样,有图片展示、数据说明、歌曲连唱、舞蹈展现等。学校充分发挥革命老区红色教育资源,经常组织以革命传统为主要内容的"五爱"系列教育活动,引导学生参观校史展览馆、闽中工委会址和祭扫烈士陵园,引导学生认识老区以及人民为民族解放进行的英勇斗争,使他们从小树立民族自尊心、自信心和自豪感。学校利用红色资源,把党建工作和红色教育有机结合起来,将"红色教育"向纵深推进,使全体师生在参与、感受、体验中接受爱国主义教育、培养爱国主义情感,用红色文化引领学生健康成长。

学生们在艰苦的军事化环境下,练就坚强意志,培养"自律、自立、自护、自学、自强"的能力,铭记革命先烈的精神,为建设祖国的未来而奋斗。少年强则国强,少年富则国富。青年应感激革命先烈,学习他们艰苦奋斗、顽强拼搏的精神,并在这种精神的滋养下茁壮成长,真正把爱国之意变成爱国之行。生活在充满红色文化氛围的环境下,国防教育的大课堂里已经飞出了一大批德智体美劳全面发展的"雏鹰",时刻准备着为了祖国而搏击长空。

(三)调研革命代表基地——第二集美学村

1. 第二集美学村历史背景

实践队在鸿图中学范建宏老师的带领下,来到"第二集美学村"参观调研。我们一同参观了中央苏区革命历史陈列馆、嘉庚铜像广场、陈嘉庚故居、红军井、观音堂、"第二集美学村"陈列馆(集美高级水产航海职校旧址)、陈村牧故居等。其间走走停停,范建宏老师不忘叮嘱我们,要感悟历史、感受恩情。同时,鼓励我校多多组织学生到大田"第二集美学村"参观学习,作为福建的学子,要身临其境感受集美学校内迁史,深刻领会学习嘉庚文化、抗战文化和爱国文化。

烈日炎炎下,讲解员范建宏老师不畏酷暑带领我们进行演练。5分钟的上山时间被称为"时间和生命赛跑",为了跑得更快,有些同学甚至光脚爬上山顶,赤裸的脚板鲜血直流也顾不上疼。在老师的领跑下,我们体验了漫长的5分钟赛跑。山路湿滑,枝叶横生,丛林茂密,行走在狭窄的小山路上大家都极其小心,更别说跑起来了。小部分队员在天气的影响下身体不适,摄像机设备的重量影响了速度,但成员依旧坚持完成了"生与死"的时速赛跑。

玉田村红色革命历史厚重,在土地革命战争时期的1929年至1935年间,玉田村的革命活动从未间断,是红军建立苏维埃政权和开展革命活动的主要区域,也是三明市命名的首批12个"中央红军村"其中之一。大田"第二集美学村"2020年入选国家级抗战遗址名录,也是省级爱国主义教育、传承红色基因教育、党史学习教育和社会科学教育基地,省级文物保护单位。如今,90多年过去了,这一座座老屋里发生的红色战斗故事仍为人们所传颂。

2. "诚毅"精神

集美高级水产航海职业学校迁到内地后,虽然在办学条件上不及以前,但是由于严谨治学的教学作风,学校能够克服困难,始终保持着战前"全国设备最完全的中等学校"的荣誉。没有教材,教师们便借助传统教科书和最新的航海杂志,自主编写、刻印、装订,整理出最新的航海教材;为了便于航海实习,师生们在塔兜潭河段搭了个高台,训练跳水;为了养殖学科实习,大伙儿又开辟了两个养鱼池……

但是集美职校迁到大田几个月后,新校址就被日军发现。1939年9月20日,6架日寇飞机分成两个"品"字编组,侵入大田上空进行扫射和轰炸,部分教学楼被炸毁,书籍、仪器等损毁殆尽。深明大义的玉田乡亲慷慨腾出了范氏祖祠、龙兴殿、太保宫等43处宗祠、民居,安置了流离失所的集美师生。不仅如此,村民们还和师生一起修葺房屋、填池塘、平整操场、铺设道路、种植花草,仅用10天时间,教室、宿舍、食堂、图书馆、实验室、医院、操场和仓库就成形了,集美职校师生顺利复课。

但是,上空还时有战机骚扰,怎么办?师生与村民想出了一个万全之策,就是将课堂开设到森林中。大田一中退休教师范立洋描述着当时"森林课堂"的情景:玉田村后面的仙亭山有一片大森林,浓荫蔽日,集美职校的学生结束出操、早读、吃早餐等活动后,就带着课本走进仙亭山,有秩序地排列在林间的空地里;黑板挂在树上,老师站在树前,学生坐在地上,书籍放在膝上,头上是日寇的飞机在呼啸,林中是集美师生的琅琅书声;午饭时师生在林中草地上用餐,课间时抗战歌声在深林中回荡。

集美职校师生生活十分艰苦,但是在8年的办学时间里,他们展现出了艰苦奋斗、无私奉献、重视教育、精忠报国、诚实守信、作风优良、廉洁奉公等精神。时任大田县委党史办的主任卢作福介绍说:"这些精神是弘扬'嘉庚'精神、传承'诚毅'校训的最好阐释和实践,也是大田'第二集美学村'的文化精髓。"

唯有读书,才能救国。在抗日战争时期,集美职校的学子们仍然能坚定自己的理想信念,在艰苦的抗日环境中仍然能够勤学奋进,克服困难,提升自己的本领,同时也在学习中提升自身的品德素养。伟大的抗战精神不仅属于那段烽火岁月,我们作为新时代的青年,更应从中汲取砥砺奋进的强大精神动力,抓住机遇,应对挑战,奋勇前进。身为实践队的队员,深入革命老区,助力红色文化发展是我们当下理应做的事情,"诚以待人,毅以处事"的嘉庚精神应该不断地传承下去。

3. 发扬与传承

近年来,大田县始终把突出革命传统教育的特色,作为中、小学校立校指导思想,用苏区精神教育下一代,用红色文化引领学校发展。在"第二集美学村"的抗战文化、爱国文化、教育文化、清廉文化、华侨文化、体育文化、民俗文化、建筑文化为一体的珍贵历史文化遗产的熏陶下,各中小学弘扬爱国主义和嘉庚精神,紧密联系新时代的青年观,不断推进红色文化的传承创新,具有十分重要而深远的现实意义。

(1)大田县城关第二小学。实践队首先跟随着老师前往大田县城关第二小学,了解到当时集美师生内迁大田后,为解决教工子女和当地百姓的求学需求,开办了集美职校附属玉田国民学校。抗战胜利后,集美职校师生陆续返回集美,校董会将附属玉田国民学校作为礼物留给大田人民。经过八十余载的风雨历程,原附属玉田国民学校几经改名后成为现如今的大田县城关第二小学。虽然校名几经变更,但学校一直传承和弘扬嘉庚精神,仍以"诚毅"为校训,以集美校歌为校歌,以观看陈嘉庚抗战演讲精彩片段和抗战时期学校办学为教师入职、学生入学等第一课。目前,学校正在开发《嘉庚精神》校本教材,今后将作为课本教材进入课堂。

（2）大田一中。接着实践队便来到有着光荣革命传统的大田一中。早在 20 世纪 30 年代,学校就有一批学生投身革命,闽中、闽西北地下党组织创建人均出自这里,并先后涌现出为革命事业英勇献身的闽西北特委书记林大蕃等 25 位英烈校友。危难当头,师生同心互帮互助,无不令人感动,在该校发展史上谱写出光辉篇章。

（3）大田五中。除了大田县城关第二小学和大田一中,实践队也来到大田五中深入了解集美职校的搬迁史。抗战时期,集美职校师生迁移至五中办学,大田五中的文化建设极大程度地保留和"第二集美学村"的历史渊源。这里建设了以"集美职校搬迁史"为内容的文化长廊,很好地保护了文化遗产,发扬了嘉庚精神,教育了学生,具有非凡的意义,至今仍坚定地传承着"第二集美学村"的学风。

（4）第二集美学村陈列馆。最后,实践队来到拥有浓郁红色文化的玉田村,参观了解了第二集美学村陈列馆。1929 年 8 月,在红四军的帮助下,玉田乡成立苏维埃政府,范文慰任苏维埃政府主席,苏维埃政府办公场所设在范氏宗祠。1984 年,该旧址改建为范元超纪念堂。现如今,第二集美学村陈列馆里还保存着许多敢为人先的故事,除了来学习的游客,当地的中小学生也会主动来到这里,学习先烈们的精神。

（四）大田县人物访谈

此次实践队除了到学校、旧址里进行参观调研,还深入基层对各基层组织部分负责人进行了访谈,了解他们对大田红色文化的见解看法,聆听他们对新时代青年的教导与厚望。

县关工委范立洋副主任:青年兴则国兴,青年强则国强,教导他们国家至上,民族至上,人民的利益高于一切。在战争年代,青年人要有"天下兴亡,匹夫有责"的家国情怀;在新时代,青年人要有振兴中华,强国有我的责任担当意识。

县公安局范承耀副主任:每个人对不同阶段的历史了解是有限的,历史只有去接触了才会懂得,所以更有必要挖掘这些红色文化。学生要加强自身学识的养成,要积极拓宽各方面视野思维,立足于学院,放眼于全世界,这将对今后的学习和生活更加有意义。

鸿图中学范建宏老师:正因为有先辈们的艰苦奋斗,才有我们这里的全国抗战遗址,全省爱国主义教育基地,全省党史教育基地。大家在建党百年的时候来到这个地方,我们都有共同的梦想,就是追寻我们前辈的足迹,传承红色基因,重温历史,也希望在座的同学能够把我们"第二集美学村"优秀的红色血脉传承下去。

县一级图书馆郑圣泉馆长:新时代的青年人应当自豪于红色文化,看历史就是对比当下,我们重新看历史,就是把现在和以前做对比,我们现在良好的环境,就是革命历史的成就。

三、实践总结

(一)大田县红色文化现状分析

1. 当地群众对红色历史了解程度

大田人民在战火中不断磨炼,谱写出抗日救亡、献身报国的绚丽篇章,激励着新时代的新青年,促使着新青年对红色文化的继承和发扬。那么现在的青年对大田县红色文化的认知和青年观的了解程度究竟如何呢?带着这些问题,实践队深入大田县开展了调查研究。实践队采取分散取样的方法,在不同的时段和不同的地点共计发放问卷272份,收回有效调查问卷272份。调研对象中75岁以上31人,45~75岁40人,18~45岁72人,18岁以下129人。

从调查结果看,年龄较小者对历史的了解程度明显低于年龄较长者。对比调研对象对选取的5个地方史实的了解程度,群众对"大田县烈士陵园"和"大田县第二集美学村"这两个地方红色史实的了解程度明显高于其他地方的红色史实。

调查对象普遍显现出对地方党史的兴趣,97%的人认为红色文化对培养当代青年的责任感、使命感起到引导作用,65%的人认为大田县红色文化与青年的世界观、价值观、人生观之间有紧密联系。可见地方党史与青年观有着密不可分的关系,对青年未来的发展起着重要的促进作用。同时,地方党史普及工作还有更多空间值得拓展。

新时代青年观是当代中国精神的伟大体现,是对未来蓝图的精神描摹,更是新时代下中国青年所需要继承的伟大精神品格和宝贵精神力量,这也是此次实践队调研学习的精神感悟。

2. 红色文化传承的困境

一是对红色文化景区重视程度不高、保护意识不强,对红色文化资源所处的特定环境保护不到位,对革命遗迹的周围环境保护没有采取相应的措施,使得一些革命遗迹的原生环境被破坏。不仅如此,革命遗迹也缺乏长期的开发利用规划。大田县相比于其他县市而言,红色文化识别力度不够,红色文化定位不明确。就以展览方式为例,游客来参观学习,看到的大多是在展示的物品、照片,或是一个复原的场景,参观游览的方式就是"走一圈",通过这些方式所能传达的信息有限,不能充分展现红色文化资源应有的价值,也不足以把蕴含在红色文化中的思想精神传播出去,传承下去。

二是红色文化成果转化率不高,资源整合力度缺乏。目前大田红色文化资源保护与传承这一方面的研究机构与人员数量较少,研究成果少,研究人才匮乏,缺少相应的理论体系,文化形式单一。同时大田县党建引领不够到位,新时代育人工作模式创新不足,无法将党的最新理念与执政方针较好地融入育人工作中。

（二）未来发展的建议与措施

1. 完善保护机制,让红色基因传至未来

通盘筹划,切实将红色传统文化的资源环境保护与传承的工作有序开展下去。红色文化资源的保护与传承工作不能毫无章法地进行,必须具有明确的目标,切实做好规划,严格落实执行。应出台相应支持政策,为各项工作开展提供政策保障,为大田红色文化资源保护与传承指明方向。

2. 整合有效资源,让红色文化走向大众

构建全媒体传播体系,通过区域协调,推动资源共享,多方联动保护红色文化,多策并施打造乡村振兴。鼓励群众深入学习红色文化内容,加强各中小学的国防教育与本土红色文化内容的互动联动,端正人民对红色文化的态度,让大家明白红色文化的价值所在,并将其内化于心,提高自身修养,外化于行,增强保护自觉性及对红色文化认同感。

四、心得体会

（一）青年人应当立志,坚定理想信念

新时代青年要坚定对马克思主义的信仰,将理想信念建立在对历史规律的深刻把握之上,建立在对习近平新时代中国特色社会主义思想的深刻理解之上。只有一代代青年爱党、爱国、爱社会主义,一步一个脚印地为实现当下的共同理想而努力,才能实现共产主义。

艰苦抗战时期,在那些坚守自己的理想、一心为国为民、为校争光献力的先辈们的琅琅书声背后,是百折不挠、坚韧不拔的必胜信念,是天下兴亡、匹夫有责的爱国情怀。在远离大海几百公里的大山里,先辈们坚持办学从不中断,百折不挠、坚韧不拔,创造了一个又一个的奇迹,涓涓细流汇聚了磅礴伟力。他们的革命精神和坚定信念都是新时代青年在当代的长征中应接续的,新时代的青年应当在传承中坚守初心。

（二）青年人应当勤学,练就过硬本领

2013 的 5 月 4 日,习近平总书记在同各界优秀青年代表座谈时指出,青年人正处于学习的黄金时期,应该把学习作为首要任务,作为一种责任、一种精神追求、一种生活方式,树立梦想从学习开始、事业靠本领成就的观念,让勤奋学习成为青春远航的动力,让增长本领成为青春搏击的能量。

头顶轰鸣声不断,青少年冒着生命危险、不畏艰苦跑到森林学堂的身影,航海学校学生和村民好学、活学活用的情景等,无一不在引导当代青年要勤于学习、敏于求知,把艰苦环境当作磨炼自己的机会,不断扩大自己的眼界,提升实力,在不断学习中使人生

更有价值和意义。

（三）青年人应当修德，锤炼高尚品格

修业必先修德。"德"是每个人成长成才的前提和基础，德才兼备才能真正成为国家和人民需要的栋梁之材。正如习近平总书记说的那样，"道德之于个人、之于社会，都具有基础性意义，做人做事第一位的是崇德修身""一个人只有明大德、守公德、严私德，其才方能用得其所"。

大田革命先烈林大蕃用鲜血谱写了一个短暂而光辉的一生，为了中国人民教育事业的解放，百折不挠。他以大众解放为己任，无私无畏，努力践行。如今，青年要在时代中建功立业，必须将夯实品德基础作为第一要义，坚持在中国共产党领导下，同人民一道，锤炼品德修为，将高尚品格传承下去。

（四）青年人应当自强，矢志艰苦奋斗

自强不息、艰苦奋斗不是一句简单的口号，必须落实到每个人的行动上。习近平总书记对当代青年提出了殷切希望，"广大青年要牢记'空谈误国、实干兴邦'，立足本职、埋头苦干，从自身做起，从点滴做起，用勤劳的双手、一流的业绩成就属于自己的人生精彩"。

自强青年之精神，坚定不屈之意志。投身革命的先辈们年少有志，用自己的行动为革命做出了贡献。青年自强是当代中国精神的伟大体现，也是对未来蓝图的精神描摹，更是新时代下中国青年所需要继承的伟大精神品格和宝贵精神力量。

（五）青年人应当创新，勇于开拓进取

时代呼唤创新，青年渴望创新。习近平总书记曾反复强调，创新是民族进步的灵魂，是一个国家兴旺发达的不竭源泉，也是中华民族最深沉的民族禀赋。青年人是社会上最富活力、最具创造性的群体，理所当然应该走在创新创造的前列，做锐意进取、开拓创新的时代先锋。

时代在变化，红色文化也应该要紧跟时代发展的步伐，当代青年更要开拓创新，在保护红色文化的基础上，进行红色文化创造性转化和创新性发展，用现代理念继承创新，让革命先辈们的崇高理想和精神风范走出书本，走向大众。

（六）青年人应当笃实，坚持求真务实

习近平总书记曾多次强调，"道不可坐论，德不能空谈"。反对空谈，强调实干，是我们党的一个优良传统。

战争时期，内迁大田的集美职校学生利用地理落差模拟航海飞行训练，利用文具、牛群模拟航舵，踏实学知识，扎实学本领。当代青年有着大好的机遇，关键是要迈稳步子、夯实根基，有了扎实的学识和过硬的本领，才能实现自己的远大理想和抱负。我们要把艰苦生活环境作为磨炼的机遇，一步一个脚印，只有坚持不懈、持之以恒，才能成功。

此次调研的顺利开展与完成离不开各方的帮助,感谢大田县政府、大田县关工委、大田县公安局、大田县图书馆、大田县体育馆、大田县委党校、大田县一中、大田县五中、大田"第二集美学村"保护与开发指挥部、武陵乡人武部、鸿图中学、八一希望小学各单位,为调研实践团队提供了有利的外部条件和重要的拍摄指导以及史实资料的理论支撑,我们会将实践中了解到的伟大历史和学习到的珍贵精神,化为行动力,坚定地传承下去。

(2021 年 6 月)

关注生态美,感受茶文化

党的十八大报告提出,把生态文明建设放在突出地位,融入经济建设、政治建设、文化建设、社会建设各方面和全过程,努力建设美丽中国,实现中华民族永续发展。习近平总书记在谈到环境保护问题时曾指出:"我们既要绿水青山,也要金山银山。宁要绿水青山,不要金山银山,而且绿水青山就是金山银山。"这就更加充分说明了生态建设的重要性。面对资源约束趋紧、环境污染严重、生态系统退化的严峻形势,加强生态文明建设,融入经济建设、政治建设、文化建设、社会建设各方面和全过程,努力建设美丽中国,实现中华民族永续发展越来越重要。

开门七件事——柴米油盐酱醋茶,茶作为其中之一,充分说明茶在人们物质文化生活中的重要地位。福建省是茶叶种植大省,武夷岩茶更是驰名中外,茶文化的氛围亦相当浓厚。随着人们生活水平的不断提高,茶的需求量越来越大,茶行业的前景十分广阔。鉴于此,本实践项目选择武夷山市作为实践地点,以生态美、茶文化为主要考察方向,对武夷山市周边的政治建设、人文景观、民俗文化、旅游建设等方面进行全方面的考察与了解,推进"两学一做"学习教育,切实关注生态建设发展状况,感受博大精深的茶文化,并借此实践机会,做到理论与实践相结合,引领队员扎实学习,努力做茶行业的接班人、茶文化的继承人。

一、实践开展的意义

(1)响应国家号召,落实学校政策。积极响应党和国家的号召,大力推动生态文明建设和文化建设。同时,共青团中央和各高校都高度重视大学生的实践工作与能力的培养,倡导并鼓励大学生们积极开展暑期"三下乡"活动等。本实践项目结合生态、文化建设理念,现场考察分析,进而为建设"美丽中国"而奋斗。

(2)增强实践能力,提升自身技能。大学生利用假期开展社会实践,可以有效帮助自身树立正确的世界观、人生观、价值观。实践队深入企业走访、学习,有利于全面贯彻落实校企合作的方针;前往当地政府相关部门座谈,进行野外考察以及文化调研,有利于增强大学生自身的社会实践能力和吃苦耐劳的精神,提升自己的实践技能,并从中学会做人、做事的道理，给自己未来步入社会打下坚实的基础。

（3）理论实践结合，拓宽人生视野。大学生在学校中学习大部分局限于书中的知识，缺乏外出进行社会实践的机会。社会实践能让大学生借助自身所学的专业知识，通过理论知识与实践相结合，扩大自己的知识面，提高专业技能，进一步拓宽自己的视野，丰富生活阅历，激发创新思维，增强创新能力。

（4）增强集体意识，培养团队精神。团队精神和集体意识对于大学生来讲是必不可少的，对自身成长具有十分重要的作用。通过团队的实践，队员们的团队协作与沟通交流能力，团队意识、集体荣誉感得到了加强，感情得到了培养。

二、实践的主要内容

该实践项目结合专业和课题方向，以考察、学习、研讨等方式，以生态美、茶文化为主要实践内容，对武夷山市周边的政治建设、人文景观、民俗文化、旅游建设等方面进行全方面的考察与了解。实践队以"关注生态美，感受茶文化"为主题进行实地考察与调研，就社会实践的内容与方向而言，主要分为四大部分，即"两学一做"部分、生态建设部分、文化调研部分和茶企建设部分。

（一）贯彻"两学一做"，践行知行合一

践行"两学一做"是大学生塑造正确世界观、人生观、价值观的重要体现。实践队成员们用实际行动诠释了"两学一做"的精神内涵，为推进"两学一做"的学习教育树立了榜样。通过学习泡茶的技巧，体验泡茶的过程，队员们对茶道和武夷茶文化有了较深的认识，并对茶文化的传播也起到了积极作用；通过走访"美丽乡村示范村"——武夷山市南源岭村，学习返乡青年创业代表、农民工创业代表、大学生创业代表的创业经验，队员们领悟到了青年创新创业的精神，深深感受到社会主义新农村的崭新风貌和社会主义的优越性；通过分别与武夷山团市委、五夫镇团委书记的座谈，队员们学到了如何做一名合格的大学生，发挥学生党员、团员的模范作用，从而体现自身的价值；通过参观武夷学院大学生自主创新创业园，队员们学到了许多自主创业的经验，为将来积累了宝贵的财富，同时也促进了两校大学生之间的交流与学习。

1. 学习泡茶技巧，领悟茶道艺术

武夷岩茶是中国传统名茶，是具有岩韵品质特征的乌龙茶，产于福建闽北"秀甲东南"的武夷山一带，茶树生长在岩缝之中。武夷岩茶具有绿茶之清香，红茶之甘醇，是中国乌龙茶中之极品。武夷茶文化是武夷山一张亮丽的名片，博大精深，源远流长。近年来，随着人民生活水平的不断提高，茶在寻常百姓家扮演着越来越重要的角色。靠山吃山，靠水吃水。武夷山人民凭借优越的地理优势，大力发展茶行业，形成十分浓厚的茶文化氛围。由此，实践队借助实践机会，深入武夷山当地茶室，学习武夷岩茶的泡茶步

骤、技巧等,了解不同茶品种之间的差别,从而对茶文化的交流与传播起到了一定的促进作用。

2. 走访"美丽乡村示范村"——南源岭村

随着国家对新农村建设投入力度的加大与高度重视,美丽乡村的建设与发展得到了有效落实,并取得了显著成效。武夷山市当地政府十分重视生态理念的贯彻落实,在很多方面都取得了优异的成绩。美丽乡村示范村——南源岭村就是一个鲜明的例子。以前,南源岭村只是一个普普通通的村子,后来积极响应党和国家的号召,逐渐发展成为"美丽乡村示范村",由当初只有十几家的民宿发展到现如今121家的强大民宿区,这基本上都是当地居民和返乡青年借助地理优势、结合旅游发展事业自主创新创业的结果。在实践过程当中,实践队分别走访了返乡青年创新创业代表、农民工创新创业代表和大学生创新创业代表。结合武夷山独特的茶资源、旅游资源优势,村中各家各户在尊重生态发展的基础上竭力打造优质品牌,形成自己的特色,从而实现了美丽宜居与利益的双丰收。

3. 分别与武夷山团市委、五夫镇团委座谈

党的十八大明确提出要把生态文明建设放在突出地位。生态发展与人们的生活息息相关,对人类健康有着重要的作用。生态建设与农业发展的结合是建设绿色生态,实现美丽中国梦伟大目标的重要组成部分。为有效了解当地生态建设以及政治建设、文化建设、旅游建设等方面的发展情况,实践队与当地政府部门座谈。在座谈过程当中,武夷山团市委、五夫镇团委向实践队传达先进政治思想,鼓励开展青年大学生的教育工作,引导大学生学以致用,鼓励大学生积极投入社会积累人生经验。队员们结合所学专业知识,向政府相关人员了解当地绿色生态农业发展的基本概况,他们所讲述的生态规划、人文旅游发展情况,对接下来的生态考察与实践起了积极的引导作用。

4. 参观武夷学院大学生创新创业园

大学生作为年轻的知识人群,有着较为丰富的知识储备和创造力。现代大学生的创新精神,造就了大学生创业的动力源泉,成为成功创业的精神基础。随着国家对创新创业的不断重视,武夷学院在这方面取得了良好的成绩。武夷学院大学生自主创业园涉及广播传媒、电子商务、机械、手工艺等领域,创业项目的独特性,顺应时代发展潮流的新颖之处,便是大学生自身价值的巨大体现。实践队在此次参观与学习中,促进了龙岩学院、武夷学院两校大学生之间的交流,同时在自主创业方面积累了宝贵的经验财富。

(二)开展实地生态考察,助力生态文明建设

生态文明的建设和发展离不开每一个人,生态美也是凸显美丽中国的一个方面,是实现中国梦的重要途径之一。武夷山位于福建、江西两省交界处,属中亚热带地区,是福建省唯一以名山命名的新兴旅游城市。武夷山是中国江南著名的林区,森林覆盖率

达 79.2%。原有的生态资源是大自然所赋予的宝贵财富，开展实地生态考察，有利于全面落实绿色生态发展，遵循自然规律，实现人类与自然的和谐统一。实践队分别前往武夷山国家自然保护区、五夫镇绿色生态农业、武夷山生态保护区、武夷灵芝基地等地进行考察，了解这些考察区域的生态环境以及周边的生态发展情况。

1. 武夷山国家自然保护区考察

武夷山国家自然保护区是首批国家级自然保护区，同时也是世界生物圈保护区和全球生物多样性保护区，区内资源十分丰富。面对全球变暖、环境污染等因素，该自然保护区依然能保持原有的风貌，体现出保护工作的必要性和重要性。"关注生态美，感受茶文化"实践队深入武夷山国家自然保护区，对区内的生态进行调查。结合所学的专业知识，实践队主要针对区内植被的多样性、生长情况、分布情况等展开调查分析，并对植物的特征做了详细的记录，充分运用专业知识，用实际行动关注生态发展情况。

2. 五夫镇绿色生态农业考察

五夫镇种植白莲历史悠久，享有"白莲之乡"之美称，其中，最具代表性的便是"万亩荷塘"。通过咨询当地百姓得知，各家各户在种植白莲的基础之上，同时还发展水产养殖业，莲田间生产田螺、泥鳅和黄鳝，品质独特，被称为"五夫三宝"。因此，田螺、泥鳅和黄鳝的养殖也是五夫镇的一大特色。结合当地优越的地理形势和良好的土质、水质，在政府的倡导与支持下，五夫镇大力发展集白莲种植、水产养殖于一体的绿色生态农业，不仅充分利用了自然资源空间，而且符合当今生态农业的标准，还给农户带来了良好的经济效益。在建设绿色生态农业的同时，五夫镇还大力发展生态旅游业，促进生态、农业、旅游的相互协调发展。通过把白莲生产与旅游观光农业相结合，五夫镇在引进新品种、增施有机肥、提高单产、主攻质量、提高加工经销水平等方面下功夫，使白莲这一传统产业保持强劲发展势头。

3. 武夷山生态保护区考察

美好的生态环境离不开每一个人的用心呵护，关注生态建设发展也需要大家齐心协力。切实做好生态保护工作是重中之重，其中，对生态保护区内的状况进行评估也是重要工作之一。实践队根据植物学的分类方法，充分发挥所学专业的优势，结合书中的理论知识，对武夷山生态保护区内的植物按照界、门、纲、目、科、属、种进行归纳、分类，并分析植被的多样性，以便后期对生态保护区的生态现况进行综合分析。

4. 武夷灵芝基地考察

武夷山灵芝享誉中外，是福建灵芝的代表之一。武夷山气候条件好，生长的灵芝朵大、形美、肉厚、药效好，种植前景十分广阔。在观摩灵芝大棚种植过程中，队员们对当地农户的种植概况有了初步了解，通过对灵芝所需的环境、温度、生长情况和管理条件等进行多方面分析，给予农户一定的技术指导和建议。灵芝的规模种植，不仅符合绿色生态产业的标准，而且还能带来良好的经济效益，可以有效推动生态效益和经济效益的双重发展。

(三)深入文化调研,感受博大精深

文化是一个国家和民族的象征,深厚的文化底蕴能够充分体现良好人民生活的丰富多彩。实践队通过在武夷山市的茶文化调研发现,不管是茶文化还是茶相关的民俗文化,都十分丰富。实践过程当中的走访大红袍茶都、天心岩茶村和参观中华武夷茶博园,参与武夷山的民间斗茶赛,体验善明茶业的封茶文化以及在兴田镇茶叶协会的交流和学习,对充分且扎实地学习武夷山茶文化以及传播武夷茶文化具有促进作用。

1. 走访大红袍茶都、天心岩茶村

武夷岩茶是中国传统名茶,是具有岩韵(岩骨花香)品质特征的乌龙茶。大红袍乃"岩茶之王",中国十大名茶之一,在世界上享誉盛名。实践队在大红袍茶都和天心岩茶村的走访过程中了解到,这里的建筑风格与普通建筑不一样,融入了多方面的古典文化元素,与茶文化巧妙结合,相辅相成。除此之外,几乎每片区域都有茶商自己的茶业经营店,他们以茶为经营主线,却又有自己与众不同的特色,因此形成了多元素化的茶行业。天心岩茶村的居民凭借优越的自然条件,每家每户都有自家的茶厂,茶叶自产自销是他们独特的经营方式,因此茶是该村的主要经济来源。可见,茶在武夷山人民心中的地位是何等的重要,这也充分说明了武夷山茶文化底蕴深厚,独具魅力。

2. 参观中华武夷茶博园

中华武夷茶博园是武夷茶文化的缩影,展示内容涵盖茶的由来、茶相关的历史文化名人、茶艺等方面。园区集中展现了武夷茶悠久的历史、神奇的传说、精深的工艺,以"浓缩武夷茶史,展示岩韵风姿"为主题,通过历代名人的记叙、历史画面的再现、茶艺的现场演示,生动而有趣地展示武夷茶文化,令队员们直观、高效地对茶文化历史有了全面了解。一部岩茶的史话,凝聚着武夷茶文化的精髓,激荡着岩韵的风姿,再次印证了浓厚的茶文化底蕴以及茶产业的重要地位。

3. 参与武夷山的民间斗茶赛

据考证,斗茶始于唐代,创于以出产贡茶闻名的福建建州茶乡。古时是明中对比,公开斗茶,如今是匿名审评,因此更加公正、平和。它既有比技巧、斗输赢的特点,又富有趣味性和挑战性。一场斗茶比赛的胜败,犹如今天一场球赛的输赢,为众多茶学人士、爱茶人士等所关注。民间斗茶是武夷茶文化的真实写照。队员们前往武夷山市曹墩村参加曹墩片区武夷山"慕茗者杯"民间斗茶赛,体验民间斗茶赛的过程,更深地感受武夷茶文化。过程当中,队员们对斗茶赛的流程及注意事项进一步熟悉,并虚心向在场的茶专业人士请教和学习。通过亲身参与民间斗茶赛,队员们对斗茶赛过程、审评等有了更全面、更深入的认识。

4. 体验封茶文化节

茶道所具有的精神是一种对传统的惦念和传承,而陈茶则是经历时间的洗练,褪去

苦涩而锁住茶之本真。据了解，陈茶十年封坛起源于善明茶业有限公司。善明茶业有限公司是一家集茶叶研究、茶树繁育与种植、茶叶加工与销售、茶园观光旅游与休闲度假于一体的综合性茶产业公司。善明陈茶作为武夷岩茶文化的传播者，不仅传播中华的茶文化，更以推广陈茶文化为目标，致力打造最有影响力的武夷山陈茶文化产业。封好的茶需在茶窖中封藏10年，经过10年岁月的洗礼，茶的本真得到了更好体现。通过切身体验封茶过程，队员们深刻认识到封茶文化是武夷茶文化的重要组成部分，也是在传承茶文化的同时又不断创新的重要体现。

5. 兴田镇茶叶协会之行

茶在人民的物质生活当中占有十分重要的地位，茶文化在精神生活方面所占比例也不容小觑。为了更深入地学习武夷茶的茶学知识，领悟茶文化的内涵，实践队成员前往武夷山市兴田镇茶叶协会。近年来，武夷茶的发展有着良好的势头。通过向茶叶协会咨询、了解茶相关的发展情况，以及协会成员对茶道、茶艺的深刻解读，队员们对武夷茶文化有了更深层次的理解，同时为传播武夷茶文化奠定了重要的基础。

(四)观摩生态茶企，学习建设精髓

茶企业在目前中国企业当中所占比重是非常大的，茶文化的发展与茶企建设有着十分重要的关系。因此，茶企建设是中国企业发展的重要组成部分。实践队成员通过对善明茶业有机茶示范基地、善明茶业GAP示范基地、善明茶业茶加工厂和茶窖等分别进行考察，熟悉并初步掌握了茶基地的选取，茶树的种植，茶园的管理，茶叶的采摘、初加工、精加工以及成品的包装，产品的检验，产品的销售等方面一体化的茶企建设文化常识，领悟茶企建设的关键点与精髓。

1. 武夷山市茶企茶基地考察

武夷山茶园众多，为了观察不同地域、不同品种、不同年限茶树的生长情况以及了解茶园的管理要求、茶树的生长环境，实践队主要针对不同茶企业的茶基地进行实地考察。实践队通过观察发现，不同区域、不同品种的茶树的外观、生长情况存在着很大的差异，队员们对这些茶树的根际土壤、枝干、老叶、新叶、嫩芽等部位进行拍照、记录并取样，再根据所拍的照片对不同茶树进行比较与分析，样品用于后续相关指标的测定。观摩了将近20家的茶基地之后，队员们对不同茶树的特征有了初步的了解。

2. 善明茶业有机茶示范基地考察

所谓有机茶，就是在种植过程中，使用天然绿肥，采用生物或者物理的方法防治病虫害，以自然农耕为主，不使用任何化学合成农药和化肥；在制作过程中，不使用任何化学添加剂。有机茶在整个生产和加工过程中最大限度地减少对环境污染的同时，也最完整地保留了茶的清香和甘醇的特性。善明陈(武夷山)生态茶业有限公司的有机茶示范基地便是典型的代表。经过前期沟通，实践队前往善明陈(武夷山)生态茶业有限公司的有机茶示范基地进行考察，就有机茶园的施肥、灌溉、病虫害防治等方面全面了解有机茶的种植与管理情况,更加肯定了有机茶基地的巨大作用以及在保证无公害、绿色健康的前提下所带来的深远影响。

3. 善明茶业 GAP 示范基地考察

所谓 GAP 基地,就是国家 GAP 管理部门认可的规模化,药用动植物养殖、种植基地,或是加盟于同类相关中药材专营企业的基地,也是制药集团制药原料供应地。考察善明茶业 GAP 示范基地的过程中,队员们了解茶园符合 GAP 标准的各项指标,分析茶园周边的生态和茶树的生长特性,对茶园的有机化、生态化和规范化也有更深层次的理解。通过对茶示范基地的考察,队员们体会到因地制宜的特色和种植基地的规范化,意识到有机化、生态化与农业发展结合的重要性,这对学习生物学、生态学方面的队员们来说无疑是一个很大的提升。

4. 观摩善明茶业茶加工厂、茶窖

茶加工厂蕴含着丰富的茶文化,是茶文化的重要组成部分。厂中一个车间包含一道工序,茶的鲜叶被采摘之后,需要分别进行晾青、做青、炒青、揉捻、干燥、烘焙,每道工序都有相应的参数控制。因此,一杯茶的品质关键在于加工过程中条件的控制。工序的复杂与讲究,便是武夷茶文化的重要体现。之前,茶叶加工大部分靠纯手工,随着科技的不断进步和发展,机械化生产与加工成为现实。技术人员在原有基础上不断改造,使得机械加工的工艺参数不断改良,从而有效保证茶叶的高品质发展。企业文化在文化长河中占有举足轻重的地位。对于善明茶业来讲,茶窖或许是该公司文化的一个缩影。封好的茶坛放入茶窖中,需要封藏 10 年。10 年光阴的沉淀,茶与文化的光芒更加耀眼。观摩了茶加工厂和茶窖,队员们对茶加工有了全新的认识,这也对全面了解茶文化起到了重要作用。

三、社会实践总结

不经历风雨怎能见彩虹?实践队成员用实际行动再次印证了这句有哲理的话语。12 天的起早贪黑,12 天的跋山涉水,12 天的忙忙碌碌,12 天的辛勤汗水,队员们用切实的行动换来的是满满的收获,得到的是丰富的经验,受到的是褒奖与赞扬。

(一)暑期社会实践的简单回顾

暑期社会实践安排见表 1。

表 1　暑期社会实践安排

行程安排	实践地点	实践主要内容
第一站	茶室	学习泡茶技巧,感受茶文化
第二站	武夷山市兴田镇南源岭村	与南源岭村书记交谈;走访"美丽乡村示范村"——南源岭村

续表

行程安排	实践地点	实践主要内容
第三站	武夷山团市委	与团市委雷副书记座谈
第四站	武夷山国家自然保护区	考察、研究武夷山市国家自然保护区的生态
第五站	武夷山市五夫镇	与五夫镇团委书记进行会谈;实地考察五夫镇生态农业、旅游发展
第六站	大红袍茶都,天心岩茶村,中华武夷茶博园	走访大红袍茶都、天心岩茶村;参观中华武夷茶博园
第七站	武夷山市生态保护区,武夷灵芝基地,武夷山市部分茶山基地	对武夷山市生态保护区进行生态考察;参观、考察武夷灵芝基地;观摩并考察武夷山市茶企的茶山基地
第八站	善明陈(武夷山)生态茶业有限公司茶基地	考察有机茶示范基地、GAP示范基地;了解并学习茶树种植与茶园管理
第九站	武夷山市曹墩村	参加曹墩片区武夷山"慕著者杯"民间斗茶赛,深入感受茶文化
第十站	善明陈(武夷山)生态茶业有限公司	观摩茶加工厂和茶窖;参与善明茶业封茶文化节,体验封茶全过程
第十一站	武夷山市兴田镇茶叶协会,善明陈(武夷山)生态茶业有限公司	向茶叶协会成员请教茶学知识,深层次了解茶文化;咨询公司概况、运营情况等
第十二站	武夷学院大学生创新创业园	参观武夷学院大学生创新创业园,与创业大学生交流,学习其创新精神

（二）团队总结

为推进"两学一做"学习教育,深入学习习近平生态文明思想,切实关注生态建设发展状况,感受博大精深的茶文化,生命科学学院"关注生态美,感受茶文化"实践队充分利用暑假的时间,以"关注生态美,感受茶文化——关于有机、生态型茶企建设及茶文化传播的调研"为实践主题,于福建省南平市武夷山市开展了关于生态美和茶文化考察和调研的暑期"三下乡"社会实践活动。

该实践项目以生态美、茶文化为主要考察方向,并对武夷山市周边的政治建设、人文景观、民俗文化、旅游建设等方面进行全方面的考察与了解。为期12天的实地考察与调研,实践队成员用实际行动感受到了生态之美。体验到了茶文化的博大精深。就社会实践的内容与方向,主要分为四大部分,即"两学一做"部分、生态建设部分、文化调研部分和茶企建设部分。

1. 践行"两学一做",队员收获颇丰

为了推进"两学一做"学习教育,在社会实践过程当中,实践队成员分别前往茶室、"美丽乡村示范村"——武夷山市南源岭村、武夷山团市委、武夷山市五夫镇团委、武夷学院大学生创新创业园等地进行了走访与调研。

在泡茶室学习泡茶时，实践队成员由一开始对泡茶的一知半解到掌握其大概步骤，这对队员们来说是一个很大的提升，为接下来深入感受茶文化奠定了坚实的基础。通过学习泡茶的技巧、体验泡茶的过程，队员们对茶道和武夷茶文化有了很深的认识，着实感受到了茶文化的博大精深，并对茶文化的传播也起到了积极作用。

在武夷山市兴田镇南源岭村书记的带领之下，实践队走访了"美丽乡村示范村"——武夷山市南源岭村，了解了南源岭村的发展概况，学习了南源岭村返乡青年创新创业代表、农民工创新创业代表和大学生创新创业代表的创新精神。通过走访南源岭村，学习返乡青年创业代表、农民工创业代表、大学生创业代表的创业经验，实践队成员学到了许多在学校学不到的社会经验与创业经验，领悟到了南源岭村青年创新创业的不懈奋斗精神，深深感受到社会主义新农村的崭新风貌和社会主义的优越性。

实践队的武夷山团市委之行不仅让队员们学习到了武夷山团市委领导干部先进的政治思想，而且还了解了武夷山市政治建设、生态建设、文化建设、旅游建设等方面的发展情况。团市委雷副书记在会谈过程中就如何践行"两学一做"，争做一名合格优秀的大学生问题给队员们进行正确的引导。通过在武夷山团市委与雷副书记的座谈，队员们学到了武夷山团市委领导们为地方建设无私奉献，甘于为民，扎实服务百姓的模范精神，并体悟到如何才能够做一名合格的大学生，体现自身的价值。

通过在中共武夷山市五夫镇委员会与镇团委书记的会谈，实践队成员向镇政府相关人员了解了此镇的绿色生态农业发展的基本概况。队员们结合所学专业知识，用实际行动关注绿色生态农业发展，促进了对"两学一做"的深刻理解，也对生态考察起了积极的引导作用。通过参观武夷学院大学生自主创新创业园，实践队成员学到了许多大学生自主创业的经验，为将来积累了宝贵的财富，同时也促进了两校大学生之间的交流与学习。

以上内容皆是本实践队践行"两学一做"的集中体现。总之，党员大学生是队伍中的重要力量，在"两学一做"的背景下发挥大学生党员在学风建设、知行合一等方面的先锋模范作用，对推动校园文化建设以及学生道德思想的培养具有重要的意义。实践队成员从不同方面、不同角度去贯彻落实"两学一做"，不管是对学校、团队还是个人，都有着十分重要的意义。

2. 理论实践相结合，专业助推生态考察

生态文明建设是当今中国特色社会主义建设的重要组成部分，也是社会各界广泛关注的话题。推进生态文明建设，是全面建设小康社会的迫切需要。实践队成员充分利用暑期社会实践的机会，分别前往武夷山国家自然保护区、五夫镇绿色生态农业区、武夷山生态保护区、武夷灵芝基地等进行考察，用实际行动关注生态建设发展状况，用心亲近大自然，感受生态之美。可见成员们深深意识到生态环境对人类的重要作用，力所能及地为生态美建设尽绵薄之力。

通过对武夷山国家自然保护区和武夷山生态保护区的考察，队员们体验到了原生态之美和大自然的独特魅力，深深感受到大自然的绿色植物和天然植被对人类、对社会、对子孙后代是多么重要；通过考察和调研武夷山市五夫镇集白莲种植、水产养殖和旅游观光于一体的绿色生态农业，队员们明白了在搞当地建设发展的同时，要充分利用自然资源，推动生态、农业、养殖业、旅游业相结合，既保护环境又能够获得经济效益；通过对武夷灵芝基地的考察，队员们对灵芝种植所需的环境、温度和生长情况、管理条件等有了多方面了解，并紧密结合专业知识，把所学的专业知识充分利用起来。对这些考察区域以及周边的生态环境有了一个初步的了解后，实践队对其进行评估，向有关部门献计献策。这些举措得到了武夷山团市委领导的赞扬与褒奖，再次充分说明了生态建设的重要性。

生态建设的发展离不开每一个人的齐心协力，生态美也是凸显美丽中国的一个方面，是实现中国梦的重要途径之一。生态之美就在身边，生态之美就在眼前。只要大家拥有发现生态美的眼睛，为我们共同的家园做出应有的贡献，相信人类赖以生存的生态环境会越来越好，生态建设的步伐会更进一步，伟大的美丽中国梦会早日实现。

3. 切身文化调研，感受文化气息

为了感受浓郁的茶文化气息，实践队成员针对茶文化展开了深入调研，同时还对当地茶相关的民俗文化进行了考察。在实践期间，实践队成员在老师的带领下，分别前往大红袍茶都、天心岩茶村、中华武夷茶博园、武夷山市曹墩村、善明陈（武夷山）生态茶业有限公司、兴田镇茶叶协会等进行了文化调研。

通过走访大红袍茶都、天心岩茶村和参观中华武夷茶博园，队员们感受到寻常百姓家的茶文化气息也十分浓厚，深入了解了茶文化历史的由来以及和茶文化相关的历史名人，真真正正地体验到了武夷茶文化的博大精深与独特魅力。

武夷山曹墩片区"慕茗者杯"民间斗茶赛既让队员们大开眼界，又体会到了斗茶的乐趣以及领悟了斗茶文化的精髓。民间斗茶赛不仅是武夷山的传统文化符号，而且能够推进茶行业更好发展。队员们的亲身体验对于学习、了解茶文化具有十分重要的意义，有利于对中华茶文化的传播与传承。

封茶文化是武夷茶文化的重要组成部分，也是在传承茶文化的同时又不断创新的重要体现。队员们通过体验善明陈（武夷山）生态茶业有限公司封茶文化节的封茶过程，学会了如何封茶，不仅加深了对封茶文化的印象与理解，而且对真正领悟茶文化的精髓起到了升华作用，全面了解茶文化又迈上了新台阶。

在武夷山市兴田镇茶叶协会的交流和学习，每一位队员都收获满满。茶叶协会的老师们在茶方面的谆谆教诲让队员们受益匪浅，听了协会成员对茶道、茶艺的深刻解读，队员们对武夷茶文化有了深层次的理解，对茶道和茶文化有了更深的感悟，有利于

传播和传承博大精深的茶文化。

茶文化是中华文化的重要组成部分,武夷茶文化亦是中华茶文化的艺术瑰宝。全面学习茶文化的路还很漫长,每一位队员都希望在今后的学习和交流过程中,术业有专攻,将茶文化发扬光大,努力做茶行业的接班人,茶文化的继承人。文化是一个国家和民族的象征,深厚的文化底蕴能够充分体现人民生活的丰富多彩。实践队通过在武夷山市的文化调研体会到,不管是博大精深的茶文化,还是茶相关的民俗文化,都在人们对中华文化的了解、学习和传承中起到了重要作用。

4. 深入茶企走访,推动建设发展

为了关注武夷山茶企建设发展,为茶企建设献计献策,实践队成员分别前往不同茶企的茶基地,如善明茶业的有机茶示范基地、善明茶业 GAP 示范基地等,以及善明茶业茶加工厂和店面进行了考察。

为了观察不同品种、不同年限茶树的生长情况以及了解茶园的管理要求、茶树的生长环境,实践队主要针对不同茶企业的茶基地进行了实地考察,并对不同茶基地、不同品种茶的特征以及生长状况做了记录。队员们运用所学的专业知识进行研究、献计献策,这不仅是学以致用的重大体现,而且也有利于茶基地更好地规划发展。

通过对善明茶业有机茶示范基地和 GAP 示范基地的考察,队员们不仅能感受到因地制宜的特色和种植基地的规范化,而且体会到了有机型茶示范基地和 GAP 示范基地的巨大作用以及在保证无公害、绿色健康的前提下所带来的深远影响,还意识到有机化、生态化与农业发展完美结合的重要性,这对学习生物学、生态学方面的队员们来说无疑是一个飞跃性的提升。

观摩了善明陈(武夷山)生态茶业有限公司的茶加工厂、茶窖,考察完善明茶业的店面之后,队员们对茶加工的流程进一步熟悉并有了全新的认识,这既对了解茶加工方面的基本常识,也对全面了解茶文化起到了重要作用。与善明陈(武夷山)生态茶业有限公司的董事长陈善明先生的交谈也让队员们受益匪浅,陈善明董事长不仅讲述了个人创建公司的艰辛历程与经验,而且向队员们传授了许多的人生道理,值得每一个人借鉴、学习。

通过一系列的茶企建设考察,队员们明白了一个企业发展的来之不易,茶企建设离不开每一个人的齐心协力。只要人人积极为茶企建设发展献计献策,那么茶行业在原有的良好基础上,一定会发展得更好,茶文化的底蕴将会更加浓厚,茶文化气息将更加浓郁。

为期 12 天的暑期社会实践,队员们用切实的行动换来的是满满的收获,得到的是丰富的经验,受到的是褒奖与赞扬。武夷山团市委的认可说明、兴田镇茶叶协会的认可说明、善明陈(武夷山)生态茶业有限公司的感谢信,无不体现出对实践队实践工作的高度认可与肯定,这充分说明了实践队成员的实践工作对武夷山市的生态发展与茶文化传播起到了一定的积极作用。

队员们在武夷山市12天的实践当中，用切实的行动关注生态美建设，感受茶文化，不仅贯彻落实了"两学一做"精神，为社会发展做出了应有的贡献，而且为大学生走出校园，关注社会发展状况，积累社会经验树立了榜样，起到了模范带头作用，还提高了个人发现生态之美，传承茶文化的意识，为理论专业知识与实践相结合打下了坚实的基础。

虽然本实践队的暑期"三下乡"社会实践已经告一段落，但是关注生态之美，感受博大精深茶文化的路还很漫长，队员们将会一直走下去，用心关注生态美，感悟茶文化的精髓。

（三）项目可持续发展性

"关注生态美，感受茶文化——关于有机、生态型茶企建设及茶文化传播的调研"实践项目是一个可持续进行的项目，可在以后的假期当中继续开展下去。针对现况，实践队做出以下展望，为实现队员们的共同目标而努力奋斗：

（1）生态发展是人们一直广泛关注的话题，关注生态发展，建设生态企业，打造生态品牌，共塑生态理念，为建设美丽中国尽绵薄之力。

（2）增强大学生自身的社会实践能力、创新能力，为未来步入社会打下坚实的基础。

（3）响应校企合作的号召，增进实践团队与实践单位的交流，加强双方的合作，为校企合作积累经验做出应有的贡献。

（4）通过调研学习，结合专业知识深入研究，为建设有机型、生态型茶企献计献策。

（5）领悟中国博大精深、源远流长的茶文化精髓，做茶文化的继承人，把茶文化发扬光大。

四、心得体会

为了切实关注生态建设发展，感受博大精深的茶文化，实践队成员充分利用暑假时间，秉承着践行"两学一做"的精神思想与理念，一同前往武夷山市，针对地方的生态建设和武夷茶文化开展了暑期"三下乡"社会实践活动。队员们充分把握住在不同地点实践的每一次机会，珍惜实践过程的点点滴滴，锻炼了自身的实践能力，满载收获。

通过为期12天的社会实践与调研，实践队前前后后经历了茶文化的学习与交流、野外生态考察、"美丽乡村示范村"的走访、茶基地的考察、茶企业的走访、大学生自主创新创业园的观摩、民间斗茶赛和封茶文化节的亲身体验等一系列的走访、考察、调研与学习。

身为一名当代大学生，切实践行"两学一做"不仅有利于个人的自身成长，而且对于塑造良好的大学生形象也有极大的帮助。为了推进"两学一做"学习教育，贯彻落实"两学一做"精神，在社会实践过程当中，队员们一起学习了泡茶技巧，领悟了茶道艺术，走访了"美丽乡村示范村"——武夷山市南源岭村，学习了南源岭村返乡青年创新创业代表、农民工创新创业代表和大学生创新创业代表的精神,分别与武夷山团市委、五夫镇团委进行了座谈与交流,参观了武夷学院大学生自主创新创业园等。通过这些实际行动,队员们受益匪浅。

茶文化是中华文化的重要组成部分,武夷茶文化亦是中华茶文化的艺术瑰宝。目前队员们对茶文化的学习与研究还很肤浅,但会继续努力,争取尽自己最大的努力领悟茶文化的精髓,做茶文化的继承人与传播者。

茶企业在目前中国企业当中所占比重是非常大的,茶文化的发展与茶企建设有着十分重要的关系。因此,茶企建设是中国企业发展的关键组成部分,对生态、有机型茶企的建设状况进行考察具有重要的意义。队员们通过对善明茶业的有机茶示范基地、善明茶业 GAP 示范基地、善明茶业茶加工厂和店面等分别进行考察,熟悉并初步掌握了茶基地的选取、茶树的种植、茶园的管理(灌溉、施肥、虫害、修剪等)、茶叶的采摘、茶叶的初加工、茶叶的精加工、成品的包装、产品的检验、产品的销售等方面的一体化茶企建设的基本常识,领悟了茶企建设的关键点与精髓。另外,有机茶示范基地与 GAP 示范基地的考察让队员们明白了在搞茶企建设的同时,要与生态建设、绿色农业建设相结合,充分利用自然资源,在不违背自然规律的情况下既降低了投入的成本,又保证了产品的质量与利润的最大化,还实现了企业建设与生态建设的相辅相成、人与自然的和谐统一。通过在善明陈(武夷山)生态茶业有限公司的调研与学习,队员们明白了一家企业从创建到崛起的来之不易,并深深地领悟到茶企建设与茶文化紧密结合的精髓,为今后对茶企建设和茶文化的学习奠定了坚实的基础。

虽然为期 12 天的暑期社会实践已悄悄落下了帷幕,但是实践时的场景依然在队员们的心中回荡。12 天,有苦有累,也有收获和感悟。12 天,见证了实践队用心的切实行动;12 天,见证了队员们在调研过程中强烈的求知欲;12 天,见证了队员们之间的团结合作精神。

对生态建设做出应有贡献、学习体悟茶文化的路还很漫长,需要大家不断地努力进取。实践队的求真、务实精神一直都在,相信会永远伴随着队员们成长。

(2020 年 4 月)

赓续谷文昌精神，争做新时代先锋

　　建党的百年历程，也是红色精神的建设、传承过程。在福建东山县的发展历程中，东山成功扭转了过去"苦、旱、穷"的旧面貌，实现美丽东山的重大转变，其中谷文昌做出了关键性贡献。谷文昌以其乐观好学、坚忍不拔、朴实近民、实事求是的精神品格和一心为民、信仰坚定、恪尽职守的党员修养感动民心、汇聚民力，最终带领东山人民走出困境，创造了一个广阔的未来，形成了内涵丰富的谷文昌精神。谷文昌精神成为中国红色精神的重要组成部分，是广大青年的精神参照。当前，响应党的号召，谷文昌精神逐渐成为干部学习、学者研究的一项重要内容，但因对其研究与宣传起步较晚，谷文昌仍经常作为地方性代表人物出现，谷文昌精神走向全国仍然是个巨大的工程，且有关研究也不够充分、完整、专业。基于此，学院组织实践调研团队，通过档案史料收集、相关人物采访、实地考察等方式，走进东山县，走近谷文昌，力争实现完整谷文昌事迹、深入体悟谷文昌精神内涵、了解谷文昌精神传承现状的目标，对谷文昌精神赓续传承，继而推动每一个中国人争做新时代先锋，为新时代中国特色社会主义现代化建设贡献力量。

一、实践开展的意义

　　2021 年是中国"十四五"规划开局之年，也是全面建设社会主义现代化国家新征程的开启之年。在建党百年的这个关键时期，世界形势复杂多变。新冠肺炎疫情迭起、地区冲突加剧、中美贸易摩擦不断、世界性生态维护等问题不断出现，我国面临着更加复杂的未来和严峻挑战。在这种国情世情下，实现中华民族伟大复兴任重道远。在中国当下的转折发展期，精神的力量更显重要。不忘初心、牢记使命。谷文昌是我们奋进的榜样，谷文昌精神作为中国红色精神的组成部分，是推动我国社会进步的重要力量。忆苦思甜，回顾谷文昌历史事迹，研究、体悟谷文昌精神内涵，赓续谷文昌精神血脉，汲取中国奋进的精神力量，是新时代精神文明建设，实现中国特色社会主义现代化的重要工作内容。

二、谷文昌事迹的学习

谷文昌东山事迹

　　精神源自生活，力量来源于实干，谷文昌精神是谷文昌踏实干出来的。1949年，随着解放战争走向全国，谷文昌告别了家乡老母亲，响应党的号召积极参加长江支队，并于1950年5月12日随军解放东山岛。从此，他与东山结下了不解之缘。针对东山的艰苦环境，谷文昌攻坚克难，在东山这个海岛上辛勤耕耘14个春秋，为东山人民做出了一系列突出贡献，最终实现了东山旧貌换新颜。

（一）解放前的东山困境

　　解放前的东山岛，贫穷落后、风沙旱灾是主基调。据记载，东山岛上一年里有150多天时间刮6级以上大风，全岛仅有西北部的147亩林地，而东南沿海30多公里35000多亩沙滩沿线寸草不生。狂风一起，风沙滚滚，43座流动沙丘时时威胁农田村舍。据统计，解放前的近百年间，就有13座村庄、1000多座房屋、30000多亩农田被风沙掩埋。"春夏苦旱灾，秋冬风沙害。一年四季里，月月都是灾。"风沙灾害威胁着东山人民的财产安全，更威胁着东山人民的健康。由于风沙灾害，东山人普遍患上眼疾，仅山口、湖塘两村1600多人中，就有400多人患红眼病与烂眼病，有40多人失明或半失明。

　　"三天没雨火烧铺，一朝下雨地成湖。"除了风沙灾害，东山还面临旱涝成灾。东山岛十年九旱，淡水奇缺，水贵如油，民众大多饮用井水。地下水奇缺，乃至几天不下雨，井水就干枯了。有些地方甚至把淡水作为陪嫁品，污水有时却成了人们的救命水。东山岛平均年降水量仅1103.8毫米，蒸发量却高达2027.9毫米，几乎是降雨量的2倍。多风和干旱使这个主岛194平方公里、长达162公里的海岸线，基本被白沙覆盖。而主岛面积29万多亩却也只有9万多亩是耕地，其中又有3.5万多亩是寸草不生的荒漠。也正是这样的土地质量和地理环境，一旦下雨，反而形成水涝灾害。

　　在这样残酷的生存环境下，东山人民遭遇到有地无法种、烧火无柴草、吃饭无粮食的悲惨境地。解放前的东山岛，民生凋敝，百姓贫困交加，流离失所，造成了远近闻名的"乞丐村"——山口村。山口村900多人口，有30多人漂洋过海，出卖苦力；有600多人外出当乞丐。山口村百姓的艰难生存状态，就是当时东山人民生存情况的一个缩影。千百年来，东山人民挣扎求存、饱受苦难，但即便"神仙难治"，依然做着"绿色梦"，期盼着治住风沙，在绿荫下幸福生活。尽管明清时期，政府官员治沙失败，但东山人的绿色梦永不熄灭。

（二）建设美好东山的路径探索

"不能救民于苦难，要共产党人来干啥！"1950 年，来到一穷二白东山县的谷文昌见到东山百姓如此惨烈的生存环境和穷苦生活，没有畏惧、退缩，只有拯救人民于水火的决心和誓言。针对东山人民的困顿现状，谷文昌不畏困难，实干、苦干、善干，摸索带领东山人民摆脱困境的道路方法，为东山做出了关乎长远未来的许多关键性工程，其中主要包括植树治沙、兴修水利、修筑海堤、修交通、办经济、文教体卫建设等。

1. 百里木麻黄治风沙

"看见木麻黄，想起谷文昌。"谷文昌瘦弱却坚毅的身影和苍劲挺拔的木麻黄深深扎根在人民心中。为了治理风沙，改变恶劣的生态环境，谷文昌发出"不治服风沙，就让风沙把我埋掉"的誓言。然而，东山"神仙难治"的风沙也不是轻而易举就能解决的。当时，结合东山的自然条件，谷文昌听取多方面的意见制定了"筑堤拦沙、种草固沙、造林防沙"的治沙方案。然而，播撒下的草籽，或是枯死，或是被风沙埋掉，几乎没有成活的，种草固沙失败；筑堤拦沙，也叫挑土压沙，企图在东山东南部海堤风沙口，使用土压沙的方式治理风沙，但最终由于风沙面积太大，风太大而失败；植树造林，由于未能找到能够存活的树种，1954 年到 1955 年，8 次大规模植树，均告失败。吸取失败的教训，谷文昌带领县委一班人，亲自前往勘察东南沿海沙线，绘制沙滩、荒漠、水土流失分布图，为治理风沙找到科学依据，并在白埕村发现了存活下来的木麻黄。在组织学习广东电白木麻黄种植经验，引进树种后，1957 年，依靠全县人民的力量，再次种下了被寄予厚望的20 多万棵木麻黄树苗，却因一场"倒春寒"而迅速枯死，希望再次破灭。

绝望中发现希望。悲痛、失望中，白埕村发现了 9 株成活的木麻黄。谷文昌痛定思痛，决定先暂停大规模造林，组建以自己为组长，林业技术人员、当地群众参与的造林试验小组，同时，开辟苗圃，采取"旬旬造林"的办法进行试验。最终，试验小组摸清了木麻黄的生长习性，总结出木麻黄种植的"六大技术"要点：大坑深栽、带土栽种、晴天挖窟、雨天造林、保护管理、防治虫害，并印制成小册子，分发给各公社、大队和小队，让群众自学。同时，举办各种类型的培训班，传授种植木麻黄的技术要领。于 1958 年 12 月，谷文昌在石埔村召开万人大会，发起了"上战秃头山，下战飞沙滩，绿化全海岛"的总号召，全县 10 万军民浩浩荡荡，在东山展开了一场绿色革命。到 20 世纪 60 年代初，东山全县已造 30000 多亩防风固沙林，60000 多亩水土保护林，林带 210 条。从此，荒岛变"绿洲"，惠及子孙的一条条防护林彻底改变了东山的生态环境。

2. 水利工程抗旱涝

水是群众和庄稼的"命根子"，东山人民的贫困根源之一就是干旱缺水。谷文昌抓住了这个关键，将解决水利问题看成是改变全岛"一穷二白"面貌的关键之一。在主持东山工作期间，谷文昌带领人民挖塘凿井，发掘水源，兴修水利。据统计，在此期间，东山一共修建了 22 座水库和 705 个大小水利工程，从此摆脱了旱涝之困。在众多水利工程中,最著名的是红旗水库、湖尾村地下水工程、南门海堤。

1958 年 10 月,谷文昌带领东山全县人民在西埔公社坑内大队大岭山南麓,兴建全县最大水库——红旗水库,总库容 329 万立方米。经过 4 年多的紧张施工,1961 年 1 月大坝建成蓄水,1963 年 3 月渠系配套完整,为西埔公社和樟塘公社的 11 个生产大队,提供了有效灌溉面积 6069 亩,而且以水库为水源建起了自来水厂,为城镇居民、工厂提供了生产生活用水。"天上无雨地上找,地面无雨地下挖!"1963 年东山遭遇了百年不遇的大旱,地表水干涸,农业生产和人畜饮水困难。鉴于此,谷文昌发动人民找水源,在蕴藏丰富地下水的湖尾大队旁修建地下水工程。1963 年 4 月该工程动工,1964 年 3 月竣工。该工程年集水 250 多万立方米,铺设 13 条地下滤水管,长达 13914 米,日利用水量最多达 8.64 万立方,灌溉农田 10150 亩。东山老城铜陵镇面朝太平洋,每年天文大潮和台风季节,人民生命财产面临着狂风巨浪的威胁。鉴于 1960 年闽西特大台风、洪灾的教训,1962 年,谷文昌组织水利技术工程人员于 9 月到铜陵现场勘察,决定修建南门防潮堤。该工程历时一年,海堤长 1200 多米,宽 3 米,有效提高了防潮抗潮的能力,保障了人民的生命财产安全。至今,近 60 年,南门海堤岿然不动,依然发挥着重要作用。

3. 德政暖人心

谷文昌敢于面对实际,坚持求真务实的科学态度,把百姓疾苦和民生幸福铭记于心、外化于行。他不顾个人安危荣辱,冒着巨大的政治风险,大胆而审慎地处理了"兵灾家属"和"大跃进"年代的"五风"等问题,维护了党和人民群众的根本利益,展现了共产党人敢于担当的政治品格。

解放前夕,撤退台湾的国民党军从东山掳走 4792 名青壮年,造成了铜钵村这样的"寡妇村",而这些壮丁的家属们也因此背上了"敌伪家属"的黑锅。解放后,对这一群体的政治身份的认定,是一个极敏感的问题。谷文昌甘冒风险,向县工委提议将"敌伪家属"改为"兵灾家属",政治上不歧视,给予困难户和老人照顾。一项德政,十万民心。这一改变,不仅收获了这些"兵灾家属",特别是"守活寡"的妇女们的拥戴,对 1953 年的东山保卫战还起到了重要作用。同时,这一政策更调动了他们参与东山建设的积极性,在后续东山建设中,他们积极响应号召,建设东山家园。1958 年,中国掀起了"大跃进"风潮,"大密植""大炼钢""大食堂""跑步进入共产主义"等浮夸风也吹进了海岛东山。谷文昌坚持求真务实的科学态度,从东山实际与群众利益出发,开展水稻试植、炼钢试验、解散大食堂等,提出"东山不许饿死一个人"的号召,从而最大可能地减轻损失。

4. 其他建设方面

除了解决东山面临的主要或直接困境,谷文昌针对东山的贫困,艰苦创业,为东山谋长远,抓紧搞基础建设、经济建设、文化建设等,为东山美好未来做好了基础工作。

在基础建设方面,为了克服东山岛交通不便以及海洋渔业困境,谷文昌带领东山人民建设了几项重大工程。20 世纪 60 年代初,谷文昌以"精卫填海"精神,带领东山人民艰苦奋战，耗时一年半，于 1961 年 6 月建成"八尺门海堤"。该海堤长 569 米，堤面宽 7 米，把东山与大陆连接起来，从此东山由孤岛变半岛。同时，为了解决东山人民交通出行问题，谷文昌带领群众开公路，1953 年 8 月至 1961 年 1 月，先后建设"西陈公路""陈奥线""西长线"等，实现了社社通、村村通。除此之外，为了解决渔业面临的没有避风港问题，1957 年 5 月，谷文昌在听取各方意见后，决定在铜陵镇修建避风港。经过一年施工，终于建成了面积约 6.6 万平方米的避风港，促进了渔业生产的发展。

在经济建设与文化建设方面，一方面，谷文昌谨记"不能一饱忘百饥"，一心建设发展经济，改善人民生活。谷文昌因地制宜，与群众一起革新农业技术，挖沟排涝修水渠，提高农业生产效率，实现了农业的丰收。同时，通过调查研究，谷文昌针对东山近海滩涂面积大，当地又有传统的晒盐技术的情况，发动群众围海造盐田。1953 年至 1962 年的 10 年间，东山全县共增加盐田近 4 万亩，年产量从 4611 吨增加到 96779 吨，成为财政、人民收入的重要部分，有效支持了东山岛的建设。针对东山传统渔业，谷文昌也积极进行调查研究，发动群众改造旧船，改进渔网，大大提高了渔业生产效率。另一方面，从长远出发，谷文昌十分重视文教体卫事业。在他的带领下，1955 年，东山成立县第一个电影放映队；1956 年，在县初级中学设高中班，在西埔小学设初中班；1957 年创办县潮剧团，将原县卫生院更名为县医院，并投入资金，增加设备和人员；1958 年、1961 年分别兴建了城关戏院和县人民会堂；1963 年建起了全县有线广播网，成为全省第一个村村通广播的县份。

当然，除了以上这些关乎东山长远的"隐绩"，谷文昌还做出了许多其他功绩。比如1953 年，他巩固国防，带领人民取得了东山保卫战的胜利；"文革"期间，在下放宁化的两年里，他埋头苦干，帮助所在红旗大队实现了稻谷上千斤，创造了历史纪录，人们称之为"谷满仓"；1970 年 7 月，谷文昌被任命为隆陂水库总指挥，他与民工同吃同住，建起了闽西地区第一座中型水库。谷文昌以其实干肯干、不怕苦的精神为东山人民留下了不朽业绩，为中国人民留下了巨大的精神财富。

谷文昌精神内涵

先祭谷公，后祭祖宗。谷文昌在人们心中树立起一座不朽的丰碑，谷文昌精神成为激励东山人民建设东山、开创美好未来的动力。来源于谷文昌现实工作、生活的谷文昌精神主要分为两个部分：个人魅力与党性修养。其内涵具体包含 8 个方面的内容：坚定的共产主义信念、一心为民的公仆精神、恪尽职守的道德素养、自我批评的党性修养、勇于突破的革命斗争精神、实事求是的科学态度、清廉自律的优良家风、朴实勤劳的人民本色。

（一）个人魅力

1. 恪尽职守的道德素养

"为官一任,造福一方",强烈的责任意识是谷文昌最鲜明的精神品格。在谷文昌的工作生涯中,他每到一处,必躬身力行,深入实际了解情况,急人民所急,解人民所困,尽职尽责,勇于担当,脚踏实地,真抓实干。谷文昌在林县工作时,推进土地改革,积极推行山蚕养殖,进行生产自救,治理蝗灾,全力以赴,勇于承担干部责任。到了东山工作,谷文昌喊出:"不把人民拯救出苦难,共产党来干什么?"他经常告诫基层干部:"喊破嗓子,不如干出样子。"如今的东山岛,从昔日的荒山秃岭变成了"国家级生态示范县""全省环境最佳县"。谷文昌真正践行了一个共产党人的初心使命、责任担当,用钉钉子精神谱写出党员干部应有的样子,成为全国党员干部学习的榜样。

2. 清廉自律的优良家风

"积善之家,必有余庆;积不善之家,必有余殃。"树立良好的家风既是中华民族的优良传统,也是社会风气的重要组成部分。"人不率则不从,身不先则不信。"谷文昌作为党员干部深知其重要性,始终廉以修身、廉以持家,以身作则。"当领导的要先把自己的手洗净,把自己的腰杆挺直!"谷文昌不仅严以律己,也严格要求家人。谷文昌的妻子史英萍,30多年职务、工资没有提升过,他的大女儿谷哲慧从高中毕业进了县财政科当临时工,用了15年才转正。在谷文昌调任福建省林业厅副厅长后,他的二女儿结婚,想要批点木材家具,他也严词拒绝了。即便谷文昌自己家里,也没购置木质家具,都是一些藤椅、竹凳、石板桌。谷文昌经常告诫家人"不许揩公家一滴油",不要搞干部家属特殊化。谷文昌的清廉家风,不仅培养了儿女良好的品质,而且使谷文昌得到了广大干部群众的高度认同,在人民心中竖起了光辉的党员干部形象,人民亲切地称他为"谷公"。

3. 朴实勤劳的人民本色

人民群众是党的根基,是国家和社会不断发展的基本力量。"人民,只有人民,才是创造世界历史的动力。"谷文昌始终坚守自己是人民群众的一员,保持老百姓的底色。他从不认为当官了就高人一等,就可以搞特殊化。反之,谷文昌认为自己身为党员干部,是人民的公仆,更应该为人民服务,亲近人民,不忘初心,在生活上做人民的好榜样。谷文昌出身于贫寒家庭,勤劳俭朴是他从小就养成的品质,后来入了党,做了干部,他依然保持着俭朴的生活。谷文昌和群众一样吃野菜、地瓜根、地瓜叶,一件买来的旧大衣一穿就是20年。出差外地,谷文昌为了节俭,住最便宜的旅馆。工作时,即便县里有了公家汽车,他也舍不得浪费一点油,坚持骑自行车下乡。谷文昌去世以后,家人将他的自行车上交党组织,妻子史英萍解释:"这是老谷交代的,活着因公使用,死后还给国家。"这种公私分明、朴实无华的精神品质感动人、警醒人,也只有这种朴实无华的人才能知重负重、苦干实干,实现东山县的华丽转变。

（二）党性修养

1. 坚定的共产主义信念

"在我们最困难的时期，共产主义的理想是我们的精神支柱，多少人牺牲就是为了实现这个理想。"中国共产党一成立，就把实现共产主义作为自己最高理想和最终目标。作为一名较早加入中国共产党的党员，无论担负多大重任，处境如何艰难，谷文昌始终不忘自己党员的底色，从不动摇自己的理想信念。正是"摆脱贫困、解放人民"的理想信念，指导谷文昌走上了加入共产党、参加革命的光明道路；正是"全心全意为人民谋幸福、为中华民族谋复兴"的初心使命，谷文昌义无反顾响应组织南下，建设穷困落后的东山岛；正是"相信党、靠拢党"的坚定信念，在"文革"期间，谷文昌尽心带领禾口群众发展生产，兴修水利，推动农业发展，取得大丰收，人们亲切地称他为"谷满仓"。

2. 一心为民的公仆精神

人民是历史的创造者，是历史前进的主体力量。纵观历史，无论是革命时期，还是新时代发展时期，人民始终是推动社会进步的主要力量。一心为民、一心利民是中国共产党人的本质和初心，始终站在人民角度的根本立场是共产党区别于其他政党的先进性表现。在谷文昌的笔记本上写着这样一句话——"不带私心搞革命，一心一意为人民"。在他的一生中，从林县到东山，不论身处顺境还是逆境，不论任职区长、县长还是局长，谷文昌始终把人民幸福放在第一位。革命期间，谷文昌带领林县人民减租减息、抗争地主恶霸；建设期间，谷文昌奋勇当先，随军南下，艰苦奋斗，带领东山人民植树造林、防风固沙，修公路、筑海堤、建海港等，使"神仙难治"的东山岛彻底改变了贫穷落后的局面。这一系列的实践活动中，无不彰显着谷文昌人民至上的价值理念，他始终将人民放在心中最高的位置。至今，东山县有着"先祭谷公，后祭祖宗"的习俗，这是东山人民对谷文昌的深深敬爱与怀念，表达了老百姓对谷文昌赤诚的公仆精神的深切认同。

3. 自我批评的党性修养

批评与自我批评，是中国共产党的优良传统和作风，是保持政党先进性，维护党的本质不变的锐利武器。"公开承认错误，揭露犯错误的原因，分析产生错误的环境，仔细讨论改正错误的方法——这才是一个郑重的党的标志。"谷文昌的批评与自我批评的党性修养是从他参加革命一开始就产生的，自此，贯穿了他的一生。1943年，延安整风运动传到林县，党组织在西乡坪（谷文昌的家乡）开展冬学活动，谷文昌积极参与学习，被群众称为"冬学才子"。正是在此期间，谷文昌初次接触到了党在整风运动中提倡的批评与自我批评、理论联系实际等革命理论与工作方法。在1947年中共太行五地委召开的桑园整编会议上，他认真进行了三查三整，深刻做了自我批评，进一步领悟了自我批评的党性原则。3年困难时期，谷文昌更是直面东山乃至全国产生粮荒的原因，深入剖析错误根源，不怕冒政治风险，勇敢展开自我批评，承认错误，为进一步解决问题提供必要前提。

4. 勇于突破的革命斗争精神

"实现伟大梦想,必须进行伟大斗争。"谷文昌刚刚到东山时,面临的是长期困扰人民的贫困和风沙问题。针对"如何破除贫困,如何治理恶劣的生态环境"的问题,唯有敢字为先、干字当头,勇于担当、善于作为,与自然进行坚决的斗争。"共产党人干的是前人没干过的事业,就不能怕失败。没有失败就没有成功,失败了再干,这就是共产党人的气概和风格!"幸福是干出来的,正是因为谷文昌这种不怕失败、永不言弃的顽强斗争精神,在失败中思考,在实践中突破,最终在东山建成了一道"绿色长城",为东山县的发展奠定了坚实的基础。

5. 实事求是的科学态度

实事求是,是马克思主义的基本观点,是党的根本思想路线和工作方法。马克思主义的辩证唯物观认为,世界统一于物质,物质决定意识,我们要坚持一切从实际出发,理论联系实际,正确认识和处理自我能动性与客观规律的关系。大到政策执行,小到地方具体事务,谷文昌始终坚持实事求是的工作方法。在林县工作期间,石板岩山区划分成分,谷文昌深入实际,该评中农绝不评富农,体现了他唯实不唯上的工作态度;在"大跃进"时期,谷文昌不盲目、不跟风,根据东山实际,实地考察、具体试验,否定了主观愿望决定产量的唯心错误观念,提出"抓生活就是抓政策,就是抓生产力";在治理东山生态环境时,谷文昌尊重科学规律,组成由领导干部、林业技术员、老农相结合的试验小组,通过反复的观察试验,终于摸清了木麻黄的生长习性,总结了种植木麻黄的技术要点,领导群众植树造林,将东山岛变成了绿洲。正是谷文昌坚持实事求是的科学精神,才有了今日的东山岛,有了人人心念的"谷公"精神。

三、社会实践总结

谷文昌精神传承路径及启示

"理论一经掌握群众,也会变成物质力量。"谷文昌精神得以完好传承,对新时代建设中国特色社会主义现代化具有巨大的推动作用。当前谷文昌精神的传播仍旧具有本土性、地方性,并未真正广泛传播。作为中国优秀精神文化的一部分,谷文昌精神具有普适性、发展性、永恒性。传播好、传承好谷文昌精神,讲好谷文昌故事是我们必须要完成的任务。新时代如何突破传统的宣传方式,如何突破谷文昌精神的地方狭隘性,实现其走向全中国,成为当前亟待解决的问题。结合新时代条件与要求,针对当前谷文昌精神传承困境,我们给出以下建议。

（一）追根溯源，完整讲好谷文昌故事

谷文昌到东山参加工作之前就有一段深刻的经历，这段经历对谷文昌个人塑造以及谷文昌精神形成都起到了重要作用。要确实理解、传承谷文昌精神，讲好谷文昌故事，从而实现谷文昌精神深入人心，引起人们共鸣，就必须追根溯源，将谷文昌生平故事讲完整、讲生动，使其更紧凑地展露在人们面前。

"求木之长者，必固其根本；欲流之远者，必浚其泉源。"谷文昌出生于河南省林县石板岩乡郭家庄村南湾自然村，该地背靠革命老区太行山。他自小家境贫寒，因地主逼债被迫中断学业，青少年时期学过打石，靠段石磨为生。放牛、种田、打短工、挖窑洞也都是谷文昌曾经做过的工作。1943 年，在党的关怀下他走上了革命道路，参加了村农民抗日救国会，发动群众，积极参军参战，发展生产，破除迷信。1944 年 3 月，谷文昌正式加入中国共产党。在林县工作期间，谷文昌带领群众养蚕、剿蝗，积极参加冬学，为其以后在东山工作积累了经验，增强了能力。1949 年，谷文昌积极参加长江支队随军南下，又参加了河北武安干部整训。谷文昌的这些早期奋斗历程，从根源上促进了谷文昌个人品格与党性原则的基本形成。没有这些，就没有后来的东山县"谷公"，就没有万古长青的谷文昌精神。

（二）联合宣传，推向全国

当前，对谷文昌精神的宣传还主要集中在福建省东山县。这不仅不合乎谷文昌精神的地位，不利于其重要作用的发挥，而且仅仅依靠东山作为宣传谷文昌精神的主力是力有不逮的，难以实现将谷文昌精神推向全国的目标。谷文昌精神的宣传及传承是中华儿女的责任，应当将各个部门联合起来，统合能力，全面宣传，尤其是应当紧密联系与谷文昌相关的地方，合作挖掘谷文昌事迹，将谷文昌精神做实做深，实现谷文昌精神一条线。只有如此，才能真正将谷文昌立体式地展现在人们面前，使人民更加切身体会到谷文昌精神，了解在那个年代，东山取得成绩的不易，谷文昌品质的难得与可贵。

当然，这里讲的联合宣传是广义上的联合，除了政府部门、宣传部门的联合牵头推动，给予政策支持，还应当包括教育部门、社会研究团体等。谷文昌精神的宣传应当以福建东山、河南林州、河北武安为主要点，各地政府牵头建设谷文昌故居、纪念馆、展览馆等教育基地，鼓励、支持学者、学校进行研究，扎实做好基础工作。宣传部门承接研究成果，利用现有条件，结合新时代特征和新媒体平台或工具，打造谷文昌宣传新模式、新路径，尤其是互联网、自媒体时代的到来，要将报纸、书籍、电视等传统宣传方式与新的宣传手段相结合，运用最新科技成果，打造生动有趣的宣传作品，以人民喜闻乐见的方式将谷文昌精神传入人们日常生活。要组建统一的研究团体，整合研究力量，专门研究谷文昌。这样，术业有专攻，容易集中精力，实现谷文昌精神从故事到理论、从理论再到精神文化的升华，从而融合到中国优秀文化中去，发挥文化潜移默化塑造人的巨大力量。与此同时，应当鼓励、推进谷文昌精神进学校。学校是培养祖国未来的主基地，学生青年的样子决定了祖国未来的样子。将谷文昌精神引入学校教育，应当成为传承好谷文昌精神的重要力量。

四、心得体会

"马克思主义政党的先进性，首先体现为思想理论上的先进性。"当前，国际环境日趋复杂，逆全球化趋势加剧，单边主义、保护主义盛行，不确定性、不稳定性突出。新时代，实现我国平稳、健康发展，就要始终坚持党的建设不放松，保持党的先进性、纯洁性，发挥好广大党员干部桥头堡、排头兵作用。中国的接续发展需要谷文昌式的党员干部，需要谷文昌精神这样的红色基因。谷文昌作为党员干部的先进典范、时代的最美奋斗者，他的精神永不过时。谷文昌精神历久弥新，我们应该结合新的时代条件，在新的历史阶段弘扬好、学习好、发展好谷文昌精神，培养谷文昌式的党员干部，塑造谷文昌式的新时代奋斗者，为全面建设社会主义现代化强国而奋斗。

2021年7月11日，我怀着崇敬的心情与马院师生一起出发到东山县，近距离感触谷文昌书记奋斗东山的激情与贡献。东山的历史是黄沙滚滚、水贵如油、人民苦旱的苦难史。谷文昌书记到东山以来，毅然担起了建设东山的重担，负担起"共产党人为人民"的责任与使命。百里木麻黄、湖尾地下水工程、八尺门海堤等一系列的成绩跃然眼前，今天的生态东山、幸福东山是东山县人民在谷文昌书记的带领下，以战天斗地的精神一点一滴干起来的。黄沙埋不了共产党人的脊梁，困难阻挡不了人们对幸福生活的向往。南埔村"上面千条线，下面一根针"的乡村振兴蓝图、金銮湾来来往往的游船与捕鱼作业、东山夜晚的灯火通明所昭示着的欣欣向荣，彰显着谷书记在东山的伟大功绩以及可贵的精神。在与老一辈人的采访中，我们详尽地了解到谷文昌书记在东山县工作的14年里，不仅解决了东山环境恶劣问题，更是在政治、经济、文化教育、交通等方面做出了突出贡献，其自身严以律己、恪尽职守、热爱学习、一心为民的高贵品质造就了东山，更是感动着每一个人。谷书记真正践行了共产党信念，是我们心中永远的丰碑，是我们每一个共产党员学习的榜样。

——陆雨霏

谷文昌同志不顾个人得失，以极大的政治勇气将被国民党抓走壮丁的"敌伪"家属改称为"兵灾"家属。这一举措极大地得到了人民群众的拥护。国民党造灾，共产党救灾，正所谓得民心者得天下，同时这也就不难理解，东山人民形成的清明习俗，"先祭谷公，后祭祖宗"。这是先辈们对子孙的嘱托，是一种良知的体现，一种感恩的行为。这种习俗也许在现在看起来相当不可思议，难以想象，而在谷文昌所处的那个时代，虽然物资匮乏，但人们的精神生活相当富足。我们不应遗忘，不光我们大学生，全国人都应该学习谷文昌精神。学会感恩，正是前人治沙，才会有今日之美丽东山。谷文昌同志不仅对自己严格要求，还教育子女："要看看老百姓穿的是什么？吃的是什么？不能一饱忘百饥啊！"他从不为子女谋特权，即使按照规定允许的正常调动，谷文昌也不答应。谷文昌希望子女们能够凭自己的能力取得美满的生活，这体现了一位共产党员的优秀品质。谷文昌不愧是共产党人的光辉典范。

——曹　操

（2021 年 6 月）

福建泰宁推动老区苏区振兴发展实践探索

——以三明市泰宁县为例

2021 年是建党 100 周年,习近平总书记在党史学习教育动员大会上提出,要做到学史明理、学史增信、学史崇德、学史力行,学党史、悟思想、办实事、开新局。"风展红旗如画"是三明的厚重名片,三明全域都是中央苏区,是中央苏区的核心区。发扬红色传统、传承红色基因是当代大学生的担当和使命,三明学院作为地方院校,应该与做实三明"四篇文章"同向同行。泰宁是曾经跳动着的红军"心脏",是中央苏区的东方门户,红色资源丰富,同时还是世界自然遗产、世界地质公园、国家 5A 级旅游景区等,具有生态优势。

为了更好地探索泰宁红色文化,三明学院马列经典著作读书社实践队深入泰宁的岭下村、上清溪、大田乡等地开展实地调研考察,通过社会实践接受红色教育,挖掘三明实践在泰宁的诠释以及泰宁红色文化和绿色生态结合发展模式对其他苏区振兴的意义和可行性。

一、实践开展的意义

(1)探寻红色文化。泰宁是薪火相传的革命老区,是全国 21 个原中央苏区县之一,为当时中央苏区的东方门户和军事重镇。实践团队深入三明泰宁,重走红色足迹,追溯红色记忆,访谈红色人物,体悟红色文化,感受党的红色精神伟力,在党史学习中汲取红色精神,厚植家国情怀,树立坚定的理想信念。

(2)锻炼实践能力。"千里之行,始于足下。"社会实践提供给大学生锻炼自身能力的平台,实践成员通过走访调研和人物探访来开展实践,提高了个人与他人交流的能力和工作协调水平。社会实践增强了大学生认识问题、分析问题,解决问题的能力,为将来步入社会打下了良好的基础

(3)密切社会接触。社会实践使大学生开阔眼界、增长才干,并在社会实践活动中认清自己的责任和使命,发现自己的不足,对自身价值能够进行客观评价。这在无形中使大学生对自己的未来有一个正确的定位,增强了自身努力学习知识的意愿和将之与

社会相结合的信心和毅力。

二、实践的主要内容

(一)实践地背景调研

实践队在开展实践前,对泰宁县进行背景调查,通过收集资料、查阅书籍等方式,了解泰宁的发展背景和发展现状。通过了解,实践队得知,泰宁是薪火相传的革命老区,是全国 21 个原中央苏区县之一,为当时中央苏区的东方门户和军事重镇。从第二次反"围剿"到第五次反"围剿",红军曾于 1931 年 6 月、1932 年 10 月、1933 年 7 月三入泰宁,周恩来、朱德等老一辈无产阶级革命家均曾在此从事革命活动,8 位开国元帅在这里生活、战斗过。泰宁作为星火燃烧的红色苏区,为红军的壮大、发展、延续做出了重大的贡献,是当之无愧的革命老区、中央苏区。

由于地方薄弱的产业基础条件与偏僻的地理区位环境,泰宁的发展受到相当大的限制。泰宁地区面积小,劳动力不多,工业基础薄弱,服务业水平不高。此外,工业和技术落后的农业并存的二元经济结构阻隔了经济发展,传统的产业很难形成新的经济增长点。从区位环境上看,泰宁县是一个"老区、山区、边区、农区"县,其产业以农业为主,工业发展落后,财政收入低,一度在"穷困县"的发展困境中徘徊。改革开放之后,20 世纪 80 年代中后期,泰宁县委、县政府立足丹山碧水等生态资源优势,确定"旅游兴县"的发展战略,积极探索实践县域生态旅游发展之路。党的十九大之后,泰宁县委、县政府始终坚持以习近平新时代中国特色社会主义思想为指导,认真贯彻新发展理念,矢志不渝把旅游作为县域龙头、支柱、生命产业来培养,一张蓝图绘到底,一任接着一任干,创造了全国第五个县域旅游发展新模式——泰宁路径,走出了一条真正的富有泰宁特色的现代绿色发展之路。从一个相对落后的"边区",凭着自身所拥有的自然人文禀赋,大力发展旅游业,走出一条兴县强县的路子。这是县域因地制宜寻发展的生动写照,对于中国其他与泰宁有相似状况的县来说,具有很好的学习与实践价值。

实践队就以泰宁地区振兴发展的实践与探索为题,以实地走访、采访访问为主要方式先后调研岭下村、上清溪、大田乡,并对调研结果与数据进行分析,形成了泰宁在探索发展红色旅游方面的经验和成绩,以及绿色生态旅游的路径、存在问题与解决建议的调研结果。

(二)红色豪情满画卷

实践队首先探访革命红军街,缅怀红色历史,观赏非遗戏剧梅林戏,感受浓厚的地方红色文化和审美价值。随后实践队围绕老游击队员黄炳茂"一碗米酒"的故事展开,参观泰宁县岭下村老游击队员之家、红军食堂、苏维埃政府旧址、红军标语墙,以及有关红色旅游的展馆设施和廉政教育基地、家风家训堂,进一步领会"三个不要忘记"和"四个嘱托"的精神要义。实践队还在泰宁县大田乡探访调研了少年红军展览馆、革命烈士纪念园、大田区苏维埃政府旧址以及近年建设的乡村休闲旅游景观,感受红色老区的振兴。实践队通过调研和探访并结合文献资料,得出以下结论。

1. 泰宁对红色旅游资源的开发利用情况

第一,旅游资源的物质层面上,修复、挖掘和开发红色遗址遗迹和文物。泰宁作为重点革命老区县、原 21 个中央苏区县之一,留有红军街、中国工农红军总部旧址、中国工农红军东方军司令部旧址、大田区苏维埃政府旧址等大批革命历史遗迹,对于留存下来的遗址遗迹或文物,采取保护修复的措施。对于像岭下村、大田乡这样没有红色遗址遗迹或文物完整留存,但蕴含丰富的红色文化的地区,则选择开发建设一批像岭下村游击队员之家、红军食堂、邓氏宗祠改建而成的苏维埃政府旧址以及大田乡的少年红军展览馆、革命烈士纪念馆这样的红色文化设施。

第二,旅游资源的精神层面上,红色旅游资源不能仅仅是一些固定不动的遗址遗迹或文物,红色旅游资源若想要长盛不衰,必须以一种易于感受的、观感性强的、人们喜闻乐见的形式存在,起到拉近与游客之间的距离,让游客沉浸其中的作用。它可以通过让文艺工作者表演当地独特的艺术形式来展现,或者通过"连点成线"打造"精品旅游线路"来实现。例如,泰宁县利用当地特有的梅林戏宣传红色文化,泰宁县梅林戏团结合泰宁红色历史与重要人物创作了一批以红色内容为主的红军歌曲、战地舞蹈、廉政故事,在红军街、尚书第,用淳朴地道的梅林戏腔进行表演,吸引了大量游客驻足观看。大田乡则将少年红军文化主题公园、少年红军展览馆、革命烈士纪念园等红色景点有机串联,打造一条以"穿红军衣、走红军路、吃红军饭"等为主要体验形式的精品红色旅游线路。这些由红色文化外化出的形式使游客沉浸其中,加深了游客对泰宁红色文化的认识,也让泰宁的红色文化旅游形式更加多样化,更具辨识度。

第三,泰宁的红色旅游景区的开发与周边的生态人文景区相结合,既自成一体又相辅相成。红色旅游应当是一种复合型的旅游模式,通过选取几个典型的红色旅游景区进行考察分析,可以看见仅仅依靠单一红色资源而成功的旅游景区并不多,大部分情况下,都是将其与其他旅游资源紧密结合从而打造出复合型的旅游产品,以此获得客源与知名度。实践队在调研过程中发现,岭下村在挖掘开发红色文化的同时成立良友生态农场合作社、大学生创业基地,大力发展山茶籽、优质稻、高山红花莲、鸡、鸭、稻花鱼、黄桃等种养业,将绿色优势转化为产业优势与田园景观优势;大田乡以建设"生态休闲康养小镇"为发展主线推动红色研学旅游和乡村休闲旅游发展,打造了途麓乐园、龙鳞坝、老街休闲庭院、彩虹步道、"荷塘悦色"等项目,完成了瑞溪两岸夜景提升、墙体彩绘、景观小品等氛围营造,2018 年以来,累计接待游客达 5 万余人次。红色旅游资源与周边生态环境相互独立又相互包含,各具特色又相互融合,塑造了红色与绿色旅游和谐发展的典型。

2. 红色旅游对所在地社会经济发展的作用

泰宁地区的红色旅游资源是免费对外开放的,它本身并不具有营利性质,但它对带动周边产业、周边基础设施提升的巨大作用不容忽视。

首先,红色旅游具有重要的商业价值。作为国家旅游业的一个重要组成部分,红色旅游的产业价值是显著的。将红色文化资源的价值转化为商业价值,这对于拓展旅游的消费市场和优化消费结构具有一定积极作用。在各部门的帮助下,岭下村开发了红军食堂、红军战壕等革命历史景点,众多的游人慕名参观,重温在这发生的故事。据统计,2018 年,岭下村接待各类调研、参观的党员干部、游客达 2 万人次。特色的红色旅游产业就借着这股东风,壮大起来。

其次,红色旅游还承载着非常重要的社会价值。红色资源很多都分布在偏远山区,这些地区的经济发展普遍落后。大田乡是革命老区,过去贫困,近年来通过综合环境整治,人居环境得到了很大的改善,健身休闲的场所也随处可见。白墙黛瓦,坡顶翘脚的"杉阳明韵"风格建筑成为大田乡的"标配"。大田乡为发展红色旅游,更换大田溪两岸褪色军旗 80 余面,新增导游全景图、爱护环境指示牌等 30 余块;投入 450 余万元,完成旧农贸市场改造、商业街骑楼建设、红色研学营地建设等项目。2018 年以来,累计接待游客达 5 万余人次。

最后,红色旅游具有重要的政治价值。红色旅游是党的先进性教育和反腐倡廉教育的重要手段,能够起到提高觉悟、纯洁党性的作用,在一定程度上也能提高党员拒腐防变的能力。同时,作为思想政治教育的手段,红色旅游能够帮助人们深入了解党的革命历史,进一步拥护党的领导,坚定社会主义信念。实践证明,发展红色旅游,对于加强革命传统教育,增强全国人民特别是青少年的爱国情感,弘扬和培育民族精神,具有重要的现实意义和深远的历史意义。

(三)绿色山水美如画

除了红色文化探寻,实践队还针对泰宁的产业发展情况展开调研。实践队来到了上清溪,跟随习近平总书记的足迹听艄公讲述"一条鲤鱼的故事",还去往大田村文旅小镇,体味绿色乡村振兴。

1997—2019 年,泰宁以旅游为主的第三产业增加值占 GDP 比重提高 10.7 个百分点,旅游人数增长 18.68 倍,旅游总收入从 1997 年的 0.54 亿元到 2019 年的 79.55 亿元,增长了 146.31 倍。泰宁旅游产业在近 20 年的时间里飞速发展,自 2016 年到 2019年 3 年时间,全年接待游客人次节节攀升,旅游收入年年增长,各类风景区和文物保护区在 2019 年从 10 个增加到 12 个,这充分体现了泰宁县政府"旅游兴县"战略的正确性与旅游发展政策的科学性。如今,旅游产业已经成为泰宁的"生命产业",县域旅游是泰宁的一张名片。那么虽有众多秀美奇景但地理位置并不优越的泰宁,是如何在旅游方面闯出属于泰宁的一片天地的呢? 对此,实践队从绿色生态旅游着眼,在上清溪景区通过实地感受、展馆参观、访问景区人员等形式，了解泰宁绿色生态旅游兴盛发展的原因。

第一，找准定位，品牌培养。近年来，泰宁"中国静心之地"的品牌逐步打响，文旅康养产业、森林康养、特色民宿、影视文化、研学培训、运动休闲等旅游业态快速发展。十几年前，泰宁通过申报"世界地质公园"和"世界自然遗产"，打造泰宁旅游品牌，提升知名度与认可度。2005年，泰宁县"世界地质公园"申报成功，2010年，泰宁县"世界自然遗产"申报成功。除此之外，泰宁县还是国家5A级风景区，国家生态文明示范县，被我国中央电视台评为2005年度中国魅力名镇，荣获国家全域旅游示范区等称号。泰宁以品牌的打造建设为突破口，克服了地理位置的不利影响，走出了泰宁旅游发展的"泰宁路径"。

第二，划定区域，依法保护。泰宁县域内分布有泰宁世界地质公园、泰宁世界自然遗产地、峨嵋峰国家级自然保护区、福建大金湖国家地质公园、猫儿山国家森林公园等世界级、国家级、省级的遗产地与保护区。泰宁全县生态红线面积67022.23公顷，占全县面积43.83%，全县保护区面积60772.90公顷，占全县面积39.74%。旅游资源的合理开发，生态红线的严格保护，打造出生态型和谐景区，为塑造"天地泰宁·静心之城"旅游形象品牌提供了强有力的保障。

第三，依托自然生态资源，打造多元的旅游业态，延长旅游产业链。泰宁主打的是全域旅游，近5年来，泰宁围绕"中国静心之地"这一主题，推进"由全省知名向全国一流旅游目的地转变、由观光型向休闲度假型转变"的两个转变，突出"森林康养、休闲度假、文体创意"三大功能，布局"滨湖休闲、古城开发、乡村旅游、高山安养"四大模块。泰宁在县域内打造了8个精品旅游村、10个特色景区、13个森林康养基地、13个研学实践教育基地和200个旅游项目，发展了500家旅游企业、20家旅游商品加工企业，推出50多种泰宁特色商品和美食，其中就包括由上青游浆豆腐经过各式烹饪后推出的"豆腐宴"。

第四，完善基础设施，旅游"住行"有保障。现在的泰宁开通了通往福州、南昌的动车铁路，通往建宁、邵武、武夷山、江西省的高速公路，县域内的公路连接全县各村镇，县域20公里范围内通公交率达100%，全县所有建制村通客车率100%，内外畅通、内部联通，交通基本可满足游客出入泰宁旅行的要求。20家精品民宿、10000张旅游床位，基本可满足不同时段来泰宁旅游的游客的住宿需求。上清溪上码头的扩建，使得上清溪景区的基础设施进一步提升，促进了上清溪漂流项目的发展。

（四）红绿融合并举

拥有"汉唐古镇、两宋名城"美誉的泰宁，不仅拥有世界自然遗产、国家5A级旅游区、世界地质公园、首批国家生态文明建设示范县、国家重点生态功能区等20项顶级旅游品牌，红色苏区的历史更是给这片土地增添了动人的色彩和独特的内涵。如果说"泰宁路径"展示了一条现代绿色旅游的发展之路，那么将红色文化、绿色优势转化为发展优势，坚持"红绿"融合并举发展的"大旅游"观念，则丰富和扩大了"泰宁路径"，推动旅游产业进一步升级。

从经济上看,以泰宁丰富的红绿资源为依托,大力推进资源整合开发,把红色文化旅游与绿色生态旅游捆绑推介,着力打造一批集红色旅游、生态旅游和体验旅游于一体的精品旅游线路,形成以"景区带动""连片发展""乡村旅游合作""现代农业＋旅游""旅游商品产销"相结合的旅游产品体系,让游客在有限的时间里获得多种感受,实现以红色吸引人、绿色留住人的目标,走出一条有内涵、有活力、可持续的发展道路,促进泰宁旅游业快速健康发展,助推富民强县新跨越。2019 年国庆放假期内,泰宁县共接待游客 113.16 万人次,同比增长 27.39％,旅游门票收入 8232.14 万元,同比增长 22.5％。

从资源上看,发展红绿结合模式旅游业可以保证资源的有效开发和保护。保护资源是为了更好地利用资源达到发展旅游业的目的,旅游的繁荣又为资源保护提供可靠的资金来源,缓解保护资源经费不足的难题。近年来,泰宁县把红色旅游资源保护和开发作为起点,并借助世界地质公园品牌效应,在旅游品牌、旅游线路、产品推介、旅游网站等方面予以红色旅游重点推介,唱响红色旅游品牌。

三、社会实践总结

为了更好地探索泰宁红色文化,三明学院马列经典著作读书社实践队深入泰宁的岭下村、上清溪、大田乡等地开展实地调研考察。实践队首先探访革命红军街,感受浓厚的地方文化,前往革命遗址和廉政教育基地,通过调研和探访对泰宁县的红色文化有了更加深刻的了解。除此之外,实践队还去往大田村文旅小镇,体味绿色乡村振兴,通过实地感受、展馆参观、访问景区人员等形式,了解泰宁绿色生态旅游兴盛发展的原因。通过调研,实践队看到泰宁县在政府和人民的共同努力下,打造出自己的独特品牌,走出自己独一无二的乡村振兴路。虽然泰宁产业得到了相当可观的发展,但通过调研,实践队发现泰宁县在发展中仍然存在着一些问题,针对问题,查询资料,请教专家,结合自己的专业知识,在力所能及的范围内给出建议。

(一)现存问题

第一,旅游知名度不高,客源主要集中在福建与华东地区,尚未有效辐射更远的省市地区。

第二,交通网络基本形成,但内部旅游出行交通仍不便利。泰宁的铁路、公路交通网络基本形成,但航空方面仍有不足,泰宁本地没有机场,只能通过周边机场如南昌的昌北机场、福州的长乐机场、泉州的晋江机场,换乘交通到达泰宁。因此,对于华东以外地区的游客来说,泰宁可能不是最佳的旅游地点。另外,泰宁的旅游景点较为分散,虽然动车站外设有旅游接送车,泰宁汽车站也有班车接送游客到各景区,但车次较少,不便于游客的出行游玩。

第三,泰宁购物娱乐产业发展不充分,旅游消费水平不高。泰宁的旅游购物市场尚未完全发育,处于低水平的状态,无法满足游客多样化、精品化的购物需求。

第四,临近的同类型的丹霞地貌景区截留了客源,如武夷山风景区,同样是丹霞地貌,还是世界自然与文化双重遗产,知名度、认可度高于泰宁,极易分流客源。

（二）解决措施

经过实践队成员的分析讨论,针对上述问题得出了以下几条解决方案:

(1)与铁路部门合作,设计富有泰宁旅游特色的 logo 与旅游宣传语以及宣传片,投放在上海、北京等人员众多的候车站内,以及连接东西南北重要城市的列车电视上;通过运营自媒体(抖音、快手、B 站、小红书)宣传泰宁风光;与地方卫视合作,制作将泰宁作为拍摄地的综艺节目。

(2)与周边地区如南平武夷山、龙岩长汀和古田、泉州联合推出主题完整和谐、成系统的苏区生态旅游线路,让泰宁成为旅游线路上不可缺少的闽西节点。

(3)泰宁地区物质文化遗产丰厚,将泰宁地区的物质文化遗产融入购物娱乐产业,加入新的时代元素,开发文创产品,既能让物质文化遗产得以继承发扬,还能优化购物娱乐产业,形成具有浓郁泰宁地方特色的购物娱乐体验。如今,购物娱乐同质化严重,形成具有浓郁地方特色的娱乐项目将大幅提升泰宁的旅游吸引力与认可度,吸引更多的客源。

(4)最为重要的还是要锚定"静心之地"这一主题,突出"森林康养、休闲度假、文体创意"三大功能,布局"滨湖休闲、古城开发、乡村旅游、高山安养"四大模块,精细化推进泰宁休闲度假型旅游区建设,让泰宁成为人与自然和谐共生的休闲度假区。总之,将泰宁的旅游品牌切实落实到当地的特色旅游产业发展中,用当地可见的建设发展唱响泰宁品牌。

四、实践心得

通过社会实践,实践队成员对产业振兴促进乡村振兴、红色文化建设带动乡村建设的内涵有了更加深刻的理解。"红色＋绿色"特色乡村旅游以及休闲农业、乡村民宿、乡间娱乐等新业态发展,有助于乡村旅游恢复发展,不断释放乡村旅游消费需求,成为撬动乡村经济可持续发展、实现乡村振兴的重要支点。

泰宁在它独特的历史变迁中,留下了丹山碧水的自然景观与红旗如画的红色人文景观,这些都是不可多得的旅游资源。正是有了这样优越的先天条件,泰宁的"生命产业"——旅游业才得以蓬勃向前发展。它以旅游业为突破点,借助旅游业的发展带动农业与工业的发展,实现旅游兴县的目标;通过着力打造品牌以提高知名度,克服地理位置偏僻的不利因素,走出县域旅游的"泰宁路径"。2021 年,泰宁县制定了《泰宁县国民经济和社会发展第十四个五年规划和二〇三五年远景目标纲要》,对泰宁未来社会的面貌做了整体系统规划。从旅游业角度看,文旅康养是未来旅游业发展的主要方向。而弘扬中央苏区红色文化,提升公共文化服务水平,是带动红色旅游高质量发展的必然要求。红色文化与绿色生态构成了泰宁旅游业发展的"两翼",也是带动泰宁地区发展的"两翼",强壮这"两翼",为其添"新羽",是泰宁必须要做下去的大事,这是历史的经验,是时代的要求。

这次社会实践使队员们增长了知识、开阔了眼界。在调研走访泰宁县的过程中,实践队探寻红色文化的发展途径,不断拓宽自己的知识面,在和当地人沟通的过程中,队员们主动发现产业发展存在的问题,尝试思考解决方法,所见所得所学巩固了自身的专业知识,锻炼了实践能力。更为重要的是,这次实践让队员们对自身的社会定位有了更加清楚的认知,身为当代大学生,应当努力奋斗,加入社会建设的队伍中!

(2021 年 6 月)

踏红色之邦，寻客家之魂

  客家是一个具有显著特征的汉族分支族群，是汉族在世界上分布范围广阔、影响深远的民系之一。历史原因，客家先民从中原向外迁徙并不断与南方当地原住居民融合、演变、发展成为一个拥有数千万人口的大民系。在客家人的迁徙和开拓过程中，他们为适应和改造生存环境，不断积累沉淀而形成了独特的地域文化，这一特定的地域文化称为客家文化。客家文化源远流长，内涵丰富。弘扬客家文化有着重要的意义，它有助于人们了解客家先民艰苦创业的历史，有助于更深刻地了解中华民族的发展过程。客家群体在改造世界的同时所展现出来的勤俭自强、吃苦耐劳、怀国爱乡、精诚团结、孝顺父母、勇于创新的客家精神是值得肯定和发扬的，然而客家文化的传承现状在日渐纷杂的现实中不容乐观。一种文化的消逝无形中是对一种精神的忽略，如何继续发展和传承客家文化是当代社会亟待思考的问题。

  在闽西区域，客家文化主要分布在永定、上杭、长汀、连城、武平5地，新罗、漳平大多为闽南支系文化，少部分是客家文化。客家文化发展历史悠久，文化积淀深厚，具有丰厚的调研内涵与研究价值。为进一步探索客家文化，学校组织团队前往龙岩市连城县、武平县、上杭县、长汀县、永定区以及莆田市、漳州平和县开展实践。

一、实践开展的意义

  （1）弘扬客家优秀文化。本次社会实践通过组建有客家背景的大学生社会实践队伍（"踏红色之邦，寻客家之魂"实践队），对客家文化聚集地进行走访调研，深入不同县区，发现不同县区的文化特色。搜集地方民居、古老建筑图片以及当地居民的生活照，记录客家人特有的文化节目，可以号召更多人关注学习客家文化，有利于普及客家文化知识。弘扬客家文化，一方面可以丰富自身知识，增进对客家习俗的认识和对历史文化的了解；另一方面可以培养民族自豪感，增强民族凝聚力。

  （2）调研文化发展问题。闽西客家文化的传承状况令人担忧，随着经济的发展，城市化进程的加快，闽西客家文化可能走向消亡的危机日益突显，人们必须从思想上正视闽西客家文化目前所面临的严重传承危机，并积极采取应对措施。因此，实践队调研当前客家文化资源利用状况、客家建筑的保护情况、客家文化产业发展状态、客家文化保护场馆建设等，为客家文化的传承发展、旅游资源的保护开发、客家文化品牌建设等建言献策。

（3）锻炼学生实践能力。社会实践能够促进学生思想政治素质的提高，有助于大学生了解国情、了解社会，增强社会责任感和使命感，在实践中培养独立思考、独立解决问题的能力。社会实践还能够锻炼团队合作水平，提高实践队成员与人相处、与人沟通的能力，增强合作意识。

二、实践的主要内容

本次社会实践以龙岩市连城县、武平县、上杭县、长汀县、永定区以及莆田市、漳州平和县为调研地点，活动内容分为以下 3 项。

（一）实践队的组建和培训

为了更好地探索客家文化，本次社会实践通过组建有客家背景的大学生社会实践队伍，对客家文化聚集地进行走访调研。在经过一系列报名活动后，确认团队成员，着手开始暑期实践各项准备。指导老师就了解客家文化底蕴和开展社会实践工作两大主题，对实践队成员开展了为期两天的培训。在老师的带领下，队员们对客家文化、习俗进行学习，了解到许多新的知识，对客家文化有了更加深刻的理解。除此之外，成员们还通过查阅图书、上网浏览等方式寻找相关资料，设计并打印好宣传单与海报、横幅，为实践的开展做好准备。

（二）深入县区，了解客家文化

1. 纸质宣传，普及知识

实践队深入各县区人流量较大的地方，设点用海报、宣传单的方式普及相关知识。海报设计是视觉传达的表现形式之一，通过版面的设计在第一时间内吸引人们的目光。实践队以"客家文化宣传"为海报主题，将具有客家代表性的图片、文字、色彩等要素进行组合，以恰当的形式向人们展示弘扬客家文化、传承客家文化的信息。除了张贴海报，实践队还进行宣传单发放工作。宣传单发放覆盖面广，信息容量适中，比其他宣传方式更经济，能够直接、有效地传递思想，建立起与大众的联系。

2. 实地调研，走访居民

实践队深入县区，前往居民家中、祠堂等地进行实地考察，并采访当地居民有关客家文化特色的问题。热心的居民向队员们介绍了客家的服饰、饮食和民间节俗等知识，如客家凉帽已有 1000 多年的历史，是客家妇女独特的头饰等。除了了解文化，实践队还调研当前客家文化资源利用状况、客家建筑的保护情况、客家文化产业发展状态、客家文化保护场馆建设等。队员们向人们表达了实践的目的，即宣传客家文化、保护客家文化，让客家文化传承下去的初衷，得到了当地居民的认可。

3. 发放问卷，数据分析

实践队以"客家文化了解程度"为主题，面向在校大学生与实践地居民两大群体发放调查问卷，回收问卷后进行问卷数据分析。本次实践总共发放问卷 600 份，将收集的信息进行整合，可以积累指定目标人群对于客家文化的认识理解和有关意见建议。

（三）运用新媒体，宣传客家文化

实践队利用微博、微信、抖音、易班等新媒体开展话题讨论和进行活动宣传。通过走访调研和查阅资料等多种方式，队员们对客家风俗、文化等内容有了更加丰富的知识储备。身为客家人的一分子，宣传客家文化，是队员们理应承担起的责任。因此，实践队成员积极梳理材料，将所学所知按主题分类整理，在微博、朋友圈、QQ 空间等媒体平台上推送，运用新媒体助力客家文化宣传，得到许多网友的互动和点赞。

三、社会实践总结

（一）新生代大学生及新生代客家居民对客家文化认知度的调查分析

为了更深入了解和全面把握新生代青年及当地居民对客家文化认知的状况，进一步了解新生代大学生及新生代当地居民对客家文化的关注和传承力度，2019 年 7 月，实践队对大学生和当地居民进行了一次调查。此次调查采用抽样问卷方式，对象涵盖龙岩市连城县、武平县、上杭县、长汀县、永定区以及莆田市、漳州平和县等地本科学校的学生及当地居民。本次问卷调查共发放问卷 600 份，回收 567 份，有效问卷 567 份，回收率为 94.5%。调查结果显示，新生代大学生对客家文化认知总体呈现四大特点：一是新生代大学生对客家文化的关注度较低；二是语言、建筑、饮食在客家文化中代表性比较强；三是对客家文化的保护力度不够；四是新生代大学生对客家文化的传承弘扬意识较强。从当地新生代客家居民方面来看，年轻一代客家人自主向他人传播客家文化的意识不强，客家文化的传播及客家文化产业发展瓶颈明显。详细分析如下所述。

1. 新生代大学生

（1）基础调查：

从图 1、图 2 可以看出，被调查的大多数是"00 后"的大一、大二学生，且理科院系的比例比较高，其思想观念和老一辈有一定的差距。

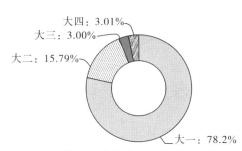

图 1　被调查的大学生群体年级分布

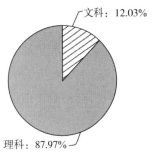

图 2　被调查的大学生群体文理科分布

（2）对客家文化的了解程度：

从图 3 可以发现,非常了解的学生只占少数,大多数人是有一定的了解,或是听说过,但不了解,只有极少部分是没听过,一点都不了解。

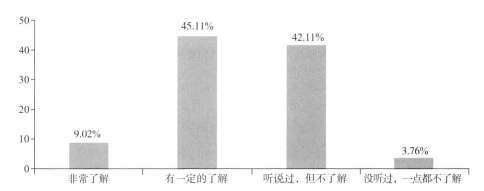

图 3　大学生群体对客家文化的了解程度

（3）了解客家文化的途径：

调查在校大学生了解客家文化的途径,可以很好地促进客家文化的传播与发展。根据调查显示,大家主要是通过上网浏览、他人传播的方式学习了解客家文化的,亲身了解客家文化的所占比例相对较少(图 4)。由此可看出,当代年轻人对客家文化的热衷程度有待提高。

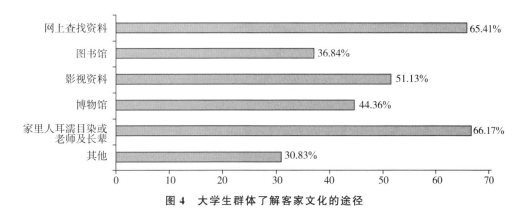

图 4　大学生群体了解客家文化的途径

（4）对客家文化的了解领域：

数据显示，大多数人对客家文化的了解更偏向于客家美食、客家话、客家传统工艺、客家传统建筑，对相对老旧的客家山歌以及枯燥的客家迁徙历史兴趣不高（图5）。

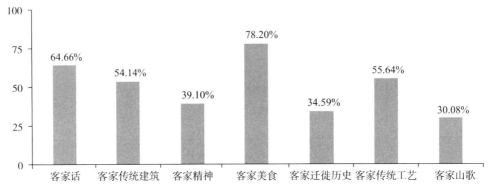

图5　大学生群体对客家文化领域的了解程度

（5）对传承弘扬客家文化的态度：

为了解大众对客家文化是否有必要继续发展的态度，实践队做了相关调研，结果显示大多数人是保持支持客家文化继续弘扬发展态度的，只有个别持反对态度（图6）。由此可以表明，客家文化发展是得到大多数人认可的，所以有其发展的必要性与意义。

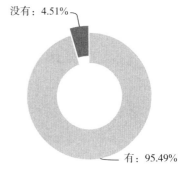

图6　是否有必要继续传承和弘扬客家文化

2. 新生代客家居民

（1）调研群体年龄特征：

实践队对当地居民进行客家文化相关调查，对象主要为"00后""90后"，"70后""80后"相对较少（图7）。

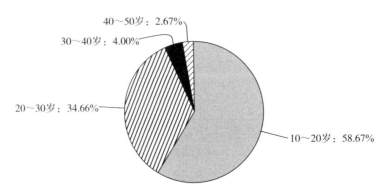

图7　调研群体年龄分布

（2）传播意愿：

调查显示，向他人传播过客家文化的居民不在少数，同时也有接近半数以上的居民从未向他人推广过客家文化，自主向他人传播客家文化的意识不强（图8）。

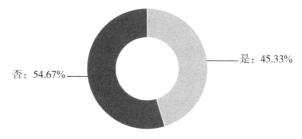

图8　当地青年传播客家文化意愿

（3）如何推广客家文化：

经调查，"加强对青少年的宣传与影响"受到多数人的支持（图9）。可见，群众将传承之大任寄希望于新一代青年身上。同时，扩大宣传主体仍然是文化传播的重中之重。

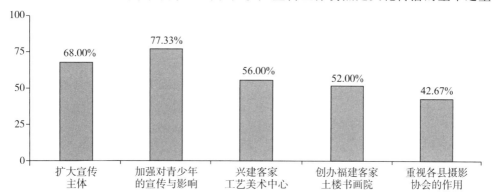

图9　推广客家文化方式

（4）客家文化产业：

美食不仅可以推动一个地方的经济发展，还联系着一个地方的根脉，即它的本土文化。所以将美食推广出去，能够助力文化传播。经调查，客家特产销售面较窄，没有很好地突出客家特色，在生产方面不够严谨，需提高的地方较多（图10）。

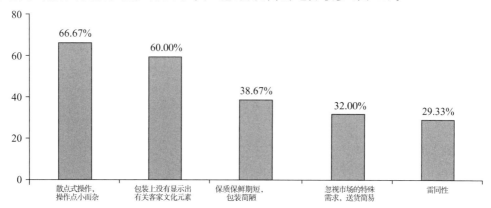

图10　客家特产的销售问题

(5)客家景点产业存在的问题:

经过调查发现,客家特色在景点方面相对突出,各旅游景点充分体现了客家文化内涵,但在管理、经营方面问题较突出,各景点需继续挖掘其潜在的优势,将旅游观光行业发扬光大(图11)。

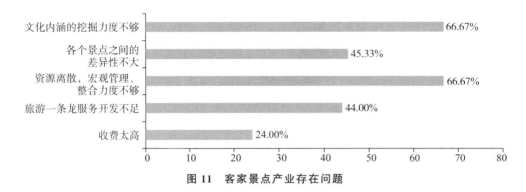

图 11　客家景点产业存在问题

(6)传承客家文化的必要性:

对客家人来说,客家文化与他们相伴一生。经过对数据的分析,得出超过 95% 的被调查对象认为传承客家文化是有必要的(图12)。由此可看出,客家人对客家文化的传承必要性的认同。

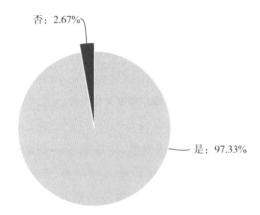

图 12　传承客家文化的必要性

(二)当前客家文化面临的困难与挑战

通过调研分析,实践队发现在当前实际生活中,客家文化面临一系列的困难与挑战:

(1)客家语言传承出现断层危机。客家话既是维系客家族群的重要纽带,也是传承客家传统思想观念的重要载体。然而,随着经济社会的快速发展和人口流动的不断增加,原来同乡聚族而居的模式逐渐被打破,乡团组织和宗族的凝聚力不断弱化。实践队在调研中发现，不少客家年轻人慢慢地只会听客家话而不会讲客家话，甚至许多年轻客家人因从小生长在非客家环境中，对客家语言已十分陌生。

（2）客家传统民居逐渐消亡。客家民居作为客家人祖祖辈辈生活的地方，既是客家物质文明的体现，也是客家精神文明的载体。然而种种原因，当今除极少数被纳入保护的客家民居外，相当一部分客家传统民居正处于一种自然消亡状态。

（3）客家文化传承缺少产业支撑。经调研发现，调研地区当前客家文化传承发展的产业支撑不足。从整体来看还处于探索、起步、培育、发展的初级阶段，缺乏具有强大实力的文化产业（企业）和文化品牌，文化产业的发展明显滞后于经济和社会的发展，存在发展意识淡薄、缺乏顶层设计、政策扶持不够、资源开发不足、产业规模偏小、融资渠道单一、专业人才匮乏、市场接轨不够、文化消费薄弱等一系列问题。

（4）客家文化传播传承形式亟待创新。当前，客家文化传承创新的体制机制有待完善，客家文化研究和文化遗产保护开发水平有待提升。客家文化产业对于如何深度推动客家精神提炼和阐发、客家文化保护与传承、客家文化创意产业、客家移民等研究办法还不多，推进力度不够。客家文化品牌影响力亟待培育，对客家精神、客家名人的资源挖掘不深，宣传尚显滞后。

（三）客家文化传承创新的对策与建议

（1）培养当代大学生的文化传承意识。本次调查发现，当代大学生对客家文化的了解较为不足，主动传播客家文化的意识与动力较为缺乏。客家文化作为中国丰富多彩的传统文化体系中的重要分支，对其继承与传承也是每一位当代大学生的责任。因此，大学中可以开设相关客家文化的课程、讲座等；位于客家人聚居地的大学可以利用地域优势，发挥客家文化研究工作者的作用，通过讲座、学术会议等途径，进行客家文化传播，不断提高当代大学生的文化素养和传播文化主动性，同时进一步拓展客家文化研究的广度和深度，赋予客家传统文化新的时代内涵。

（2）创新客家文化传播途径，加大客家文化宣传力度。客家人内部要通过对传播内容的筛选和分类，传播客家声音，进一步唤起客家人的族群意识和族群凝聚力，让更多的客家人了解自己族群的历史发展状况，形成自我的文化认同。此外，要发挥新媒体优势，借助微信公众号、微博等新媒体形式，提升客家文化传播内容的原创力和本土化，形成规模效应，放大客家文化的声音。

（3）注重资源保护利用，探寻传统客家文化的传承创新路径。"保护为主，抢救第一，合理利用，传承发展"是客家文化资源保护利用的基本原则。因此，要注意收集整理客家族谱等资料，通过建立形式多样的客家文化网站和信息资源库，实现客家优秀传统文化资源的数字化；要建立完善客家文化资源保护的相关法律法规，在相关地区规划不同层次的客家文化生态保护区、客家文化园区、客家文化馆、客家文物馆等，为弘扬客家文化提供良好的制度保障和硬件环境。同时，要不断大胆探索客家传统文化传承创新路径,广泛动员全民参与客家历史文物和名胜古迹的保护,提高全民的文化保护意识。

（4）整合各类资源,提升客家文化传承创新软实力。一方面通过挖掘整合客家文化资源,使之成为客家文化传承创新的重要支撑,团结协作,相互交流,共同保护,共同开发利用,注重对客家文化的经营,讲好客家故事、塑造客家形象,促进客家文化认同与产业协同发展,达到互利共赢的效果。同时,发挥客家人脉优势,使之成为客家文化传承创新的源头活水。另一方面要发展客家特色产业,使之成为客家文化传承创新的重要途径。运用产业化手段对客家传统手工工艺进行合理的商业运作和包装,打造具有客家文化特色的自主品牌,形成比较完整的客家文化产业链条。此外,继续大力发展特色旅游事业,充分发挥客家文化旅游业的龙头带动作用,以旅游为主线,以客家文化为内涵,强化客家文化可持续发展产业链。

四、心得体会

本着积极引导大学生学习、了解客家文化内涵,传承与弘扬客家精神,持续打造客家文化育人品牌目的,"踏红色之邦,寻客家之魂"实践队在带队老师的指导下,通过深入各个客家文化聚集地(如古田会址、永定土楼、长汀古城等)进行调研与学习,认识和了解客家传统文化,进一步学习客家人顽强的生存意志和创造美好生活的奋斗精神,同时根据调研结果对传承和弘扬客家文化提出对策与建议。

实践队共有指导老师1名,实践队员9名(设队长1名),队内客家人居多,武平2人,上杭2人,连城1人,长汀1人,新罗1人,平和1人,莆田1人。调研活动的流程为:实践开始前进行分工分组,到龙岩图书馆学习有关客家文化知识,进行线上线下相结合的问卷调查,各个小组前往不同地区深入调研,微信微博同步推送,编写个人总结和实践成果汇报等。通过此次调研,全体团队成员有以下几点心得体会。

(一)积极配合,化解难题

本次实践队队员多为同专业或者同年级的学生,平时交流配合较多,整体团结认真,有责任心,做事诚恳。队伍在队长的带领下分工明确,设有安全保障员、通讯员、外联员、材料查找与分析人员,以及社会调查、文献查找等多种任务安排。在老师的指导下,实践队有计划、有目的地开展了多地区、多方位、多形式的实践活动。面对难题,大家充分发挥团队力量,逐个攻破,使实践活动顺利进行,并完美收官。

(二)从身边出发,寻客家之魂

实践队从大学生和当地居民两类群体着手,围绕客家文化开展调研。队员们利用本身客家人居多的优势,分组前往龙岩连城县、武平县、上杭县、长汀县、永定区及漳州平和县等地区调查研究,积极向当地居民咨询,深入了解当地客家人的民风民俗。队员们通过走访各个乡镇,了解红色文化和特有的客家文化,挖掘背后的红色故事和历史背景，为更好地宣传客家文化做好铺垫。此外，队员们还在大学生及当地居民群体中发放调查问卷，通过对问卷数据进行分析，提出传承客家文化的对策建议，让更多的人学习客家文化，热爱客家文化，保护客家文化。

（三）提升综合素质，增强团队凝聚力

在本次实践活动中，各队员积极参与，提升了自身在组织、交际和管理等多方面的能力，且在挖掘当地客家文化的同时，丰富了自己的知识面，也促使更多的人了解客家文化，有利于综合能力的提升。队员们从分散的个体到完整的团队，学会了配合，学会了如何有组织、有纪律地完成本次暑期社会实践。在收集客家文化资料的同时，队员们也认识了许多新朋友，收获了友谊，同时和当地居民建立了友好的关系。

（四）运用新媒体，广泛宣传

本次实践活动利用微信和微博进行了一系列的宣传活动。在实践活动的空余之时，队员们通过微信公众号、微博等新媒体形式推荐客家美食、客家村落聚集地、客家方言等。实践结束时，实践队还推荐一些相关的网站来满足日后人们对客家文化了解的需求。希望通过此种形式，尽最大努力号召广大群众共同维护客家文化，让客家文化得到更好的传承。

（五）活动之余，仍有不足

在实践过程中，实践队按照学习相关知识、问卷调查、当地考察、微信微博推送、材料整理、总结等形式展开活动，充分体现了实践队有着清晰的思路，是有计划、有组织地完成本次的实践活动。同时，实践队坚持以人为本，在确保自身安全的前提下调查客家文化，积极宣传客家文化，希望客家文化得以传承和延续，不单单是对于客家人，而是面向所有中国人，乃至全世界。社会实践经验的欠缺是本次实践活动的最大不足，但实践队会不断探索和总结，不断完善不足，改正缺点，努力做到最好。

全面建设社会主义现代化国家，需要我们不断弘扬中国文化，而客家文化是中国文化不可缺失的一部分。希望通过这次的实践活动，让更多的人了解客家文化，同时也希望能够用实践队的绵薄之力来传播客家文化。只有通过各群体的共同努力，不断提高思想认识、加大研究力度、完善保护措施、培养文化传承人、发展特色文化产业，共同探寻客家文化新的发展路径，才能持续推广客家文化，实现客家传统文化的传承创新。

（2021 年 6 月）

关于抖音短视频对南靖土楼旅游宣传效果的研究

抖音作为互联网技术发展的新秀,日活跃用户已突破 6 亿。抖音上的旅游景点宣传视频在无形中成了旅游吸引物传播和塑造的重要途径,吸引越来越多的人前往实地旅游,并通过抖音分享自己的旅游经验。我院"美丽南靖,魅力土楼"暑期实践队,利用运营"爱在云水谣"抖音号间隙,对游客进行调查问卷发放及访谈。经过调研和访谈,实践队得出:一是大部分游客不是通过抖音短视频了解土楼的,因此短视频打造"网红"景点还有很大的上升空间;二是大部分游客愿意观看网红参与类、故事类、搞笑类旅游景点短视频,不喜欢纯介绍、空洞无物的旅游景点短视频;三是基于抖音"信息茧房"式算法推荐,用户转发评论的动态交互传播过程是抖音营销效果的关键,它的互动可视化过程能带来巨大的流量。因此,注重短视频的评论、转发、推广,是提升短视频对旅游景点宣传效果的重要一环。除了打造"网红"景点,孵化"网红"人物,还要提升游客的旅游服务体验,提高旅游口碑,以吸引更多游客前往游玩。

一、调研背景

根据中国互联网络信息中心(China Internet Network Information Center, CNNIC)发布的第 46 次《中国互联网络发展状况统计报告》显示,截至 2020 年 6 月,我国网络视频用户规模达 8.88 亿,占网民整体的 94.5%,其中短视频用户规模为 8.18 亿,占网民整体的 87.0%。由此看来,短视频已经成为深受网民喜爱且生活中不可或缺的一部分。

据抖音官方发布的《2020 抖音数据报告》显示,截至 2020 年 8 月,抖音日活跃用户也已经突破 6 亿。抖音作为互联网技术发展的新秀,依靠其新颖独特的玩法,充分整合用户的碎片化时间,以"记录美好生活"为口号,让用户能够用最真实、最简单的方法和最短的时间表达日常生活或者心情,真正做到分享真实生活。因而,抖音上的旅游景点宣传视频在无形中成了旅游吸引物传播和塑造的重要途径,吸引越来越多的人前往实地旅游,并通过抖音分享自己的旅游经验。另外,疫情背景下,旅游业面临新的挑战。为更好地宣传土楼景区,南靖县融媒体中心在南靖土楼田螺坑景区设立专门记者站,拍摄、运营土楼宣传抖音号"爱在云水谣",我校"美丽南靖,魅力土楼"暑期实践队成员协助南靖县融媒体中心拍摄、策划、运营该公众号。实践队工作地点为土楼景区"云水谣"景点。为了更好地了解游客的喜好,拍摄出更有针对性的短视频产品,实践队成员对游客进行随机调研和采访,并结合抖音上相关视频数据,形成此调研报告。

二、调研方法及过程

(一)调查问卷及访谈提纲

关于南靖土楼景区抖音短视频作品喜好的问卷

亲爱的游客您好:

为了解各位在"抖音"短视频平台上的喜好,拍摄出更好的短视频作品,更好地宣传南靖土楼景区,现邀请您回答以下问题:

1. 请问您是因为什么契机前来土楼旅游的?

    A. 亲友介绍   B. 旅行社介绍

    C. 一直都知道,有机会就来了

2. 请问您是通过什么渠道了解南靖土楼的?(可多选)

    A. 电影《大鱼海棠》   B. 综艺《爸爸去哪儿》第三季

    C. 电影《云水谣》   D. 电影《花木兰》

    E. 抖音、快手等短视频平台   F. 其他:＿＿＿＿＿＿＿＿

3. 请问您看过抖音上的土楼相关视频吗?

    A. 看过   B. 没看过

4. 作为观众,什么样的旅游景点视频能吸引您观看?(多选)

    A. 有我熟知的网红参与   B. 制作精良的

    C. 亲朋好友拍的   D. 趣味性较足的

5. 什么样的旅游景点短视频能吸引您点赞、评论?(多选)

    A. 制作精良的   B. 亲朋好友拍摄的

    C. 高赞评论、很有趣的

6. 什么样的旅游景点宣传视频能吸引您实地参与?(多选)

    A. 凸显景区优美风景的   B. 故事感、氛围感较足的

    C. 网红景点   D. 小众景点

感谢您的参与和配合,谢谢!

关于南靖土楼景区抖音短视频作品的拍摄建议访谈提纲

1. 请问您平时玩抖音吗？

2. 请问您会因为抖音视频前往某地旅游吗？如果有，能介绍一下是什么景点吗？

3. 请问您对我们"爱在云水谣"里面的视频有什么意见和建议吗？

4. 请问您对推介南靖云水谣旅游有什么好的建议吗？

（二）调查过程

2021年7月9日至8月底，实践队利用拍摄"爱在云水谣"抖音号相关视频的间隙访问游客，发放问卷100张，回收问卷97张；访谈20人，平均访谈时长10分钟。因为调研内容为"抖音"短视频对南靖土楼旅游宣传的效果，为提高调研效率，队员们对被调查人群进行一定筛选，询问"是否玩抖音"，回答为"是"的游客才会进行问卷发放和访谈。

"爱在云水谣"抖音号为南靖土楼管委会、南靖融媒体中心土楼记者站官方运营，主要创意是邀请游客在电影《云水谣》重要景点之一——大榕树下，以或搞笑或深情的基调，重新演绎电影男女主角秋水、碧云相遇重逢的一场戏。工作人员会为游客提供戏服、帮忙化妆，协助拍摄，现场把视频发布在网上，并邀请游客转发。通过参与式、互动式旅游体验，提升游客对南靖土楼风景区的了解，期望将南靖土楼打造成引爆社交网络的"网红"景点。

三、调研结果

（一）打造"网红"景点大有可为

问卷中关于"您是通过什么渠道了解南靖土楼的"一题，仅有不到5%的游客选择"抖音、快手"等短视频平台。关于"是否看过抖音上的土楼相关视频题"一题，也仅有32%游客表示刷到过。

在访谈中，关于"您是否会因为抖音视频前往某地旅游"，受访的20位游客均表示在时间、经济许可的情况下，会因为"抖音"短视频"种草"某旅游景点，如上海武康路、重庆沙坪坝、长沙万家丽……尤其是结合"小红书"、微信朋友圈等多个社交平台的宣传，"网红"景点对游客的吸引力相对较强，尤其是在年轻群体中。

通过在抖音平台上搜索"南靖土楼"关键词，除南靖土楼管委会运营的官方公众号"南靖土楼"外，还有大量游客拍摄的短视频，其中，被点赞数最高的为网友"不太闲"拍摄的"我太喜欢雨中的塔下村了"，赞数为3115，其余游客拍摄的短视频播放量和点赞量都较少。截至本次实践活动结束，官方公众号"南靖土楼"作品114部，被点赞数最高的作品为 2021 年 8 月 10 日发布的"南靖土楼,我们见面吧",赞数 6740。对比其他"网红景点",如搜索"成都旅游",播放量最高的视频有 2.4 万点赞量,可见南靖土楼打造"网红"景点,大有可为。

以另一"网红城市"——西安为例,伴随着短视频的新浪潮,西安是旅游城市中转型最为成功的城市之一。西安利用新形势进行宣传,打造城市历史新名片,使旅游资源利用最大化,并且随着传统的线下销售模式边缘化,对传统的旅游产品、服务以及宣传模式都在进行调整,以满足移动化及碎片化需求。根据统计,在 2019 年春节假日,西安共接待游客 1652.39 万人,同比 2018 年增长 30.16%。

因此,在短视频时代,南靖土楼应凭借短视频用户多、传播速度快、制作门槛低等特点,提高传播效果,吸引旅游群众。

(二)游客偏好制作精良、趣味性十足的短视频

通过对回收问卷的整理,得出第 4、5、6 题各选项被选择百分比分别见表 1 至表 3。

表 1　问卷第 4 题汇总

选　项	选择人数	百分比
A. 有我熟知的网红参与	23	23.71%
B. 制作精良的	76	78.35%
C. 亲朋好友拍的	91	93.81%
D. 趣味性较足的	87	89.69%

表 2　问卷第 5 题汇总

选　项	选择人数	百分比
A. 制作精良的	28	28.86%
B. 亲朋好友拍摄的	67	69.07%
C. 高赞评论、很有趣的	54	55.67%

表 3　问卷第 6 题汇总

选　项	选择人数	百分比
A. 凸显景区优美风景的	21	21.64%
B. 故事感、氛围感较足的	44	45.36%
C. 网红景点	63	64.94%
D. 小众景点	38	39.17%

根据以上调查结果可知,游客偏好亲朋好友帮忙拍的视频,特别是在网红景点拍摄。

鉴于此结果,"爱在云水谣"公众号以电影《云水谣》中,秋水与碧云重逢地——南靖

土楼田螺坑景区大榕树为背景,邀请游客扮演重逢桥段。服装由记者站提供,游客自由发挥台词或者演法,记者站拍摄完成后现场制作视频并上传至"爱在云水谣"抖音号,游客可以自由转发,邀请亲朋好友点赞转发,以达到互动式传播的效果。截至实践结束已拍摄6个视频,服装有民国风、古风、现代装,受到广大游客的欢迎。

(三)互动可视化带来巨大流量

美国学者戈夫曼在《日常生活中的自我呈现》一书中,详细解释了"拟剧理论"。他认为社会和人生是一个大舞台,作为社会成员的个体在舞台上表演时都十分关注自己的形象。在互动中,个人倾向于使用某种技巧或方法塑造自己的形象,以期他人可以形成对自己特定的看法。如今,社交媒体发达,其低技术门槛属性使得大众皆可在平台发声,全民麦克风时代已然到来。通过对游客的访谈,大部分人表示社交媒体平台作为个人展示自我的平台,他们倾向于在平台上通过文字、图片、视频、音频等形式展示自我,与他人进行互动,塑造完美的自我形象以获得社交圈中他人的认同。

通过分析抖音上的热门旅游景点短视频可知,"情感交换和价值认同"是能引起用户共鸣的潜在因素,能架构起"表征物"与用户间的联系,使得用户在虚拟社区进行情感和行为的连接。在此过程中,用户的聚集和互动会从两方面对用户产生影响:一方面对于具有相同价值认同的用户,他们的情感交互和价值共享会使得价值符号影响范围不断扩大;另一方面,对于不具备与他人相同价值认同的用户,在大量相同的价值认同下,会对自己原有的价值认同进行调整,部分用户会逐渐转变为价值认同群体。此外,用户的情感交互和价值共享是价值认同的重要显现,当用户的评论和转发在数量上形成一定规模时,原有的价值符号或价值认同会不断改进,逐渐符合社会潮流的发展趋势,影响力会进一步扩大,为更多用户所接受。因此,视频的转发、评论、互动,能为旅游景区带来巨大流量,在流量为王的时代,流量又能转化成巨大的游客来访量。

四、政策建议

(一)多渠道媒体宣传

关于"您是通过什么渠道了解南靖土楼的"一题,福建本地游客多选择"其他",如政府宣传、广播、电视、报纸。福建省外游客,尤其是年轻群体主要通过《爸爸去哪儿》第三季、电影《云水谣》《大鱼海棠》《花木兰》等渠道。因为短视频平台"信息茧房"式算法,除非有亲朋好友前来南靖土楼旅游并发布视频,否则很难被动获知"南靖土楼"相关信息,所以省外游客选择选项E的比率仅为7%。但热门综艺、电视剧、电影,对观众和游客来说,在宣传上具有主动出击的效果。据调查,在作为《爸爸去哪儿》第三季外景拍摄地之前,南靖土楼是《寻找远方的家园》《沧海百年》《云水谣》《野鸭子》等多部影视剧的取景地,并且在2006年《云水谣》播出后当地政府将长教镇改名为云水谣镇,以促进当地旅游业的发展。但影视剧的播出并未让南靖土楼为外界熟知,直到《爸爸去哪儿》第三季在此拍摄并热播后,南靖土楼才真正迎来了知名度与游客量的双丰收。因此,土楼官方除了大力发展短视频业务,还应拓展其他媒体宣传渠道,如主动冠名热门综艺或为热门电视剧提供取景地。

(二)培育、孵化一两个网红人物、景点

2020 年末,来自四川甘孜理塘县的藏族小伙丁真在短视频平台上意外走红,被签约为当地旅游推广大使,以带动这一偏远小城的旅游业发展,首次直播便有 1600 万以上的观看人次。来自南平的沈丹,在短视频平台发布自己带着女儿在老家武夷山下的小山村,过着日出而作、日落而息的田园生活影像,3 年时间发布短视频 201 条,积攒 1328.4 万粉丝,获赞 1.1 亿。虽然没有直接推荐武夷山旅游,没有带货广告视频,却无形中吸引广大粉丝前来武夷山旅游。另外,随着短视频兴起,网红经济开始与城市旅游如影随形,最热门的网红景点也已经换了一茬又一茬。过去两年,最热门的网红城市是重庆和西安。各大平台上,重庆的形象是洪崖洞、李子坝"穿楼"轻轨、长江索道等景点,而作为十三朝古都的西安,则是以"摔碗酒""不倒翁小姐姐"打上古今融合的印记。

大的旅游景点凭借自身内涵、较早的传播以及颇为出色的管理能力,吃到了"第一口肉",而那些中小旅游景点要成为"网红",难度较大,需要天时、地利、人和。因此,重点培育、孵化一两个网红人物、景点,是融媒体时代扩大旅游宣传效果的突围之道。

(三)做好旅游服务,提高旅游口碑

光打造"网红"景点,或者只注重宣传是远远不够的。短视频也好,热门综艺节目也好,能带给南靖土楼景区游客增加、居民收入增加、基础设施改善等系列正面效应,但随着节目热度、短视频热度的消退与游客数量的减少,及相关配套设施与管理水平的滞后,带给景区的一系列负面效应也逐渐显现。一方面,景区管理水平亟待提升、旅游环境亟待改善。2016 年 8 月,因为"野导"扎堆、步道安全隐患突出、环境卫生差、车辆管理混乱、占道摆摊现象严重,南靖土楼景区被国家旅游局(现已整合成文化和旅游部)严重警告。另一方面,自媒体时代,旅游服务稍有不到位的地方就会通过网络传播出去,"恶评"会出现叠加现象,如东北"雪乡"旅游景点高收费现象、青岛天价大虾事件、大理恶性导游事件,经过互联网传播、发酵,能够轻易毁掉当地苦心经营多年的旅游成果。因此,新媒体时代,"打铁还需自身硬",只有做好旅游服务,提高旅游口碑,再通过游客的网络宣传,才能进一步吸引更多人前来游玩。

五、心得体会

中华民族历史悠久,中华文明源远流长,在其发展历程中遗留下各类宝贵的文化遗产,承载着东方文明传统文化的精华,是设计师进行创意活动重要的素材来源与文化养

分。随着我国经济的迅速发展、国民收入的日益提高,文化和旅游产业的发展已成为大众关注的焦点。文化旅游不仅可以愉悦游客的身心,还可以实现不同地区之间的文化交流。旅游文创产品作为文化的传播媒介,应该得到旅游文化产业的合理重视。习近平总书记强调:"要本着对历史负责,对人民负责的精神,传承历史文脉,处理好城市改造开发和历史文化遗产保护利用的关系,切实做到在保护中发展、在发展中保护。"我们应发展有历史记忆、地域特色、民族特点的美丽城镇,延续城市历史文脉,让居民望得见山、看得见水、记得住乡愁。要强化对城市文化的认知,认真梳理当地历史文化脉络、挖掘风俗文化内涵,树立起有根有地的文化自信。

在文旅融合的时代大背景下,旅游与艺术有着天然的契合度。创意与艺术结合,能够从时代和美的角度唤起人们对生活的思考和对品味的追求,最大程度提升产品的附加值。提炼重构文化遗产中的文化元素并融入产品,在满足使用功能的基础上,可以让使用者感受到产品散发出的文化意蕴。福建土楼作为世界文化遗产得到了大众的关注,应不断挖掘土楼文化意蕴,应用其文化因子,进而衍生出新颖的特有的文创产品,这些文创产品既能够满足现代人的审美需求,又可以宣扬福建地域文化,传播土楼遗产文化,达到事半功倍的效果。

(一)福建南靖土楼景区概况

南靖土楼,以历史悠久、数量众多、规模宏大、造型奇异、风格独特而闻名于世,被誉为"神话般的山区建筑"。2008 年 7 月福建土楼被正式列入《世界遗产名录》,2010 年福建土楼·南靖景区被列为国家 4A 级旅游景区,2011 年该景区再获殊荣,成功晋级国家 5A 级旅游景区。

福建南靖土楼起源于唐朝陈元光开漳时的兵营、城堡和山寨,是闽南地区自唐以来"外寇之出入,蟊贼之内讧"的特殊社会环境的产物。福建土楼是世界上独一无二的山区大型夯土民居建筑,依山就势,布局合理,吸收了中国传统建筑规划的"风水"理念,适应聚族而居的生活和防御要求。土楼的建筑材料甚为奇特,由黏土、糯米、红糖、竹片、水组成,建成的土楼冬暖夏凉,具有聚族而居、防盗、防震、防兽、防火、防潮、通风采光好、冬暖夏凉等特点,是一种极富美感的生土高层建筑模式。土楼一般高 3~5 层,一层为厨房,二层为仓库,三层以上为起居室,可居住 200~700 人。

不少国内外专家对福建土楼有着极高的评价。日本建筑学家茂木计一郎誉之为"天上掉下的飞碟,地上长出的蘑菇";联合国教科文组织顾问史蒂汶斯·安德烈称其"是世界上独一无二、神话般的山区建筑模式";对土楼申报世界文化遗产进行前期考察的美国专家内维尔·阿格纽认为福建土楼"是我所见到的与周围环境相协调的民间建筑";国家文物局、古建筑保护专家组组长罗哲文评价"看似千篇一律,实则不拘一格,各具特色""是世界建筑史上的奇葩";上海同济大学教授路秉杰带领师生完成《福建南靖圆寨实测图集》后说,"没有看到南靖田螺坑的土楼群,不算真正看到土楼"。

（二）福建南靖土楼文化遗产衍生品的文化要素

实践队对福建漳州南靖土楼文化资源进行历史性梳理，并根据地方资源和民族特点，有依据、有脉络地进行文化要素的遴选，提炼出符合漳州地域特色的文化元素，从而在设计衍生上加以利用。南靖土楼文化元素重点体现在土楼造型色彩和土楼精神意蕴两个方面，由此衍生出的文创产品可以在这些鲜明的文化板块中寻找创作素材，创作出符合地域特色的创意产品。

1. 富有闽南地域特色的造型色彩

南靖土楼在闽南区域孕育而生，其形态在发展期间经漳州先民不断雕琢、修饰与更新，形成独特的视觉美感，以其多彩的样式，展示出了建筑世界的形式美。南靖土楼成千上万，并且拥有最大、最高、最古老、最奇特的土楼和蔚为壮观、美不胜收的土楼群，堪称"土楼王国"。这些土楼大小不一，形状各异，除常见的圆形、方形外，还有椭圆形、五凤形、斗月形、扇形、交椅形、曲尺形、八卦形、围裙形、塔形、合字形、凸字形、前方后圆形、套筒形、雨伞形、方圆结合形、马蹄形等。土楼先民因地制宜，就地取材，充分利用当地的土壤、木材来建造土楼，形成土黄色的墙身、青黑色的瓦顶这样朴素的色彩景观，实现建筑本身与周边环境的完美配合。对于这些具有新奇感的造型与色彩因素，人们一方面可以直接将其移植于文创产品中，另一方面可提取其特征进行再设计，衍生出新的文创产品。

2. 发人深思的客家人情感内涵

土楼居民崇尚伦理道德，忠君爱国，敬宗睦族，崇文重教，勤俭耕读，刻苦耐劳，热情好客。土楼居民在礼俗、文化、宗教、素养、娱乐等方面，无不呈现着土楼的乡土气息。土楼以其坚固封闭、高大对称、自成一体的建筑风格，蕴含着客家同宗血缘凝聚力，一座土楼就是一个家族的凝聚中心。土楼的造型结构亦体现了客家伦理制度的不可动摇性。客家方楼、圆寨平面布局中隐藏着三堂屋轴线意识，强调聚族而居所应遵守的尊卑秩序。方楼、圆寨均在中轴线中心位置建一高大厅堂，作为全楼的中枢和向心点，楼内每环、每层、每间房屋朝向中枢，体现了客家人的家族向心力和统一性。

（三）福建南靖土楼文化遗产衍生品设计

设计、生产、销售、服务是旅游文化产品涉及的主要程序，也是产业链中非常重要的4个环节。其中，产品的设计是决定其市场销售的前提，而市场营销需要集成化发展才能提升游客的好感度。任何文化产品都需要通过市场的检验，消费者的满意度是品牌文化产品成功的重要标志，好的旅游文创产品可以与消费者实时互动，让消费者在体验的过程中增加购买欲。因此，在开发旅游文化产品时，需要顺应市场，避免依赖主观臆断，在充分分析消费者的需求和兴趣的基础上，提升文创产品的设计理念。

1. 确定设计概念

为多渠道、大范围地宣传南靖土楼，并使土楼影响人群尽可能扩大，土楼系列文创产品应涵盖书架设计、休闲桌椅设计、首饰架设计、灯具设计等类别。要应用系统性思维模式,全方位提取土楼物质与精神元素,使其良好地融入现代产品的设计语言环境中,体现鲜明的地域与时代双重特征。

2. 提取、应用设计元素

土楼文创产品的设计应该遵循文化融入、交互体验、时代审美原则,应用融其形、透其色、布其局的设计方法,促进产品的文化内涵展现。

(1)融其形:是指以土楼独特的造型、多彩的样式为设计出发点,采用解构或重构的方法,对其形态元素进行创新与升华,展现产品的独特性。

(2)透其色:就是考究探索土楼先民独特的用色规律,将具有鲜明地域特色的土楼色彩渗透至文创产品中。现代文创产品设计可以从土楼色彩搭配中吸取养分,运用现代设计手法,营造古朴的色彩视觉感受。

(3)布其局:土楼布局是其文化的精华之处,仔细观察与提炼布局规律应用于文创产品中,能够体现产品构造的巧妙性。南靖土楼的类型多样,但其平面布局具有一定的共性,都是以内厅、内院、祖堂三点构成的直线为中轴,左右堆成,以中央内院为核心围合。除了这些基本布局形式,圆楼的布局特色更为鲜明。它一般以圆心为轴心,极富对称性,住房是均匀分布在圆环上的,每个房间的大小、形状相同,恰似一个个重复单元,依圆周环装排列着。这种同心扩散、环环相扣的布局形式在现代文创产品设计中可以得到良好的应用。

3. 完好呈现

对提取、转化完成的文创产品应用形式美法则进行形态验证,应用人体工程学规律进行功能、结构的舒适性体验,表明此类土楼文创产品可以在现代人的生活中较完好地呈现,较好地满足消费需要。

简言之,旅游产业的发展带动了旅游文创产品的设计,而旅游文创产品的设计同时也促进了旅游品牌的塑造,两者相辅相成,缺一不可。一方面,两者的有机结合能够给旅游本身带来多样性的发展,另一方面有助于文化的传承与发展。旅游目的地本身的文化通过文创产品作为载体表现出来,有助于地域文化的广泛传播。富有时代感和艺术气息的旅游文创产品,同样可以给予旅游者耳目一新的感官体验。福建南靖土楼包含着深刻的内涵,拥有一套完整的体系,是持续变化的文化遗产。利用现代文创产品设计方法与手段,从土楼文化中挖掘优秀的设计元素,并应用于现代表现手法,既能够保留和弘扬民族特色文化,又能够为现代文创产品设计带来新的发展空间。

(2021 年 8 月)

第三篇

教　育　篇

红色筑梦　爱心护航

——岩之心·红色园丁

红色资源是我们党艰辛而辉煌的奋斗历程见证，是最宝贵的精神财富。运用好红色资源，对赓续精神血脉、传承红色基因至关重要。党的十八大以来，习近平总书记高度重视红色基因的传承，多次前往革命老区，他强调要"用好红色资源，传承好红色基因，把红色江山世世代代传下去"。

龙岩市作为革命老区，拥有丰富的红色文化资源。龙岩学院师范教育学院结合专业特色积极为广大学生创造实践平台，充分挖掘和利用这一特有的文化资源，打造"岩之心·红色园丁"支教公益助学活动品牌，成立支教服务团，前往龙岩市上杭县湖洋镇寨背村寨背小学开展支教活动。队员们秉持"厚于德、敏于学"的校训，践行师范教育学院"学高为师，身正为范"的理念，为留守儿童开设"爱心课堂"，指导课后作业，传授知识技能，传播红色文化，推动爱国主义、理想信念教育从小抓起，让红色文化得以更好传承。

一、实践开展的意义

（1）弘扬红色文化。弘扬革命精神、传播红色文化，推动爱国主义、理想信念教育从小抓起，让红色文化得以更好传承，是当代大学生践行社会主义核心价值观的光荣职责与伟大使命。在支教期间，志愿者到当地红色文物古迹实地调研学习，接受红色文化熏陶，丰富红色知识储备，为更好地传言身教做足功课。

（2）关注乡村教育。农村大部分青壮年都常年在外务工，把孩子留给爷爷奶奶照料，造成"留守儿童""隔代教育"等问题。天真烂漫的童年本不该是孤寂的，每个孩子都应被呵护和关爱，"岩之心·红色园丁"支教活动服务的对象主要是留守儿童、家庭困难儿童、孤儿等重点青少年群体。让孩子们度过快乐充实的假期，找回校园的温馨和家的温暖，促进他们更好地学习和成长，是"岩之心·红色园丁"支教服务团的初衷。

（3）传递温暖爱心。孩子的成长跟父母的教育观念和家庭环境息息相关，志愿者们平时为留守儿童传授知识技能，利用课外时间开展家访活动，加强沟通交流，增进彼此了解。也许家长的观念和家庭环境一时很难改变,但志愿者们在教学之余给孩子们尽可能多的关爱和陪伴,一句暖心的问候、一次真诚的谈心、一个积极的鼓励,都足以对孩子产生重要的影响。

(4)提升师范技能。将专业课本理论知识付诸实践,通过实践提升师范生志愿者的备课能力、控场能力和讲台台风,培育师范生志愿者的耐心、责任心和吃苦耐劳的意志品质,从而能够不断巩固、提高自身的专业技能和综合素质,为成为一名合格的老师奠定良好基础。

二、实践的主要内容

(一)课前教学准备

由于假期支教持续时间较短,短暂的课程很难在文化课方面给学生带来充足的知识,因此假期支教的主要目的在于拓展孩子们的视野,扩展孩子们的兴趣爱好,增强孩子们的学习动力。留守儿童由于家庭问题,有部分存在厌学、自卑、抗拒学习的心理,因此如何在短时间内启迪孩子们的心智,开阔孩子们的视野,是支教团需要仔细思考的问题。

(1)授课科目规划。考虑到与城市中小学生相比,乡村留守儿童接受的素质教育、心理教育、文化教育都较为薄弱,因此假期支教形式更侧重于艺术活动、科技活动、体育活动,留守儿童的潜能和个性在这些活动中可以得到充分挖掘,求知欲、钻研精神、竞争意识也可以在此过程中得以快速培养。在课程设置上,支教团将其分为传统文化和素质教育两大类,传统文化涵盖国学、书法、绘画、手工、音乐课程,素质教育包括科学普及、体育健身、心理健康教育、人文知识教育等多方面。同时,支教大学生的个人经历、励志故事、爱好特长也可以通过这些课程在留守儿童中产生积极的示范作用,帮助这些孩子树立远大的人生理想。

(2)开展"第一课堂"。短时间的支教活动只有志愿者们尽快融入学生群体,才能达到良好的教学效果。因此,支教团在正式进入教学活动前开展了"第一堂课",老师和同学们相互介绍认识,一起打扫教室、清理宿舍,开启破冰之旅。"第一课堂"是师生间加强交流、增进情谊的重要渠道,为后期的教学开展奠定良好的情感基础。

(二)具体教学活动

(1)学习活动安排。针对大多留守儿童存在的学习专注力低、记忆能力较弱的问题,支教团提出晨读诵读教学活动建议。"一日之计在于晨",学生在每天的课程开始之前,首先进行晨读活动。支教团成员树立明确的晨读目标,周一、周三、周五为语文晨读,周二、周四、周六为英语晨读,鼓励学生放声朗读,同时调动多种感官,眼、耳、口、手并用,提高学习效率。为了避免学生开小差,在晨读结束时,支教团成员还会进行成果验收,让晨读的作用真正落到实处。晨读过后,学生的大脑处于较为亢奋的状态,既能够较快地进入一天的课程学习,又能够对所读内容记得更牢,提高专注度。除了基本的课堂授课,支教团还进行了课后作业辅导工作。结合学生的家庭远近与需要,志愿者们开展了课后一对一作业辅导,对学生学科作业的问题进行解答,学生在家做的假期作业有不懂的再带着问题来学校,由志愿者进行答疑解惑。课后作业辅导一方面能提高学生的学习能力,另一方面也能起到引导学生善于思考、敢于发问的作用。

(2)教学研讨会开展。"教而不研则愚,研而不教则虚。"教研活动是教学当中的重要环节,为了提高上课效率,让学生有更好的课程体验,支教团将教学研讨会分为混年级教学研讨会和对应科目教学研讨会两个模块。混年级教学研讨会在每天教学结束后开展,通过志愿者的听课反馈,对整体课堂氛围与教学方式做进一步的调整。同时,不同课程的志愿者以组队的形式,在小组内进行对应科目教学研讨会的开展,对课程的教学内容进行总体的设计与规划,并通过各班班主任的发言,对每一堂课的学生表现进行进一步的了解。

(3)家访活动进行。做好家访工作,是教学成功的关键。学生的成长和发展是教师、家庭、社会相互作用的结果,家访作为学校、社会、家庭的桥梁,是把握学生个性和学习动态的主要渠道。此次支教活动服务的对象主要是留守儿童、家庭困难儿童、孤儿等,他们与家庭的沟通、与老师的沟通较少,为进一步了解学生,志愿者们在下午放学后在班主任带领下分成不同小组,对当地孩子家庭展开家访活动。

在家访前要做好各项准备,首先是了解学生家庭的作息情况。为了避免给家长或学生带来困扰,支教团会选择在恰当的时间前往,参考当地校长或学生的意见制定合适的走访路线,尽量以最少的路程完成家访,这样既提高了安全性,也提高了走访效率。村里灯光较暗,为了保证队员们的安全,支教团每组都会安排一个男生随行。其次,检查名单和设备,做好分工,准备好相机、笔记本等。在家访前一天,各个班级的班主任准备好家访学生名单,列好家访注意事项:在家访过程中要有技巧,避免僵局,由于语言沟通上可能存在问题,家访过程要有学生陪同,帮忙翻译,或偶尔与家长聊聊天缓解家长情绪;家访过程中要根据家访大纲灵活发挥,与家长交谈过程中多点灵活性和互动性;在走访期间各小组要加强交流,内容可以包括各自的家访技巧、学生的家庭情况等,确保获得最好最有效的素材。

(三)红色文化宣传

除了支教活动,红色文化宣传也是此次实践的重要任务。龙岩市是全国著名革命老区、毛泽东思想重要发祥地,有着丰富的红色资源。红色文化蕴藏着共产党人的初心使命,是革命先辈浴血奋战、顽强抗争的精神结晶。作为红土学子,弘扬革命精神、传播红色文化是义不容辞的职责使命。理想信念教育应该从小抓起,为了让红色文化得以更好传承,志愿者们结合当地文化,把红色资源作为支教活动中思政学习的生动教材,在平时的课程活动中,将生动的红色故事穿插于课程内容中,以音乐、手工、绘画等形式将红色文化展现出来。

结课会演是支教实践成果的一次检阅和展示,支教团讨论后决定以"喜迎党百年华诞,传承红军军魂"为会演主题,与建党100周年的重要时期主题相呼应。会演形式多样,内容丰富多彩,有手语操《国家》,学生们用生动的肢体语言,诉说着对祖国的热爱;有经典朗诵《沁园春·雪》,致敬伟人毛主席;还有歌曲《灯火里的中国》,弘扬革命精神。同时,还展示了同学们优秀的手工、绘画、书法等作品,这是校园里最别样的风景,记录着十几天来,孩子们努力的成果,以此点燃青少年学习党史的热情,在青少年学生中厚植爱党、爱国、爱社会主义的情感。

三、社会实践总结

实践队在支教活动期间,队员们勤劳刻苦、互帮互助、不畏艰难,集体备课、开会总结、走访慰问。正如《习近平与大学生朋友们》一书中所说的那样"年轻人要自找苦吃"。志愿者们尽心尽责,引导学生培养兴趣爱好,塑造积极乐观心态,传授知识技能,传递温暖爱心,传播红色文化,为留守儿童度过一个充实快乐的暑假生活保驾护航。

(一)暑期社会实践回顾

暑期社会实践活动在七八月份举行,学校在6月上旬与当地支教校方进行联系和沟通,对支教学校地址、年级人数、留守儿童人数、报名意向人数等情况进行初步了解。6月中下旬学校进行支教实践活动的宣传和志愿者的招募,7月初进行志愿者的专业指导培训,做好支教教学用具、物品物料采购等相关事宜,开展教学研讨会,研究讨论教学设计和教案撰写。实践队在出发前举行安全动员大会和出征仪式,7月中旬出发前往支教单位支教。

前期由当地支教学校的领导和老师对本次活动进行宣传预热,实践队在到达上杭寨背小学后的第二天上午开始招生宣传,报名结束后进行开班仪式。在师生交流会上,实践队和所在班级同学开展了自我介绍,相互认识交流,加深彼此印象,增进彼此情谊。

支教队根据各年级学生的报名和兴趣情况安排课程,积极认真备课,做好晨读督察工作,力将备好每一节教案设计,上好每一堂课程。队员们在每天的教学结束后开展教学研讨总结交流会,分析了解不同年龄段的学生特点,研究采取不同的教学方式方法,因材施教。实践队的每个人都会交流上课心得,进行经验分享,并且对个别学生的表现情况进行交流与探讨,总结出有效的教学经验。

家访环节,是课堂教育的延伸。队员们对家访工作都十分重视和用心,希望能走进每位学生与家长的内心,倾听他们的心声,增进家校联系,共同呵护孩子成长。通过家访活动,队员们感觉内心多了几分沉重的担子,为不辜负家长殷切期望都变得更加努力,同时也更加领悟到乡村教育和留守儿童更需要全社会共同关注和努力!

课程结束时,实践队还组织主题会演,普及红色知识,宣传红色文化。班主任与科任老师还根据学员们平时的表现,在支教结束后评选出班级优秀之星,颁发奖状和奖品,为孩子们的暑假留守生活带来几分温暖。

(二)暑期支教活动的感受

时光短暂,却意义深远。支教是一件让师生都能够共同进步的事情,在这个过程中,实践队的团队合作能力得到了提升,与人沟通水平也有很大程度的提高。"实习支教使显性教育与隐形教育有效结合起来,将思想政治教育视角从课堂延伸到了实践领域,拓展了思想政治教育的形式。"支教使队员们能够深入社会、了解国情,在增强自我认知、提升社会适应能力方面都有很大帮助。

除了自我能力的提升,最重要的是,在这个过程中,队员们能够用自己的力量去影响和帮助其他人。在支教的日子里,队员们深刻感受到了支教生活的意义所在。爱心传递培养感恩意识,平等交流增强自尊心,拓宽视野激发进取精神,亲情陪伴塑造健康人格。短短十几天,支教团给予学生更多的不是知识,而是精神上的鼓励,帮助学生启迪思想、开阔眼界,播下一颗梦想的种子。即使在几百名学生中,只要有一两个同学真正吸收到实践队想传递的精神力量,那这样的工作就有价值。实践归来后,支教团一直和寨背小学保持着密切的联系,关心着孩子们的发展状况。暑期支教虽然结束了,但是爱心会一直延续下去。

四、心得体会

(一)授课心得

支教实践对师范生的授课模式、授课理念、授课风格都有很大的指导意义。经过十几天的支教实践,队员们对授课有了更多的心得和感悟。

首先,在课程设置方面,作为老师,需要根据不同学生群体的需求对课程进行调整。此次支教,实践队从拓展学生素质出发,以兴趣爱好科目为主,对主课课程进行了适量削减。每个同学的学习基础不甚相同,平时在校学习时间也多以主科为主,而艺术课、素质拓展课较少,因此支教多设置兴趣科目以增进学生对自身的了解,培养兴趣爱好,拓展个人素质。实践队根据自身的专长,以及当地学生的需要来开设课程,主要是趣味国学、趣味英语、手工、绘画、科学、太极、舞蹈等。

其次,教学要坚持备课,精于教学,勤于反思,切实落实各个改正方案。万事开头难,支教刚开始的时候实践队也遇到一些问题,由于对当地学生的基础水平不够了解,设计的教学内容偏难了一些,导致上课的效果并不是很好。经过教研组的充分讨论,实践队对教学内容及时做出调整,问题得以解决。

再次,教师在教育工作中不能偏心,应该真心实意、竭尽全力去求索,努力做到平等对待每一个学生。作为老师,一碗水要端平,要做到对每一位学生都有爱心和耐心,关注课堂上的每一位学生,不能在课堂上偏袒某个学生或对某个学生过于严厉,以免造成不良影响。除此之外,老师在授课过程中要保持自信的心态,这点对授课效果的影响是很大的。支教实践刚开始的时候,队员们因为授课经验不足,站上讲台容易紧张,注意力会比较集中在教案上,场控做不到位导致课堂出现吵闹的情况,显得比较被动。所以,老师在上第一节课的时候就要跟学生讲清楚课堂纪律,树立教师威信。

最后,在教学过程中队员们也认识到,教学过程应该尽量寓教于乐,多穿插些游戏,激发学生的学习兴趣,让学生觉得学习是一件快乐的事,同时也要布置适量作业,才不会只玩游戏而过于松懈。在英语课上,实践队从基础教起,小学生的接受能力较好,从26个字母到后来单词的学习、音标认读等,都进步很快。手工绘画课上,实践队以环保、寨背村红色文化作为出发点,就地取材,开展了折纸、剪纸、泥塑、树叶贴画等教学内容,孩子们在学的过程中也能接受到红色文化的熏陶。这不仅达到了授课的目的,也实现了育人的初衷。

(二)家访后的感受

在家访的时候,不少实践队员因为学生的家境而流下了泪水。父母离异,全家4口人的生活全靠父亲一个人的努力;抑或是父母外出打工赚钱,只留孩子一人与80多岁的奶奶生活;又或者是爷爷奶奶两个人撑起一家3个孩子的每天生活起居。他们享有父母的爱太少太少,他们渴望团聚与欢乐的时光。周末对于这些小朋友来说并不那么令人期待,因为相对于放假,他们更想要待在学校和同学老师一起读书,大家一起快快乐乐、热热闹闹的,特别开心。孩子的成长,倾注了父母太多的心血与爱,当然孩子也带给他们数不清的欢乐。说起孩子,每对父母似乎都有说不完的话。

支教队走访了一对兄弟的家庭,他们一个就读于低年级,一个就读于中年级。到了他们家里,队员们了解到,这对兄弟平常与奶奶居住在一起,父母均在外打工,常常是十天半个月才回来一次。从他们的表现上看,队员们认为哥哥的性格比较内向一些,弟弟总体来说比较活跃。但是从他们母亲的讲述中可以知道,其实哥哥原来也是比较外向的,但是由于父母常年在外打工,或许是缺少了亲情的陪伴,渐渐地才变得内向起来。此外,支教队还来到就读于中年级的一位男生家里,在和他的父亲交谈中了解到,这个男生在学校里,相对来说是比较内向、比较腼腆的,但在家里又表现得比较活跃。

走访下来,每个孩子的家庭环境和家庭条件都不尽相同,但老师们的到访对孩子和孩子家庭都是莫大的鼓励。支教队员们除了送去温暖和关怀,还教导孩子们在家中要多帮助父母做些家务活,多劳动锻炼。良好的家庭教育环境对孩子的成长有着至关重要的意义,父母的陪伴更是孩子成长过程中必不可少的。希望乡村孩子们能够在家长和老师的共同关注下健康成长,成为一个乐观开朗、奋发有为的人。

（三）支教生活的感受

支教的条件有限，相对艰苦。但是支教队员们都适应得很快，一日三餐，两两搭配，轮流煮饭。开始时煮多了、煮少了、水多了、菜糊了都是常有的，虽然这都不是大家擅长的，但是大家都很愿意去尝试。这个过程既锻炼了大家的生活自理动手能力，也拉进了队员与队员之间的关系，从开始的陌生到熟悉，从无话可说到无话不说，队员们收获了情谊和温馨。

通过支教，队员们深刻感悟到，城市与农村的教学水平存在巨大差距，并且偏远乡村地区的条件更为艰苦。寨背小学学生的周末没有手机电脑，他们的周末是和同学一起在家门口玩滑板，是和弟弟妹妹奶奶一起下田干活，是需要早起做饭照顾弟弟妹妹……他们甚至不怎么渴望周末，父母不在身边的他们，很少感受到父母的爱，他们渴望相聚。比起城市里周末被补习班占据的孩子，他们没有属于自己的兴趣班时间。而正是这让城乡孩子的差距拉得更开了，农村学校的学生过少，而城市的学校因为学生过多而资源不平衡。所以，国家提倡"双减"政策非常重要，一来减轻义务教育阶段学生作业负担和校外培训负势在必行，二来缩小城乡之间因培训辅导教学资源巨大差距带来的教育资源不平衡。

在这个平凡却又不平凡的盛夏，寨背小学充满了欢声笑语。与寨背的孩子们共同度过的短暂学习时光，支教队员不仅带去了知识和技能，更多的是关怀和温暖，对每一天和每一堂课孩子们都满怀期待和希望。对于支教队全体成员来说，暑期支教是一次难得的锻炼磨砺的机会，一次难忘的刻骨铭心的体验，让大家学会吃苦耐劳、自力更生。十多天的支教生活，虽有风雨，但更多的是从容和自信。天真无邪、开心快乐本应该是童年生活该有的样子，在乡镇农村里却有很多孩子因父母进城务工而成为留守儿童，他们需要被关心、被疼爱，他们一样有追求、有梦想。

大学生是高等教育的直接受益人，有能力为关爱留守儿童献出一份力量。"实践出真知，行动长才干"，希望有更多的志愿者加入支教队伍，去关注乡村教育，去关爱留守儿童，也愿所有的孩子都和我们一样可以逐梦远方！

（2021 年 6 月）

"星星之火"点燃乡村振兴"燎原之势"

——以龙岩市永定区为例

习近平总书记在党的十九大报告中明确提出,实施乡村振兴战略,这是党中央着眼于全面建设社会主义现代化国家做出的重大战略决策,为青年学生施展才华、奉献青春提供了广阔舞台。以科技进步推进农村现代化建设,是在乡村振兴战略背景下,时代赋予的使命和责任。

为响应习近平总书记"要从娃娃抓起,使他们更多了解科学知识,掌握科学方法,形成一大批具备科学家潜质的青少年群体"的号召,龙岩学院物理与机电工程学院智能科创服务团队结合自身专业,以"传承红色基因,启蒙青少年科学思维,培养乡村振兴科技人才"为服务目标,在专业老师指导下,开展实践活动。本次实践活动力争发挥地方高校的教育资源优势打造全国示范性"红色科普"基地,培养当地学生,引导学生肩负起传承红色基因的责任使命,永远葆有好奇心、葆有想象力,做到有痴于探索的梦想,有敢于挑战的勇气,有求于突破的执着,最终成长为科技强国建设的主力军,助力乡村振兴。

一、实践开展的意义

(1)推动苏区发展。习近平总书记在福建考察时指出"要推进老区苏区全面振兴,倾力支持老区苏区特色产业提升、基础设施建设和公共服务保障等"。人才是乡村振兴的关键,在推动老区苏区发展过程中,在这片红色土地上培养出一批有抱负、有思想、有能力的青少年十分重要。因此,此次实践以振兴乡村教育为目标,结合专业知识,培养红土地上青少年的科学素养和创新精神,为当地青少年教育献出一份力量。

(2)传承苏区精神。2021年是建党100周年。永定被誉为"红旗不倒之乡",是红色文化教育基地和爱国主义教育基地。与此同时,永定区还是著名的"客家之乡",客家人四海为家,仁德待人,团结互助,自强不息,其精神是中华民族优秀品格、良好道德、伟大气魄的体现,是客家人对中华传统美德的传承和发扬。青年人是新时代的中坚力量,要结合科学精神利用好永定的红色教育资源、客家文化,将红色革命精神与客家精神永远地传播与继承下去。

（3）锻炼实践能力。支教活动对实践队成员处事能力、思考水平都有很大的影响，是队员们实现自我价值、锻炼自我能力，在广阔天地完成人生试卷的舞台；是加强修养、丰富涵养、提高素质、进行自我准确定位的砝码；是理论联系实际、主客观结合分析问题能力、注重实践观念升华的梯子。支教能够磨炼队员们的意志，促进队员们综合素质的提高，除个人发展外，支教活动的开展还能够锻炼队员们的团队协作和管理能力，为今后的工作生活打下基础。

二、实践的主要内容

（一）精心选址，助力老区苏区全面振兴

永定是一个历史悠久的地方，首先它是爱国主义教育基地、红色文化教育基地，拥有丰富的红色文化资源，蕴藏着革命先辈为祖国发展前赴后继、无私奉献的精神力量；其次永定还是"客家之乡"，客家人四海为家，以他乡为故乡，仁德待人，广交朋友，团结互助，自强不息，努力拼搏，每到一处都要建功立业。

近代以来，洪秀全、刘永福、张民达、朱德、叶剑英等客家英雄诞生，他们为了祖国、为了正义，挺胸而出，视死如归，正气凛然，这种光荣传统是客家精神的突出表现。如此多的红色教育资源分布在永定的各个角落，讲述着无数革命先辈为了今天的幸福生活抛头颅、洒热血的故事；如此多美好的精神被客家人体现得淋漓尽致，无数客家人远渡重洋、吃苦耐劳，传承着中华民族的传统美德。赓续红色血脉，弘扬客家精神，新时代的大学生要结合科学精神利用好永定的红色教育资源、客家文化，将红色革命精神与客家精神永远地传播与继承下去。

（二）五育并举，"红色＋科普"激励远大志向

此次支教开设了语文、数学、英语、科技与科普教育、红色文化与客家文化普及等课程，值得一提的是此次支教的内容不仅仅局限于对文化知识的传授，更为重点的是将科创科普、人工智能课程与红色研学课程相融合，通过做游戏、讲故事等方式寓教于乐，将弘扬科学精神、红色精神贯穿于育人全链条。实践队坚持立德树人，将科学家精神带进校园，将科学精神融入课堂教学和课外实践活动，激励青少年树立投身建设世界科技强国的远大志向，培养学生爱国情怀、社会责任感、创新精神和实践能力。在完善前期的准备后，龙岩学院"乡村振兴，青春行动"暨古田乡村振兴学院暑期"三下乡"科普教育宣传支教活动，在永定区新时代文明实践中心及湖坑中心小学同时启动。

队员们紧扣党中央的乡村振兴和科教兴国战略方针，在教育方面做出当代大学生的贡献，旨在提高乡村学生的科学素养，为我国科研培养后备人才。目前，我国城乡经济、生态环境、文化仍有较大的差异，但是我国教育长期以来采取的一体化的思维模式，没有发挥出农村的乡村文化特色，更多体现的是城市化的教学理念和教育方式，且教育

资源分布较为不均匀。面对这一现状,队员们充分发挥永定区文明办、永定区科协、龙岩学院红色教育资源以及现代科技力量的优势,走进永定红色交通线周边各学校,将科技科普教育融入当地红色文化,在有趣的科普课堂之中让当地孩子的学习能力、解决问题能力得到提升,培养具有科技创新意识、人工智能技术等现代科技型人才,为实现中华民族伟大复兴做出贡献。

(三)深入挖掘红色资源,赓续红色血脉

习近平总书记指出:"精神是一个民族赖以长久生存的灵魂,唯有精神上达到一定的高度,这个民族才能在历史的洪流中屹立不倒、奋勇向前。"人无精神则不立,国无精神则不强。永定区被誉为"红旗不倒之乡",在设置课程的过程中,队员们会寻找一些有关于当地红色故事的素材,将其整理编辑融入课程之中,穿插在课本教材中,如发扬客家精神、红色精神、工匠精神等。红色交通线是革命先辈智慧的结晶,队员们在了解这条伟大路线的感人故事的同时,从这条交通线中学习到一些科技知识,如革命先辈在传递重要情报时使用的摩斯密码等。队员们带领学生在回顾这些红色故事的过程中,学习有趣的、前沿的科学知识。支教团也会结合当地红色旅游业进行科普教育,为支教的孩子们准备一节节生动鲜活的红色文化课,红色小歌仙张锦辉、舍生取义陈康容、忠义无双陈忠梅等人的故事一次次在课堂上呈现,孩子们在每一个环节中瞻仰革命先烈英姿,一点点去感受革命先辈为了祖国、为了党的事业,艰苦卓绝、义无反顾、前仆后继的奉献精神。在为先辈和祖国自豪的同时,队员们也希望学生继承和发扬老一辈革命家一切从实际出发,面对困难,奋勇直前的精神。

先脚踏实地,才能更好地仰望星空。拥有了科学梦想的萌芽,更要夯实学习基础,才能够让这份理想开花结果。除了特色课程的开展,队员们还充分利用有限的时间为四年级的孩子们进行文化课程的辅导,对于语文,主要是培养孩子们的阅读写作能力,同时扩展一些课外知识,包括对联文化、垃圾分类、中华传统文化等知识。对于数学、英语,前一阶段队员们主要是帮助孩子们复习四年级所学的知识,不断巩固学识、补缺补漏,让孩子们在复习的过程中学习到新的知识,真正做到温故而知新;后一阶段则是带孩子们对五年级的知识进行预习,让孩子们提前适应五年级的课程,为接下来的开学奠定一个良好的基础。队员们耐心地帮他们补缺补漏,用过往的学习经验,为孩子们提供可借鉴的学习方法,帮助他们进一步夯实学习基础。

在永定区新时代文明实践中心,支教团开展了"乡村振兴,青春行动"汇报演出,在文艺会演中,队员们表演了手势舞《国家》、彩带操《美丽中国走起来》、大合唱《少年中国说》。每一个动作,都散发着热烈的青春气息;每一个音符,都洋溢着蓬勃的朝气;每一句歌声,都代表着明媚的希望。

4. 构建"1＋N"课堂,拓宽宣传范围

在学校传授知识的时间与内容毕竟是有限的,对此,队员们提倡利用浏览器、微博、公众号、小程序等主要传播载体,扩大科普教育的范围,突破时间和空间的局限性。这样就可以以团队的教学内容为主,用视频、文章等方式,打造团队的红色科普教育。可以通过大众媒体,提高自身的知名度和社会影响力,利用传播,使更多优质的科普内容助力科普事业。可以通过开发红色科普教育小程序,让青少年通过手机去了解自己喜欢的感兴趣的科学小常识和小知识,增强他们的好奇心,令他们主动去挖掘探索科学的奇妙;也可通过该程序向专业人士、老师等进行提问从而得到解答。通过技术的不断累积,队员们希望能开发出一些简单的,能让青少年在小程序中操作的小型科学实验,提高操作性。同时穿插国家政策、时事文章、红色文化经典故事,让使用小程序的青少年在科学素养提高的同时,思想上得到教育。还可以充分利用先进科技形式(如 VR、AR),增强科普生命力和吸引力,推动传统科普手段升级与变革,如通过 VR 技术,重走红军路,让青少年感受红色魅力,使科学与红色精神相结合。

在服务范围扩大后可以聘请更多专业科普工作者,普及科学知识、科学方法、科学思想、科学精神等。科普内容还肩负文化传承的使命,应注重科学与文化的结合。支教过程中,队员们会专门录制教学视频和课程视频,比如在永定实验小学科普教育试点中的上课视频,以及做一些科学小实验的视频,并将其放在小程序中,让青少年们可以观看。在视频中,队员们还会配合一些红色精神文化的思政教育,将红色文化与科学知识相融合,使红色精神得以传承,科技知识得到传播。同时队员们也会根据大家提出的疑问或者感兴趣的内容,人工智能答疑解惑,或者制作上传一些解答视频和趣味实验视频,增强他们对科学的兴趣与热爱。

三、社会实践总结

(一)暑期社会实践简单回顾

暑期社会实践安排见表 1。

表 1　暑期社会实践安排

行程安排	实践主题	实践方式
第一站	精心选址,助力老区苏区全面振兴	参考资料,了解历史
第二站	五育并举,"红色＋科普"激励远大志向	开设课程,授课实践
第三站	深入挖掘红色资源,赓续红色血脉	宣传文化,弘扬精神
第四站	构建"1＋N"课堂,拓宽宣传范围	建立平台,普及知识

今年暑假,实战队选择到"红旗不倒之乡"永定区开展为期 15 天的"乡村振兴,青春行动"龙岩学院暑期"三下乡"科普教育宣传支教活动。在这个炎夏,实践队成员带着为祖国建设添砖加瓦的初心,为永定的孩子们传授先进的知识,科普红色文化。首先,在

这次支教活动中,为了响应"双减政策",将更丰富多彩的知识带到乡村小学,实践队开设了语文、数学、英语、科技与科普教育、红色文化与客家文化普及等课程,除了基础文化知识的传授,队员们还通过做游戏、讲故事等方式寓教于乐。其次,在设置课程的过程中,队员们会寻找一些有关于当地红色故事的素材,将其整理编辑融入课程之中,穿插在课本教材中。唱党史感党恩,革命故事深入人心,在讲述伯公凹七烈士的故事时,队员们结合《绝密使命》片段的播放,通过深情的讲解,再现了"伯公凹七烈士"的悲惨故事。传递鸡毛信、飞夺泸定桥等内容也贯穿于红色文化课上,通过这样的课堂,学生们了解到许多发生在革命时期的故事,这些故事培养着他们的品格、激励着他们努力学习,长大为祖国争光。不仅如此,实践队还通过大众媒体,在教学内容的基础上,用视频、文章等方式,构建"1+N"课堂,打造团队的红色科普教育。虽然在学校传授知识的时间与内容是有限的,但是队员们希望能够突破时间和空间的局限性,挖掘出更多的空间、建立更大的平台,为扩大科普教育范围做最大的努力。

（二）暑期实践收获

（1）对红色文化有了更多的认识。社会实践是大学生开展科普教育、红色文化教育的载体,让大学生在实践中厚植爱党、爱国、爱社会主义情感,加深对知识点的理解,增强对知识的把握和应用。正所谓"助人即助己",实践队的科普教育课程,除了学生这个最大的受益群体,队员们自己同样也受益匪浅。融入课程之中的红色历史知识让队员们体会到革命先辈在战争年代面临的通讯、运输物资方面的艰辛,这是对队员们的红色革命精神教育,让队员们感受到科技为革命做出的贡献,从而精神得到洗礼与升华。在为先辈和祖国自豪的同时,队员们也能够深刻体会老一辈革命家一切从实际出发,面对困难,奋勇直前的精神,增强"四个意识",坚定"四个自信",坚决战胜前进道路上的各种艰难险阻,为祖国建设贡献自己的一份力量。

（2）积累了教学经验。在本次社会实践中,细心负责的队员们发挥专业优势,结合孩子特点,循序渐进,制订有针对性的教学计划。首先是激发孩子们对科学的热情。例如,"火星探测车"课程中有关于远程无线遥控技术的介绍,充分体现了当今社会下中国的飞速发展,"天问一号"着陆火星预示着中国技术的进一步跨越。还有"有趣的电流""水的绽放""神奇的空气"等有趣的小实验,逐渐让孩子们掌握科学基础知识、科学基本概念,培养学生正确的科学思维和科学判断力,引领学生掌握科学态度和科学方法,陶冶求知欲望和科学情操。其次是指导学生通过自身思考动手做实验,利用力的作用是相互的这一原理制作水火箭,在操场试飞。一方面能对学生所学过的理论知识进行巩固提高,在科学实验中开发学生独立观察、独立思考、独立判断的潜能;另一方面也增强他们了解科学、热爱科学的兴趣和求知欲望。支教活动给予大学生成长的平台,在实践过程中,队员们不断锻炼自己的教学能力,积累教学经验,形成教学风格,在反复思考"如何引导学生""如何教育学生"这两个关键问题的时候,队员们的逻辑思维和处事能力也日益提高。

（3）提高了综合素质。在向学生传递科普知识的同时，队员们也对科技有了更深入的了解，科技能够为文化的传播搭建平台，将有限的时间和空间变得灵活起来。在这个过程中，队员们也发现自身的不足和缺陷，虽有失落，但更多的是激发了自身对专业知识学习的渴望。经过此次实践，队员们对科技兴国、人才振兴有了更加深刻的感悟，这将激励自身树立投身建设世界科技强国的远大志向。此次社会实践对队员们的爱国情怀、社会责任感、创新精神和实践能力的提升有很大帮助，提高了综合素质，同学们实践归来后纷纷表示，决心认真学习专业知识，为将来祖国的发展与建设提供力量。实践使得新时代大学生磨炼出对社会责任的担当和可贵的奉献精神，进一步提升了大学生的良好品格、领导力和实干品质。这次支教活动使队员们明白，实践出真知，要想成为21世纪的一名合格人才，必须跨出校门，走向社会，把自己所学的理论知识应用于实践，从实践中不断分析、总结，从而提高自身解决问题的能力。

四、心得体会

此次支教活动，实践队将红色文化教育与科学知识传递结合。为更好地赓续红色血脉，弘扬客家精神，在红色文化教育方面，队员们利用好永定的红色教育资源、客家文化，将红色革命精神与客家精神通过视频、文章等方式融入课程，传递给孩子们。在科学知识传递方面，实践队在永定区各小学开展人工智能、科技创新红色科普等相关课程，通过将科创科普、人工智能课程与红色旅游业及红色研学课程相结合，吸引更多青少年的兴趣，让学生感受到科技力量的同时，思想觉悟也同样得到提升。青少年通过红色文化引申到科技知识，再从生活中的科技知识引申到红色文化，从红色文化中来到红色文化中去，继承和发扬红色革命精神。在这个红色公益活动过程中，实践队不仅发扬了助人为乐的可贵品质，也为教育公益事业献出一份力量，助力培养未来社会所需的优秀人才，传承红色基因，持续推动教育事业。

支教不是单方面的输出，它在成就孩子的同时也是老师的自我成就。理想的意义是实实在在的努力和一步一个脚印的追逐，爱的意义是无私的奉献和不吝的传承，实践队带给孩子科学理想的萌芽和踏实迈步的行动力，也得到了家长的认可和群众的肯定。但队员们深知，短期支教不可能填补城乡教育的鸿沟，只能尽己所能，为孩子们带去新的知识，让他们知道未来无限广大。

支教使队员们对社会的发展和自身的责任有了更深的感悟。这是个创新的时代，无数的科学技术在不断更新，推动着世界前进。启蒙青少年科学思维，是时代发展的必要任务，科普支教是将"科教兴国"战略落到实处的一个坚实的步伐。在开放的时代，汹涌着纷繁复杂的信息洪流，作为大学生，应该稳守初心继往开来，积极响应党和国家振兴乡村的号召,为教育发展贡献自己的微薄之力。

时代的转变折射出无数有为青年的担当与力量,不做时代的看客,龙岩学院学子在年复一年的接力中,行胜于言,用真诚换取真心,为祖国初苗的茁壮成长赋予更多的可能。在未来,实践队会着重朝着红色科普校本教材这方面去完善和发展,通过生动有趣的教材配合形象的教学增强青少年对获取科学知识的积极性和主动性。又因为红色文化资源承载着厚重的历史,是一本生动的教科书,它们身上肩负着重要的社会教育功能,实践队也将收集整理红色故事素材融入教学之中。实践队在教学中不断推广和发展红色科普教育,传承红色基因,赓续精神血脉,培养根正苗红的科技型人才。

"星星之火可以燎原",当前实践队的项目在永定区内试行,帮助永定实验小学成功申报,义务教育阶段科普进校园省级科普试点校,组建一个科技创新和一个人工智能试点班。之后,实践队会借鉴类似 ofo 共享单车的试行方式,将永定这种发展模式推广到其他学校,比如上杭湖洋、长汀的学校,立足打造红色科普教育基地,结合当地红色革命故事,回忆往昔红色经典,学习科学知识。抑或是推广到其他领域,比如农林业、种植业。在师生团队协作配合下,实践队将融合红色文化,普及科学知识,为服务乡村、林业种植培养根正苗红的科技型人才,为国家乡村振兴的储备人才做出贡献,让科普教育的推广以星星之火可以燎原之势燃遍整个神州大地。

(2021 年 9 月)

预防电信网络诈骗，共建平安和谐生活

当今世界，信息技术革命方兴未艾，融入社会生活的方方面面，深刻改变了人们的生活和生产方式。在信息革命、数字经济的大背景下，网络安全显得尤为重要。互联网通达亿万群众，连接党心民心，可以说，没有网络安全就没有人民安全、国家安全。党的十八大以来，在习近平总书记关于网络强国的重要思想，特别是关于网络安全工作"四个坚持"重要指示精神指引下，我国网络安全工作进入快车道，网络安全技术产业发展日新月异、网络安全保障能力不断增强，广大人民群众在网络空间收获了满满的获得感、幸福感、安全感。

为完善立德树人目标，培养在校大学生发挥专业优势、深入基层、了解民众、服务社会的责任感，增强群众对电信诈骗的防范意识和能力，营造健康文明的网络环境，今年暑假，龙岩学院数学与信息工程学院"预防电信网络诈骗，共建平安和谐生活"社会实践队，秉承着为龙岩市新罗区适中镇人民服务的初心，怀抱着助力适中镇建设的决心，来到适中镇人民政府开展实践活动。

一、实践开展的意义

（1）响应了国家要求。为深入学习习近平新时代中国特色社会主义思想，深入贯彻落实习近平总书记关于网络安全和信息化工作的重要论述，本次实践活动坚持以人民为中心，真心办实事，助力社会防电信诈骗宣传教育，帮助提升市民群众防范意识和防范能力，营造社会信息安全氛围。

（2）提升了防范意识。实践活动的开展，使队员们对电信网络诈骗的危害有了更多了解。从典型案例中，队员们总结电信诈骗的惯用手段，下次面对类似情况时就能够提高警惕，防患于未然，减少被诈骗的可能性。除此之外，学习防范知识，还能够帮助打击违法行为，共同维护电信网络的文明和安全。

（3）锻炼了实践能力。本活动通过科室学习、走访调研、录制视频、普及宣传等方式进行，提升了学生的实践水平，也拓展了学生的专业知识。在活动后期，实践队成员进行视频剪辑、材料整理等工作,能够磨炼意志,提升自己的工作能力。

二、实践的主要内容

(一)科室篇

为了让实践队成员更好地了解政府工作,在召开社会实践部署会议后,适中镇政府领导分配队员们至党政办、组织办、扶贫办、综治办、宣传办等科室进行帮忙和学习。队员们怀着满腔热情,前往各部门了解具体的工作情况,政府人员按照时间安排,对队员们未来几天的工作进行分配。

党政办负责本单位党风廉政建设、安全及保密工作,队员们协助科室的工作人员,负责群众来信和来访的受理接待工作,学习共产党人全心全意为人民服务的精神,帮助群众提高警戒,坚决抵制电信网络诈骗。组织办实践的队员们参与电信诈骗材料整理,了解科室工作内容,学习工作经验,对如何预防电信网络诈骗进行进一步深入调查。综治办的任务主要是组织、协调、指导、督促村委会工作,在这里实践的队员们寻找电信网络诈骗真实案例,认真做好总结工作,对电信网络诈骗行为进行分析,提醒群众加强防范。宣传办负责对外宣传工作,以油墨为武器,用细节着精彩。在宣传办实践的队员们深入了解宣传工作,解析典型案例,进行防骗提示,向广大群众宣传预防电信网络诈骗知识,全力以赴,严防死守,着力做好违法犯罪"大清零"。实践队成员分工明确,恪尽职守,顺利地完成了工作。

(二)防诈反诈篇

1. 实践队乐于学习

防范诈骗全民行,共筑幸福和谐梦。龙岩市适中镇举全镇之力,开展电信网络诈骗重点整治,紧紧围绕"打防并举,疏堵结合,整村推进,综合治理"方针,一手抓打击惩戒,一手抓综合治理。为进一步提升适中镇居民防范电信网络诈骗的能力,深入践行社会主义核心价值观,献礼建党 100 周年,适中镇开展政法队伍教育整顿和诈骗宣传防御工作。在此基础上,实践队前往适中镇反诈骗宣教基地进行参观学习,观看防诈骗宣传电影,剖析典型案例,学习电信网络新型违法犯罪相关防范知识。在参观的过程中,队员们提高了防诈骗意识,为有效预防和治理电信网络诈骗奠定了良好的基础。随后实践队来到适中镇打击整治电信网络新型违法犯罪智慧中心,了解各区域电信网络诈骗的情况,分析反诈作战图。最后实践队走进适中镇反诈骗禁毒联勤站,了解工作情况,对如何预防电信网络诈骗进行进一步深入调查。千里之堤溃于蚁穴,人们要及时警醒,坚决打击电信诈骗这一非法活动。

在工作之余,队员们与适中镇政府干部进行交流,了解到预防电信诈骗任重而道远,依法打击"伪基站""黑广播",以最大限度挤压违法犯罪空间、避免和挽回群众财产损失，需要加大防范宣传力度，切实提高广大群众的防范意识。队员们纷纷表示，将在今后的活动中，进一步参与防范工作。

2. 实践队致力宣传

为进一步宣传防范电信诈骗知识，确保实践更加具有针对性和实效性，队员们和适中镇政府工作人员深入基层工作，在参与创建文明城市的同时，前往当地街道的商铺里进行防诈反诈的宣传工作。队员们在干部的指引下走入居住区，以生动的语言向居民们叙述经典"剧本"，讲解基本"套路"，向居民宣传如何防范新型电信网络诈骗，让民众对新型电信网络诈骗有更深的了解。

为进一步拓宽防范网络电信诈骗和禁毒防艾宣传的覆盖面，提高群众反诈骗能力和识毒、辨毒、拒毒及防范艾滋病意识，队员们在人流量较多的街道和广场，通过发放宣传资料、有奖问答的方式和群众互动，面对面给群众结合近期主要诈骗手法进行解说，并详细地讲解了毒品的成瘾症状和危害。

在走访调研的过程中，实践队还精心录制了许多预防诈骗短视频，通过抖音、微信等平台向居民宣传防诈小知识，号召人们在日常生活中保持警醒，诈骗手段千变万化，但万变不离其宗，人们要以水滴石穿、持之以恒的坚韧精神与电信诈骗行为做斗争。

3. 实践队分析数据

实践队成员深知，在预防和治理电信网络诈骗的路上，只有学习防范和注意宣传是远远不够的，在提高适中镇人民防诈反诈意识的同时，分析以往相关数据也是重中之重。队员们通过问卷调查和走访调研，收集整理了适中镇各片区的诈骗人员占比及年龄结构等信息，同时了解当地居民防范电信诈骗意识和对电信诈骗的态度，立足真实数据，做好整体分析。实践队与居民交流，针对群众反馈的关于电信网络安全的现状及问题，参照当地政策，提出加紧防范电信网络诈骗、保护自身信息安全等具体建议，希望尽己所能，为减少电信诈骗现象献一份力。

（三）志愿服务篇

1. 携手防控疫情，文明实践随行

为有效预防滞留缅北涉诈重点人员返岩导致新冠肺炎疫情的发生，适中镇组织全体人员进行核酸采样及检测。以确保保丰村及坂溪村3000余人能顺利进行核酸检测为目的，队员们跟随着村干部、政府干部一起加入疫情防控工作中。在朦胧的晨曦中，实践队在适中镇政府整装待发，准备前往核酸检测的现场。时间紧，任务重，为确保各项工作有序高效地开展，实践队成员两两一组，分别前往仁和村、保丰村、中溪村、洋东村、中心村等核酸采样的现场。

工作开始后，实践队成员根据调度安排，各司其职，包括帮忙粘贴出入口、核酸采样流程图及体温检测点等指示标，帮忙布置现场座位及检测通道，帮忙搬运采样工具、口罩、饮料等。当前疫情防控是重大的政治任务，此次实践队分区域协助适中镇政府共计检测 21000 人次,连续 11 个小时的工作。实践队主动担当,同政府干部、职工和医务人员众志成城,在疫情防控的关键时刻冲锋一线。即使是经过一天的忙碌,队员们也仍然对实践充满了激情,切实发挥了党员与团员的先锋模范作用。

2. 关注电诈适中行,真情送往敬老院

电信诈骗近年来呈高发态势,而老年人尤其容易成为电信诈骗的受害者。为弘扬中华民族尊老敬老的传统美德,围绕"预防电信网络诈骗"这一主题,实践队进一步针对老年群体进行宣传,使防范电信网络诈骗的意识更深入人心。在空闲之余,实践队成员前往适中镇敬老院,开展志愿服务工作。

队员们抵达敬老院后,院长及护工孔阿姨对我们表示热烈的欢迎。进行简单的交流后,我们拿起了工具,各司其职,分区域打扫敬老院的卫生。结束清洗后,我们在护工的陪同下,和敬老院老人见了面。这次的对象是老年群体,他们大多数会听普通话,但只会说适中本地话,增加了宣传的难度。好在随行的人员中有适中本地队员,护工也会帮忙翻译,帮助解决语言沟通上的问题。队员们生动地向老人们讲解最近针对老年群体进行电信诈骗的经典案例,如中奖短信、保健品推销、医院来电等,强调要警惕任何陌生来电和转账信息,老人们都十分亲切热情,非常认真地听着队员们的讲解。宣讲结束后,老人们像家里的长辈一样嘱咐我们注意身体,让我们感到十分温暖。这次去敬老院的活动,打扫工作虽然让我们感到疲惫,交流上我们也遇到了难题,但是队员们的互相配合和老人们的热情与关心,扫去了我们一天的疲惫。队员们在汗水中得到磨炼,在交际能力上有了一定的提高,而收获的是温情和快乐。

三、社会实践总结

社会实践使实践队成员能够参与到社会建设当中去,锻炼实践能力,提升思想水平,是一个实现真正人生价值的平台。实践活动结束后,在与队员们的交流中,大家也都纷纷表示,通过实践活动,更加客观地认识自己,看到自身知识和能力存在的不足,也促使自己思考,如何更好地提高自身素质和能力来适应社会发展的需要。

(一)暑期实践回顾

为深入贯彻落实习近平总书记关于网络安全和信息化工作的重要论述,今年暑假,龙岩学院数学与信息工程学院"预防电信网络诈骗,共建平安和谐生活"社会实践队秉承着为适中镇人民服务的初心,怀抱着助力适中镇建设的决心,来到适中镇政府参与防电信诈骗工作。

首先,实践队在政府人员的带领下,到镇政府各个科室帮忙。党政办的实践队成员帮忙群众接待和来访工作,组织办参与电信诈骗材料整理,综治办寻找电信网络诈骗的真实案例,做好总结工作,宣传办则深入了解宣传工作,用纸质宣传、新媒体宣传等方式，向广大群众普及电信诈骗预防知识。实践队成员各司其职，为做好本职工作尽心尽力。实践队在走访调研时，收集了许多信息，了解到当地群众对电信诈骗的认识和防范意识。根据收集到的数据，实践队参考政府政策和资料方法，向群众提出电信诈骗防范的建议，提醒人们保持警惕。在工作的同时，实践队成员也了解到许多防范电信诈骗的知识，提高了防范水平，锻炼了实践能力。

其次，实践队在进行防范电信诈骗工作的同时，也参与了适中镇的疫情防控工作。为了有效预防滞留缅北涉诈重点人员返岩导致新冠肺炎疫情的发生，适中镇组织全体人员将进行核酸采样及检测。为保证核酸检测工作的高效完成，实践队成员自告奋勇，积极加入疫情防控工作中。按照政府人员的调度安排，队员们帮忙粘贴指示标、布置现场、搬运工具等，虽然工作繁忙辛苦，但是队员们都觉得非常高兴，能参与到疫情防控的工作中来，为适中镇的防护尽一份力。

最后，队员们在进行实践活动的同时，也前往敬老院看望老人，开展志愿服务工作。队员们陪老人聊天，帮忙打扫卫生，当地的老人大多讲本地话，尽管在语言的沟通上存在一些问题，但在护工和本地实践队员的帮助下，还是能够亲切顺畅地沟通交流。队员们在交流的过程中，也向老人们普及了防范电信诈骗知识。电信诈骗近年来呈高发态势，而老年人尤其容易成为电信诈骗的受害者。队员们生动地向老人们讲解最近针对老年群体电信诈骗的经典案例，并提醒老人家提高警惕，他们认真地听着队员们的讲解，在临别前像家里的长辈一样对我们仔细叮嘱。敬老院的活动让我们在繁忙的实践工作中感受到浓浓的温暖，扫去了一天的疲惫，收获满满幸福。

习近平总书记曾说："唯有不忘初心，方可告慰历史、告慰先辈，方可赢得民心、赢得时代，方可善作善成、一往无前。"在这为期 10 天的实践过程中，纵观全镇的防治电信网络诈骗工作，实践队的力量或许如萤火虫的光芒一般微弱，但队员们始终坚信"萤烛末光，增辉日月；尘埃之微，补益山海"。现如今社会实践已经结束，但我们的防诈反诈行动永不停歇，愿将来，我们的影响能辐射至更多区域！

（二）暑期实践收获

1. 提高防范意识

在这次社会实践中，实践队了解到许多关于电信网络诈骗的相关知识，提高了安全信息素养。通过案例学习，队员们熟悉了许多电信诈骗的手段，提高了警惕，降低了以后受诈骗的可能性。同时，最令队员们高兴的是，通过自己的力量，普及知识，进行宣讲，传播电信诈骗防范知识，为增强适中镇群众防范意识，献出了自己的力量。

2. 提高实践能力

此次实践活动引导我们深入社会、了解社会、服务社会，我们投身到社会实践中，拓展眼界、汲取新知，在实践过程中发现不足，及时改正，极大地提升了自己个人能力。同时，实践也加强了我们的团队凝聚力，我们互相帮助、互相配合，遇到困难一起解决，增强了大家的团队意识。学有所用,在实践中成才,无论是个人能力的提高还是团队合作水平的提升,都为我们今后走出校园,踏进社会创造了良好的条件。

四、心得体会

为深入学习习近平新时代中国特色社会主义思想,贯彻习近平总书记关于党史学习教育的重要讲话精神,以立德树人为根本任务,鼓励大学生通过社会实践坚定理想信念、锤炼自身本领、立足专业、结合实际、服务社会,争当有理想、有本领、有担当的新时代青年榜样,以最好的精神面貌向建党 100 周年献礼。学院决定在新罗区适中镇开展暑期社会实践活动,深入当地社区的居民楼,上门入户对居民防范各类电信网络诈骗意识进行了解,统计相关数据,开展防电信网络诈骗系列活动。社会实践给了我们一个展现自我的平台,让我们提前步入社会,历练自己。短短 10 天时间,我们学习到了很多东西,满载而归。

随着艳阳似火的 7 月到来,我院也如期开展了暑期社会实践活动的各项工作。每一个环节每一个部分,各支队伍丝毫不敢懈怠。在出征仪式上迎风飘扬的旗帜见证下,我们踏上了这次征途。

实践初期,初访新罗区适中镇,实践队一行安顿好住宿后,便召开社会实践部署会议,确定了未来 10 天的大致安排。随后,适中镇镇政府党委副书记林往峰及综治办副主任陈金强在了解了我们社会实践的大概内容后,根据镇政府近期工作对实践队未来的工作部署进行了部分调整,并对我们社会实践内容表示肯定。接着,镇政府的领导们带领我们前往党政办、组织办、扶贫办、综治办、宣传办等科室一一进行具体了解。在明白这些科室的具体工作情况后,我们分配不同的人到这些科室进行帮忙和学习。

为了进一步深入了解适中镇电信网络诈骗的情况,实践队前往适中镇反诈骗宣教基地进行参观,观看防诈骗宣传电影,剖析典型案例,为普及电信网络新型违法犯罪相关防范知识,提高防诈骗意识奠定基础。随后我们来到适中镇打击整治电信网络新型违法犯罪指挥中心,了解各区域电信网络诈骗的情况,最后走进适中镇反诈骗禁毒联勤站,了解相关工作情况,对如何预防电信网络诈骗进行进一步深入调查。实践期间,我们对诈骗的一般手段进行解析,而且通过分析数据可知,诈骗分子年龄主要集中在 30～40 岁,我们觉得主要原因是这个年龄段的人社会压力较大,想要来钱快,容易走上诈骗犯罪之路。

疫情防控人人有责,为提高适中镇核酸检测效率,实践队成员积极参与到核酸检测的准备工作中。在新冠肺炎疫情影响下,适中镇居民的生活受到了限制,为了全镇美好生活,当地政府积极开展核酸检测工作,实践队成员也积极参与到此工作中,前期帮忙准备口罩,活动开始时,分别到各个村进行体温测量,发放口罩,帮助老人注册核酸检测码，并积极引导居民有序排队，工作结束之后，帮忙收拾桌椅，打扫卫生。助人为乐乃快乐之本，能够参与到此次志愿活动中，大家无比开心。这次活动，使我们看到了驻扎疫情一线的工作者，为了人们的安全，恪尽职守，兢兢业业，不禁肃然起敬。

为弘扬中华民族尊老、爱老、助老的传统美德，使防范电信网络诈骗的意识更加深入人心，在空闲之余，我们前往适中镇敬老院，开展志愿服务活动，并向老人们宣讲常见诈骗类型以提高警惕。实践队成员先帮助护工们清扫院子落叶、打扫老人居住房间等。在打扫卫生结束后，实践队成员与老人们聊天互动。"老吾老，以及人之老。"我们通过这次活动，领会到了助人为乐的精神和责任感，以实际行动给老人们送去温暖，使老人真真切切地感受到社会的关心和温暖，努力营造社会和谐的良好氛围。

"作为志愿者，大家要积极参与，一起投入创城工作中，进一步凝聚合力，众志成城，确保高标准、严要求完成各项创城工作任务。"实践队成员在政府人员的带领下积极参与到创建文明城市的工作中，大家戴好口罩，拿好工具，顶着烈日，认真打扫街道上的垃圾，并入户向居民宣传创城的工作要领和预防电信网络诈骗的相关知识。

为进一步拓宽禁毒防艾和防范网络电信诈骗宣传的覆盖面，提高群众识毒、辨毒、拒毒及防范艾滋病意识，增强群众反诈骗的能力，实践队来到适中镇人口流动较多的广场进行"禁毒、防艾、反诈"宣讲。实践队成员通过发放宣传资料，耐心地为路人讲解相关真实案例，提醒人们时刻提高警惕。

实践队成员一直秉承着为适中人民服务的初心，在镇政府工作人员的带领下，还参与到适中镇组织开展的疫苗接种志愿服务活动中去。实践队成员早早就到达接种疫苗的现场，听从现场工作人员的安排到各个岗位进行工作。戴上口罩，穿上工作服，没有休息时间。通过此次活动，实践队成员深深感受到了当代大学生未来的责任与担当。

预防电信网络诈骗，共享平安和谐生活！短短 10 天时间里，大家都意识到了自己的不足，有的成员缺乏实践经验，工作效率较慢；有的成员缺乏交际能力，不敢与人沟通等。有些东西以前没有尝试过，难免会出差错，但是大家都努力地改变自己，不断进步。我们意识到一成不变是不行的，投身社会实践不仅要求我们有知识，更要求我们拥有各方面的综合素质以及应变能力，光靠在学校汲取知识，远远不够。"纸上得来终觉浅，绝知此事要躬行。"在短暂的实习过程中，我们深深地感觉到自己所学知识匮乏，真正领悟到"学无止境"的含义，决心努力完善自己，勤奋学习，积极实践，做一个对社会有用的人！

(2021 年 7 月)

第四篇

乡村振兴篇

新时代大学生看乡村文化振兴调研报告

——以漳州市华安县 3 个乡村为例

2021 年暑期,闽南师范大学校团委"大学生看乡村振兴"暑期社会实践队到漳州市华安县先锋村、大地村与和春村 3 地开展暑期社会实践,通过走访乡村里具有代表性的场所,感受新时代乡村文化振兴的新变化,并通过社会调查,寻找乡村文化振兴中存在的不足。本次调研运用资料文献法、实地观察法、访谈法等多种调查方法。通过本次调研,我们发现每个乡村都有各自的文化特点,如先锋村以发展红色文化为主、大地村以弘扬优良传统家风为主、和春村则以宗祠文化为特色,但是我们也发现乡村在文化振兴中仍然存在一些不足,如资金政策保障不足、乡村文化人才匮乏、文化资源转化为经济资源的能力弱等现象。针对调研中发现的不足,我们提供了相应的政策建议。

一、调研目标

实施乡村振兴战略,是党的十九大做出的重大决策部署,是全面建成小康社会的助推器和全面实现农村现代化的新引擎,是新时代"三农"工作的总抓手。而乡村文化振兴是乡村振兴的重要内容之一,对乡村振兴战略的顺利实施起着重要作用。乡村文化是乡村振兴的发展之基,乡村文化的发展能够为乡村振兴提供内生动力。在校大学生群体文化程度高,社会实践覆盖面广,数量大,这一群体积极参与乡村文化振兴可以有效地为乡村振兴注入活力。开展本次乡村文化振兴调研活动的目的在于让在校大学生走出校门、走进田野,了解乡村文化振兴的现状与问题,并且在调研的过程中在田野里增长见识、增长才干,最终发挥自身专业优势,为促进乡村文化振兴建言献策、付诸行动,贡献新时代青春力量。

二、实践的主要内容

(一)调研现状

1. 先锋村:红色文化显著

先锋村现有"红色一条街",包括"四对比、五算账"群众路线教育馆及教育馆周边民房墙体彩绘、仙都侨史馆、知青文化主题公园、中国女排华安县先锋希望小学等,其中"四对比、五算账"群众路线教育馆是先锋村最具有代表性的场所。教育馆于 2013 年建成,2016 年正式开馆,总投资约 85 万元,场馆面积 200 多平方米,又被称为先锋村村史陈列馆。馆内珍藏了先锋村 60 多年来的档案、资料共 201 卷,展出了先锋村 60 多年来的发展历程,是中国农村建设的一个缩影。通过史料、实物,我们见证了"四对比、五算账"内涵在不同历史时期的发展。

根据村史馆的义务讲解员——当时 72 岁的老支书刘瑞祥介绍,20 世纪 50 年代,先锋社成立仅一年时间,就在引导农民走社会主义道路,在促进农业生产发展中起了样板作用。1955 年 12 月 27 日,毛主席对先锋农业生产合作社的整社经验给予充分肯定,亲自为先锋社典型材料进行修改形成《一个整社的好经验》一文,并为此文写下批语,让这个小山村曾轰动一时。"四对比、五算账"群众路线教育馆建成后,每年建党节等重要时间节点,都有许多党员、群众等到群众路线教育馆学习,学习红色文化,常态化开展爱国主义、集体主义教育。

另外,据调查得知,村两委班子也开展了习近平新时代中国特色社会主义思想和党的十九大精神、十九届五中全会精神教育宣讲活动,2018 年上党课 2 次,2019 年上党课 4 次,开展"不忘初心、牢记使命"主题教育研讨活动 6 次,2020 年上党课 3 次,并根据不同群众的不同需求,有针对性地开展各类群众文化活动。截至调研结束,先锋村共评选村级文明家庭 11 户,村老人协会评出"好儿女"6 人、"好老人"6 人、关爱老人典型 9 人、"好媳妇"7 人、"好夫妻"10 对,村民林秀德因热心公益、关爱老人受表彰,用先进典型和先进文化引领乡村文明新风。

先锋村是全国文明村、市级美丽乡村,曾获"福建省先进基层党组织"、福建省第四批生态村、漳州市级党建工作联系点、漳州市级农村党风廉政建设联系点、漳州市级爱国主义教育基地、漳州市级第三批社会主义新农村建设示范村等荣誉称号,既有光荣的革命历史,又有优良的传统作风。

2. 大地村:家风文化突出

大地村的二宜楼建造者是蒋士熊,其始祖蒋景容在明嘉靖四十四年(1565 年)因倭寇累患,海盗骚扰,由海澄(今龙海市)吾养山迁到大地村肇基。蒋士熊勤奋创业、经营致富,妻子魏颜娘持家操节、贤惠内助,婚后家道日旺,资财殷实。二宜楼工程浩大,蒋士熊因积劳成疾意外辞世,继由其妻魏颜娘和 6 个儿子、17 个孙子承其志而毕其功,历时 30 年,于清朝乾隆三十五年(1770 年)建成。蒋士熊重视家教、家风,这一点在楼内寓意深远的彩绘、壁画、楹联、木雕上都得以彰显,加强了对世代子孙的廉政教育,端正家风,为后代子孙树立正确的价值观。祖堂一楼梁上彩绘《鹅》,鹅象征洁白、纯洁、廉洁、廉明。楼主十分重视教育,后代子孙从清朝至今出过许多为官人员,他教育子孙要学习鹅的精神,做到廉政、清白、爱民,视公事如家事,视百姓如赤子,廉不言贫,勤不道苦。

祖堂雕刻着不同形态的莲花,或含苞待放,或盛开绽放,栩栩如生。莲花出淤泥而不染,濯清涟而不妖,寓意在官场上要保持自己高洁的品格。壁画对联——"清风明月无穷趣,流水高山不尽吟",充分体现了楼主廉洁修身,淡泊名利,寄情山水的情趣。蒋氏家风严格,在二宜楼内墙壁上绘有"天下之本在国,国之本在家"的家训。

土楼齐家馆位于大地土楼群一座富有闽南特色的土楼民居内,于 2016 年 9 月正式对外开放,每天接待游客近 200 人次。土楼齐家馆通过族谱家规家训展示、书法及资料图片展览等形式,向游客们展示谆谆家训、美美家德、代代家人、沉沉家书、和和家乡、浓浓家味、纯纯家风七大主题内容,以及华安县 23 个主要姓氏家族的家风家训文化精华。齐家馆集中展示当地良好的家风家训,传承优秀传统文化,被评为"福建省家风家教示范基地"。

此外,大地村秉承向上向善、和谐齐家的土楼建造理念,开展"传家训、立家规、扬家风"活动,广泛开展文明村镇、星级文明户、文明家庭主题活动,评选"好儿女"5 人、"好婆媳"6 对、"好夫妻"12 对、"好邻居"8 户、"村级文明家庭"10 户。

3. 和春村:宗族文化传承良好

和春村不仅拥有美丽神奇的自然风光,还拥有绚丽多彩的民俗风情、源远流长的历史文化和延绵不绝的宗族情缘。华安是福建邹氏人口最多的县,宋代状元、名臣邹应龙的长子一脉迁居华安,在和春村落户,和春村自此成为闽台邹氏后裔的重要祖籍地。邹应龙是南宋状元、"昭仁显烈威济护国广佑圣王",乾道九年(1173 年)诞生于泰宁古城南谷巷,25 岁中状元,入仕 42 载,为官 24 任,历任翰林编修,皇帝侍读,州府官员,"户、工、刑、礼"四部尚书,端明殿大学士,枢密院签书,参知政事(副宰相)等朝廷军政要职,一生光明磊落、清正廉洁、刚正不阿,其辉煌事迹和崇高道德已名垂青史,千古传颂。邹应龙为官期间曾因受权奸排挤赋闲在家,当时各地农民起义频繁,为避战乱,邹应龙携家眷先后迁赴江西、福建,不料又遇兵祸,致使家人离散。辗转中其孙邹智远来到了华安县马坑乡和春村,成为华安邹姓开基祖。邹智远一族家业兴旺,至今繁衍 30 多代,分布华安 22 个村,人口 2 万多人。和春村为纪念邹应龙,在村中建有邹应龙孝廉文化长廊。

和春村现有 15 座古宗祠,其中安仁堂为村中三宝之一。安仁堂上摆放着邹姓祖宗古灵位,厅堂木雕、彩绘、壁画精美,与二宜楼精巧木雕风格一致,堂内有 18 只精巧狮子雕像,其中 16 只为木雕,2 只为祠后明朝古石雕。安仁堂的许多细部装饰,设计科学,文化内涵丰富,至今保存完好。大宗"崇远堂"宗祠,为和春邹氏开基祖智远在元泰定年间(1328 年)所建,堂中有副木刻对联"崇重先型自古曳裾呈舞雪 远追来孝从今吹律播和春",是该村祭祖最主要的宗祠,内有元朝的邹姓祖宗灵位、清代的古楹联,宗祠雕刻精美,祠前设有半月形鱼池塘。此外,和春村还有龙兴堂宗庙、下洋宗祠等,其建筑精美、保护完好、文化底蕴深厚,体现出和春村先祖的聪颖智慧,有极高的研究与观赏价值。

和春村新建的广佑圣王殿于 2018 年 10 月落成。和春村乡土民俗风情浓厚独特,

每年农历二月初六的大宗祭祖和正月初十(有时会提前到初六)或七月二十七举行的邹
应龙民间文化艺术节,于村中广佑圣王殿外的广场举行。这是和春村民间两大盛会,每
当这两大盛会到来,和春村村民都穿上节日盛装,处处彩旗飘扬、红灯高挂,舞龙舞狮、
鸣响铳、走古事、游龙艺、芗剧表演、锣鼓表演等,举行各种民俗活动,祈佑来年平安,五
谷丰登,场面十分壮观有趣,吸引广东,泰宁,漳州绵治、高安、高石、贡鸭山村等省内外
宗亲前来寻根谒祖。

（二）调研问题

1. 先锋村红色文化资源经济转换意识薄弱

当地居民对于发展该村红色文化旅游产业普遍热情不高,主动性不足,将文化旅游
资源转变为经济效益的意识不强,对当地文旅产业的发展前景持观望态度。调查发现,
在当地具有一定规模且管理规范化、科学化的文化旅游酒店、特色餐饮店等寥寥无几。
外地游客到来后由于对当地不熟悉,往往不能准确快捷地找到符合他们需求的地点。
长此以往,诸如被动待客这类行为不仅有损于官方进行旅游宣传带来的效果,还会助长
当地居民对于旅游发展的惰性,接待游客于他们而言逐渐变得可有可无,旅游发展将停
滞不前。

2. 大地村乡村文化传承人才匮乏

目前,关于大地村文化传承人的培训工作,培训范围相对较窄,培训师资相对欠缺,
在乡村文化产业方面的专业管理人才和高水平文化传承人仍然稀少。出现这种情况
的原因主要有两个方面:一是乡村教育水平相对落后,学习风气不高,仅仅依靠地方的
教育水平来培养具有专业水准的文化传承人较困难;二是地方政府对乡村文化的宣传
力度不够,资金投入有限,相应的生活保障措施不能满足传承人的需求,导致人们对乡
村文化的兴趣不高、关注度低,愿意从事文化传承工作的人员较少。乡村文化传承人的
匮乏成为推进乡村文化建设的短板。

3. 和春村对传统村落保护和开发不足

和春村作为传统古村落存在传统古建筑保护不到位,缺乏管理人员,房屋破损未及
时修缮的现象。由于目前和春村经济基础较为薄弱,当地政府更加重视乡村经济的发
展而轻视对乡村传统文化资源的保护和开发,过分强调乡村基础设施的建设而忽略了
对乡村传统文化的规范化设计以及传承保护。另外,在乡村传统文化传承和保护中,部
分村民呈现出一种事不关己的态度,认为只要不影响自身的衣食住行即可,甚至将乡村
原有的古建筑及民风民俗看成是致其贫穷落后的可憎因素。同时,大多数村民也希望
通过追求经济的快速发展,从而过上城市化的生活。随着乡村的城市化发展,若不注重
对传统文化的传承保护,其文化内涵也不将复存在。

（三）政策建议

1. 先锋村:鼓励和支持村民返乡创业,促进乡村文旅融合发展

为了提高当地居民对于该村红色文化旅游产业的热情,政府可以通过政策引导,积

极鼓励支持村民返乡创业,增强村民的红色文化资源经济转换意识。在文旅融合发展的背景下,应找准传统文化与现代文明的结合点,促进乡村旅游文化产业与文化再生的良性循环,在保障农民增收的同时,实现乡村传统文化的传承与创新发展。建议通过多种途径让村民不出家门便可以就业,以此吸引新一代的青年农民工主动返乡就业、创业,支持家乡的建设,让他们主动形成文化自觉并承担起先锋村红色文化的传承和保护工作。

2. 大地村:发挥教育部门的职能作用,让乡村文化走进校园

青少年群体是推动中华传统文化传承、繁荣发展的重要力量,乡村青少年亦是乡村文化的受益者和传承者。在校园文化教育中,可以将乡村的优秀文化引入校园文化建设,这样不仅能扩大文化传播渠道,强化传播力度,同时还能增强青少年对乡村文化的自豪感、亲切感、责任感和认同感,树立起乡村文化自信,助力培养文化传承人才。实践队建议,将优秀的乡村传统文化有机融入现有教材中,从不同层面解读乡村文化的内涵价值,让青少年在接受教育的同时领略家乡文化的魅力;适当增加乡村文化的课程教育时间,让学生能相对全面地学习和了解乡村文化;在有条件的学校设立专门的乡村文化兴趣班,如在高等院校开设乡村文化教育公共选修课,聘请非遗传承人传授技艺,让更多学生学习和了解乡村传统文化。让乡村文化进入教材,走进课堂,从年轻一代开始培养他们的文化自觉,让他们树立起文化自信,进而影响上一代人的文化自觉意识。

3. 和春村:加大资金与政策支持,开展乡村传统文化传承与保护工作

重点传统村落的文化传承与保护时不我待,政府需要对国家级传统村落的文化传承与保护提供政策和资金支持。同时,乡村传统文化的传承与保护工作,需要因地制宜,因势利导,在发挥政策优势的同时强调地方文化保护与传承的重要性,切实运用地方性法规来规范文化与旅游经济的融合发展,形成经济发展与文化保护并行的长效机制。乡村文化的传承与保护不是流于形式的面子工程,而是应该通过对传统优秀农耕文明的传承与保护为农村居民的发展增添动力。

三、社会实践总结

社会实践是大学生课外教育的一个重要方面,也是大学生培养自我本事的一个重要方式,所以对于在校大学生来说,是一个难得的机会。相比往年在自己家乡附近的工厂进行社会实践,此次社会实践的内容和形式对于我来说,都是一次全新的体验,是一段让我终生难忘的旅程。从刚开始不敢入户交流到后面自己可以独当一面,再到与当地居民深入聊天,在这一过程中,我个人的能力在不断提高,同时也对乡村振兴发展战略的重要性有了进一步的认识与理解。作为一名当代大学生,我们需要理论联系实际,通过社会实践真正为人民做出贡献,要在不断学习的同时不忘参与实践,在实践中加强磨炼,不断成长。

我们社会实践团队先后在华安县仙都镇和华安县马坑乡和春村举办了素质拓展活动,给当地的小朋友带来了益智互动游戏、少儿英语课程和舞蹈教学等。同时,我们还走进先锋村、大地村与和春村,开展入户调研活动。这是我第一次参加调研,在过程中,我们积极向村民询问当地生产生活状况,了解当地乡村振兴工作,真真切切地感受到了脱贫攻坚成果,也了解了新时代美丽乡村的建设发展情况。

我们响应学校号召,积极参与乡村振兴战略实施,利用专业所学知识,在实践中得到更好的锻炼,培养实际操作能力与团队合作能力。大学生应该将自己所学知识运用到实践中,在实践中巩固自己的知识,调节理论与实践之间的关系,培养实际工作能力和分析能力,以达到学以致用的目的。因此,在本学年的暑假期间,我们在校团委老师的组织下,深入华安县 3 个村开展了为期 4 天的社会实践调研。通过本次实践调研,我收获了很多,不仅收获了一群志同道合的好友,了解了国家政策,探究到在乡村振兴战略实施下,村落的脱贫现状,同时也使得自身能力得到一定的提升。我认识到,第一,在社会上要善于沟通;第二,在社会上要克服胆怯;第三,在社会上要有自信;第四,在社会上要不断积累、不断丰富知识。

此次的社会实践调研使我更加深入了解到农村的基础设施建设,也更加深刻体会到实践活动是我们大学生了解社会、开阔视野的重要途径。我们也可以用自身的实践行动去关心社会、了解社会、融入社会,为乡村的振兴奉献自己的一份心意,贡献自己的一份力量。

(2021 年 9 月)

碳中和助力乡村振兴路径探索

——以武平县捷文村为例

碳达峰、碳中和目标是党中央审时度势提出的重大战略决策,随着"十四五"规划的推进,推动落实碳达峰、碳中和深入人心,但更多的焦点落在城市,对农村碳中和的关注较少。而民族要复兴,乡村必振兴。立足新发展阶段、贯彻新发展理念、构建新发展格局,如何实现碳中和与乡村振兴的同频共振,让碳中和助力乡村振兴,实现绿色、生态、可持续的乡村振兴是当下新课题。

为探索碳中和在乡村振兴中的作用,2021年暑假,我们组建了"碳中和助力乡村振兴路径探索"调研小组,选取了全国林改策源地福建省龙岩市武平县捷文村作为样本进行调查研究。捷文村作为生态文明建设的先行践行者和优秀推进者,一直致力于走绿色发展道路,在碳中和的路上也不甘示弱,率先建立了"碳中和乡村未来生态社区"等,开启了碳中和新农村的探索。

一、实践开展的意义

(1)适应了时势需要。本次调研活动从国家乡村振兴和碳中和两大战略出发,探索两大战略融合的新路径,适应了最新时势的发展需求。城市似乎与"碳中和"关系更亲密,也确是主战场。在碳中和这个高频词背后,农村被提及得并不多。但"减碳香不香,也得看老乡",让碳中和赋能乡村振兴,推动"零碳"乡村建设,积极探索碳中和与乡村振兴同频共振之路,是我们的必由之路。

(2)提升了实践能力。本调研通过实地调研、深度访谈、问卷调查等方式进行,提升了学生的实践能力,也拓展了学生的专业知识。在后续材料整理中以调研数据、访谈实录为基础,结合最新理论研究,进行综合分析,得出实践结论,提升了学生的专业能力。

(3)密切了社会合作。本次实践聚焦于乡村碳中和,这是学生以前没有接触过的知识点,拓宽了他们的眼界,也让他们跟社会的联系更加紧密。本次实践结束后我们仍与捷文村保持着长期的合作。龙岩学院碳中和助力乡村振兴志愿服务队,作为3家发起组织之一,加入了"光合作用"公益组织。我们持续关注并积极参加捷文村碳中和相关活动,在国庆期间开展的人工鸟巢公益亲子活动中,也积极参与在内。社会实践虽然结束了,但我们对乡村碳中和的关注一直在路上。

二、实践的主要内容

(一)捷文村实施碳中和的路径探索

武平县捷文村是习近平总书记亲手抓起、亲自主导的集体林权制度改革发源地,近年来获得"全国乡村旅游重点村""国家森林乡村""福建省美丽休闲乡村""福建省生态村"等荣誉称号。在乡村振兴战略大背景下,捷文村秉持"干革命走前头、搞生产争上游"的自我革命精神,发扬"敢为人先"的武平林改精神,不断深化改革,在乡村碳中和之路上进行了积极的探索,有其成功的经验,也存在不足的地方。

1. 捷文村领导班子的高度重视

火车跑得快不快,关键看火车头给不给力,领导重视对事情的促进有着事半功倍的效果。捷文村领导班子高度重视碳中和与乡村振兴两大国家战略,充分发扬"敢为人先,接力奋斗"的武平林改精神,率先行动起来,建立健全党委领导、政府负责、社会协同、公众参与、法治保障的现代乡村社会治理体制,首创性地开启探索碳中和在农村的实施路径,推动乡村振兴,打造充满活力、和谐有序的善治乡村。

2. 巧借外力打造碳中和未来社区样板

为突破资金、技术、管理等方面的局限,村领导集体经过多方考察,最终决定从浙江引进融趣教育公司,将该公司10余年自然教育从业经验带到捷文,与"全国林改策源地"的自然条件、生态品牌和政策优势相融合,开启全新的碳中和助力乡村振兴之路。融趣公司在捷文村建立了碳中和未来社区,捷文村给予了政策、人力、物力等各方面的大力支持,双方相互配合、相互支持,旨在探索碳中和助力乡村振兴的新路径。

未来生态社区,虽然只是一个小院落,但处处体现着低碳绿色生活理念:用电靠光伏发电满足,用水靠屋面雨水收集系统补充,小花园通过海绵土层设计来蓄水,桌椅用具等也都是原生态的,甚至有些是"废物利用"。目前,各种探索还在持续中,比如生活垃圾环保处理的"蚯蚓工厂"项目才刚启动建设。

3. 大力推进碳中和的群众性宣传教育

碳中和不是一个新概念,但在2021年突然成为网络热词走进了人们的视野,成为各行各界的新宠,然而碳中和并没有同步走向农村。我们在走访调研的过程中了解到,捷文村村民对碳中和的概念和意义不尽然知晓。为普及碳中和,让绿色低碳生活方式成为村民的新选择,捷文村大力推行碳中和概念的群众性宣传教育。

教育从娃娃抓起,要将碳中和的种子种在儿童心上。融趣自然教育基地开发了碳中和系列课程,为小朋友、家长等村民输送碳中和概念,促进节能减排行为的自觉养成。

捷文村融趣森林魔法学院,开启了全国首个"碳中和"生态研学课程,将"碳中和"行动融入教学中,号召每个参与"碳中和"行动的学子,加入"地球降温——护林减碳15%"的行动。课程通过科普保护生态"碳足迹"知识,倡导低碳生活,培养"低碳少年",助力生态文明建设。保护森林、低碳经济、低碳生活,普及低碳知识和倡导绿色可持续的发展理念,要从身边日常生活点滴做起,为早日实现"碳中和"这一目标贡献力量!小手拉大手,在小朋友心中种下的碳中和种子,会在一个个家庭中生根发芽,茁壮成长,影响和带动着父辈、祖辈们的碳中和行动。

4. 碳中和与生态文明建设的有机结合

捷文村作为全国林改策源地,一直以来都把生态文明建设放在发展的首位,通过近20年的接力奋斗,全村生态优势明显。截至2020年,该村森林覆盖率从78%增加到84.2%,林木蓄积量增加了9万立方米;实施林改以来,武平县累计完成造林面积81万亩,超过林改前25年的总和,林木蓄积量达2442万立方米,森林覆盖率提高到79.7%。一个立体式、全景式生态新捷文正在形成。

林改以来的生态成绩为捷文村的碳中和奠定了坚实的基础。郁郁葱葱的绿色森林是天然氧吧,在吸收二氧化碳的同时,源源不断地为村民们输送着富含负氧离子的新鲜氧气。在林改精神熏陶下的村民们,对森林格外热爱,房前屋后都种满了树,为碳中和贡献着自己的一份力量。实现碳中和目标的路径除了减排,还有增汇,而植树造林、增加森林碳汇就是一条有力举措。我们相信,"加强植树造林,提升植被覆盖,让大自然成为碳的搬运工"这样的环保理念将更加深入人心,并体现在每个人的行动中。

推进农村碳中和,很重要的一个举措就是促进农村分散经济的集合,形成规模效益,让边际成本降低。捷文村在借鉴外部经验的基础上,结合自身的实际情况,开发了富贵籽种植基地、黄金果种苗培育基地并大规模种植灵芝,建立了千亩灵芝种植基地。在相对集中的基地里,该村实现了土地的高效利用、资金的集约使用并避免生产工具的重复购买等,实现了碳中和和乡村振兴的同频共振,引导群众在生态文明建设的基础上,实现物质生活的富裕。我们应该真真切切地践行2018年1月,习近平总书记给"全国林改策源地"捷文村村民回信的重要指示精神,继续"埋头苦干,保护好绿水青山,发展好林下经济、乡村旅游,把村庄建设得更加美丽,让日子越过越红火"。

5. 碳中和融进寻常百姓生活细节

随着碳中和目标的明确,人人减排、绿色低碳的行为习惯无疑将进一步深度融入所有人的生活中。在捷文村,碳中和的理念逐渐渗透到村民的思想中,也慢慢地带动着村民们的行动。减少碳排放需要发展循环经济,每个农村的固体废弃物资源化利用程度是其必备标志。因此,为了减少垃圾填埋,令其高度资源化,源头上的垃圾分类必须做好。目前,我国一些城市进行了"无废城市"的试点,力求将固体废物对环境的影响降至最低,未来将走向"无废社会"。在捷文村,我们通过调研发现,他们在垃圾分类中做的一些细节,有助于减少碳排放。

污水治理微循环系统,虽然是简单的一个设置,但它充分利用了微生物和水资源的内在关系,一定程度上解决了污水排放的问题。垃圾兑换超市更是激起了村民们回收垃圾的积极性。据了解,垃圾兑换超市每天都会吸引大批的村民,他们用村里捡的垃圾兑换相应的生活用品。这一做法不仅让村容村貌时刻保持整洁,激发了村民们对村集体卫生的关爱和呵护,也促进了村民减少碳排放,让村民用自己的日常行为促进碳中和的实现。

(二)捷文村碳中和实施的现实困境

1. 对绿色能源的开发不足

我国农村可再生能源丰富,包括太阳能、沼气、地热、风能等,但是利用相对不足,可挖掘潜力大。同时,相较于城市,农村的基础设施落后、用能分散,且农民固有的生活用能习惯性大,所以农村实现碳减排的难度更高。我国现有的可再生能源(主要是风能和太阳能)在解决气候变化问题上可以发挥重大作用,但在部署这些能源方面所做的努力还不够。捷文村在绿色能源的利用上也存在这些问题。据我们的调研,捷文村目前在绿色能源的利用上,主要体现在沼气池的集体性改造使用和部分家庭太阳能热水器的使用上,尚未实现全村全覆盖。

2. 对绿色低碳技术利用不够

在农村减少碳排放,促进碳中和,是一项重大而复杂的工程,需要有绿色低碳技术的支持。捷文村因资金、人才等各方面,在利用绿色低碳先进技术方面尚存不足。例如,在推进农业清洁生产,集中治理农业环境突出问题,实现农业绿色发展方面,技术上还存在较大的缺口;在节能型农房改造项目上,没有可以建立农村清洁能源体系的技术支持。实现碳达峰、碳中和是一场硬仗,需要多措并举,既要构建清洁低碳安全高效的能源体系,又要推动绿色低碳技术实现重大突破,更要在农业领域推进绿色发展。农业绿色发展与能源体系和低碳技术的开发存在着密不可分的关系,这决定了作为乡村振兴基础的绿色农业发展能否为碳中和的实现做出贡献。

实现碳中和目标和实现乡村振兴的目标是同构的,推进乡村振兴发展,建设碳中和新乡村,探索乡村振兴和碳中和两大战略融合推进的新路径,是当下需要持续探索的课题。创建碳中和新乡村,加快形成人与自然和谐共生的绿色农业发展新格局,真正建成"产业兴旺、生态宜居、乡风文明、治理有效、生活富裕"的美丽乡村,助推乡村振兴和碳中和目标的实现和发展,我们有责任,我们在行动!

三、社会实践总结

本调研以"碳中和"为切入点,紧跟时势,选取了有代表性、走在探索前头的全国林改策源地武平县捷文村作为分析样本,通过实地调研访谈,总结分析碳中和在乡村振兴中的探索、遇到的困境,并提出碳中和助力乡村振兴的路径,具有一定的现实意义。

(一)暑期社会实践简单回顾

暑期社会实践安排见表1。

表 1　暑期社会实践安排

行程安排	实践主题	实践方式
第一站	聚焦农村碳中和,助力乡村振兴	实地调研
第二站	把"碳中和"的种子播撒在孩子心田	体验参与
第三站	发展林下经济,共筑"碳中和"理念	参观走访
第四站	乡村"碳中和",捷文这样做	座谈访问
第五站	携手同行,共筑"碳中和"	入户访问

在捷文村探索碳中和助力乡村振兴这一课题的同时,实践小队也通过打印传单、入户调查等方式,为实践增添了不少色彩。这次实践活动,丰富了我们的实践经验,提高了我们的团队合作本领,也使我们认识到了更多的小伙伴,从中获得的经验与知识让我们受用一生。社会实践引导着我们走出校门、步入社会并投身社会,我们要抓住这个培养锻炼才干的机会,提升我们的修养,树立服务社会的意识。同时,社会实践也拓宽了我们的知识面,让我们走入了从未涉猎的领域,增长了见识,让我们在以后的生活中比别人多了一份经验,受益匪浅。

(二)暑期社会实践的满满收获

1. 感受到团队协作的力量

此次的社会实践让我们感受到,实践小组用心拧成一股绳,每个人都为更好地完成实践任务奔波、努力着。在任务的分配上和小组内部的讨论中可以比较灵活,每个人都充分发挥个人优势,利用自己的方式去更好感悟。在这次实践中,每个人都是抱着服务他人、积极主动的态度去锻炼自我。

大家都以高涨的热情去完成自己与他人的任务,不计较得失。当任何一方在工作中遇到问题,大家都会齐刷刷聚在一起出谋划策,提供自己的笔记、照片等,像一群真正的战友! 比如负责新闻稿的同学,由于拍照技术较差,许多应该呈现标志性建筑的照片拍得不尽人意,看到问题后,其他4位小伙伴都翻找着他们拍的照片,一起挑选着较好的几张共享。

团队协作也培养了我们的集体意识。虽然人数不多,但是分工明确,让每个人都尽职尽责,做好自己的本职工作,不拖后腿。我们小队为了共同的目标一起努力,大家不怕苦,不怕累,分工合作,有条不紊地开展工作。从分配工作到完成工作,我们明白了只有大家都做好,才能收到预期的效果。在团队合作中,不仅仅要相信自我,也要相信他人,大家一起努力,一起奋斗,才能把工作做好,团结是一个优秀团队的灵魂。

2. 在实践中拓展了知识

碳中和和乡村振兴都是国家的重大战略。在这次实践中,我们不仅理解了这两个概念的意思,也更深刻地了解了国家的政策,有了更多的思考。

在此次社会实践中,我们发现碳中和的理念未能做到家喻户晓。这体现出农村更需要引进专业的技术人员,将抽象的概念具体化,以通俗易懂的方式让碳中和理念深入人心,提高村民对碳中和理念的认识。那么如何对碳中和文化进行宣传呢? 我们认为,首先要多开展相关的低碳活动,其中捷文村具有首个碳中和生态研学课程,有碳减排、碳循环、负碳技术、低碳艺术、碳环保、碳足迹等课程内容,为大众提供了良好的学习基地;其次,应不断完善基础设施,扩大规模,打造独特的项目,以此吸引其他的外来旅客,提高他们对碳中和文化的认识。

通过这次实践的过程,我们也认识到实践前期的各项准备活动是相当重要的,有完善的准备,才能在实践过程中有条不紊。比如说,我们需要熟悉当地的人文地理,而实践队刚好都是武平人,可以和当地的村民聊聊天,使调研的过程不那么死板刻意。这次的社会实践无形中让我们增强了自身努力学习知识,并将之与社会相结合的信心和毅力。

(三)社会实践存在的不足

这次社会实践,在让我们更好地了解社会的点点滴滴、开阔视野、增长才干的同时,也让我们认清了自我的位置,发现了自我的不足。主要不足有如下几点。

1. 实践队成员组成不够丰富

实践队对于乡村"碳中和"问题是外行,即使提前上网查阅相关信息、在参观时认真记录,但是对于碳中和的核心,我们并没有涉猎,显得有些"外行看热闹"。所以小组组成需要优化,如果增加一位生科与一位化材的同学,会让我们的社会实践更加专业化与理论化,呈现出更加卓越的成效。

2. 实践调研的时间不够充裕

本次社会实践对助推碳中和和乡村振兴这两大国家战略来说,调研的时间还是不够的。我们在村里的宣传也没有覆盖全,包括入村调研的时候,因为许多村民去修路了,所以大部分接受调研的都是老年人,对于青壮年关于碳中和看法的调研不是很充分。

四、心得体会

本次社会实践是我们步入大学生涯以来的第一次社会实践,带着懵懂又紧张的心情,我们跟随着老师一起来到社会实践目的地——全国林改第一村:捷文村。怀揣"聚焦乡村碳中和,助力乡村振兴"之目的,我们共同参观、了解了作为全国首个乡村碳中和试验点的捷文村,在"村民碳中和思想""实施碳中和村企结合""村落基础设施建设"等方面的成果。深入捷文村实践调研,对于我们这群大学生而言,除了可以更好地感受社会与时事热点,更能体会到农村作为我国经济与生态结合发展的后基位置在"乡村碳中和"中所迸发出的力量。

(一)参观碳中和基地　感受乡村生态社区

我们在老师的带领下,来到捷文村"融趣自然教育基地",这里是乡村碳中和基地,也是实验中的生态社区。在这里,我们参观并学习有关于"碳中和——未来乡村生态社区"的规划与实践。基地意义重大,它作为全国首个碳中和未来乡村社区,对乡村碳中和全面实施起到开荒牛的意义,是践行"两山理论"与"为人民服务"的有机统一。基地左侧设有太阳能电池板,电量以供日常使用。基地右侧拟建造雨水收集处理系统,顶部拟装置风力发电设备,由于这两部分的经费与技术专业性的限制,基地团队计划融入公益元素,在建造雨水处理系统与风力发电设备的同时,调动公众对参与"碳中和"的积极性,加强"碳中和入生活"的效果。

(二)体验"融趣"森林课堂　感受自然乐趣

我们来到"融趣"森林课堂,尚未进门便听见门内小朋友们的声音,走进棚内,不由大为震撼,里面约有上百个小朋友。我们在仔细观察后发现,这些小朋友被分为好几个批次:一批随着老师观看各种生产者、消费者、分解者的照片,一批围着圆桌在进行抢答,一批在和家长一起制作自己的竹筒盆栽……在愉悦的氛围中,小朋友们初步了解和掌握了碳中和的相关知识,并在实践中加强了印象。

(三)参观林下种养殖　感受别样林下经济

我们走进大片的灵芝、金线莲等名贵药材种植地,这些药材不像以往的种植方式那样栽种在盆里或地里,而是分散在树下,与树下散养的吃小虫、喝溪水的"武平氧吧跑步鸡"等一起生长,形成致富的林下经济。配合我们参观记录并为我们讲解介绍的钟大叔表示,自从发展林下经济,不仅为他这类种养殖户省去了场地与部分饲料、肥料的开支,而且因为纯天然,不仅是灵芝、金线莲等植物,连鸡、鸭等动物的品质都得到了提高。同时村里帮他们广开销路,采取采摘节活动与网上销售的方式,极大地增加了农民的收益。在这种背景下,农户们加大了兴种树木的热情。

(四)走访村户　调研分析

我们走访了村里大大小小几十家住户,向他们分发我们准备的关于"乡村碳中和"的宣传单,并询问他们对"乡村碳中和"的理解。走访期间,许多村民激动地表示,村里经常会以发宣传单的方式跟他们简要介绍碳中和,强调要爱护环境,要减少砍伐,提倡收集酒瓶、塑料瓶、烟头等去垃圾兑换超市兑换生活用品,并且村里还帮每家每户兴修沼气池,进行统一排放。沼气池在很早之前已投入使用,它们巧妙地掩藏在树下,既美观,也不会影响村民生活。甚至有些村民受到村里与基地的思想灌输影响,还自发在自家楼顶装上太阳能板,用清洁能源代替传统的电热水器和燃气热水器。村民们都在用自己无意识的行为减少二氧化碳排放,促进碳中和。

（五）参观公共设施　感受后基支持

我们在捷文村村支部何副书记带领下,共同参观万安镇政府与捷文村共同助力"乡村碳中和"所建设的公共设施。路上,何副书记热情地向我们介绍:捷文村以"垃圾兑换超市"与"村庄污水治理项目"两个模块为切入点,以村民日常生活涉及的废品与污水为桥梁,经村民力量,将碳中和以以小见大形式反作用于村民,在潜移默化中达到碳中和思想理念的普及教育,实现真正意义"碳中和助力乡村振兴"。

在垃圾兑换超市内,不少村民带着空矿泉水瓶、空农药瓶、纸盒、纸箱等可兑换垃圾有序排队等候兑换生活用品,可见村民对垃圾兑换概念接受度高、积极性高。同时我们也观察到兑换小组具有高效特点,他们分工明确,对村民提供的垃圾快速反应,提供所对应兑换生活用品。整个兑换超市给人以热闹但有序的感受。

走到村庄污水治理项目点,何副书记骄傲地表示,这个治理点在 2018 年 11 月完工,服务着整村 13 户业主。业主的生活污水经各户三格化粪池处理后排入生态氧化塘,利用水生植物对污水中的污染物进行生态降解,实现净化目的,最终达标排放。我们参观完毕一致表示,这两处公共设施集中体现了政府对捷文村实施碳中和的宏观支持,用看得到、摸得着的方式助推乡村碳中和发展。

（六）体　会

本次社会实践弹指而过,但在这期间我们收获颇丰!碳中和虽然是一项没有做过的新项目,但是捷文村勇于尝试,致力于将农村碳中和做好、做大。捷文村把碳中和基地作为一个项目试验基地,在这个基地里不断创新思想,创新方法,并争取把它打造成乡村示范点,让更多的人一起学习,一起建设美丽乡村,助力乡村振兴,实现农村"碳达峰""碳中和"。为建设和谐美丽乡村,需要不断注入新鲜的血液和思想,我们一直在前进着。

（2021 年 9 月）

基于人才"三力"的乡村振兴路径探究

——以闽西为例

　　我国要实现全面建设社会主义现代化国家,面临的最严峻的形势,最艰巨的任务,最繁重的工作仍然是农村工作,是"三农"工作。2020 年底召开的中央农村工作会议强调,坚持把解决好"三农"问题作为全党工作重中之重,举全党全社会之力推动乡村振兴。千秋基业,人才为先,人才振兴是乡村振兴的关键和基石。任务需要人才尽力完成,安排需要人才有力部署,改革需要人才集思广益,因此人才队伍建设是实现乡村振兴目标的关键环节。

　　习近平总书记指出,要推动乡村人才振兴,把人力资本开发放在首要位置,强化乡村振兴人才支撑。然而近几年,农村地区人才缺少问题并未解决。在我国城镇化发展进程中,大量农村剩余劳动力向城市转移,农村年轻人特别是人才数量锐减,在大量优质劳动力外流和城市人才不愿下乡双重影响下,农村发展存在人才队伍规模小、效能低等问题,不利于农村持续发展。为了探究人才振兴面临的现实困境,学院学子下乡,以闽西地区农村为目的地,开展社会实践,寻找人才流失问题的解决途径。

一、实践开展的意义

　　(1)参与调研活动,提高社会调查能力。实践队成员通过此次调查,能够了解、熟悉调查的环节,在走访和调研过程中,锻炼与人沟通的能力;在分析问卷结果的过程中,提升逻辑梳理能力。调查过程中的突发事件能让队员们学会理智应对,提升深度思考的水平,最终实现社会调查能力的整体提高。

　　(2)了解乡情民意,增强使命感、责任感。社会实践有利于增进大学生对国情和社会现状的了解。通过调查研究,实践队成员能够了解乡村振兴中人才数量和结构概况,分析其原因,探索青年大学生为乡村发展提供智力支持的可为路径,在调查中感受身为青年学生的历史使命感和责任感。

二、实践的主要内容

乡村振兴,人才先行。实践活动主要采用发放问卷和走访调研两种方式,调查了闽西乡村在振兴发展过程中面临的人才困境。本调研从"内力""推力""引力"3个角度分析闽西农村人才不足、结构不合理的原因,并从完善人才队伍结构体系、提高人才队伍综合素质、建设人才队伍发展环境和激发人才队伍工作热情4个角度为培养、引进更多扎根农村、知农爱农的新型农业农村人才,打造一支强大的乡村振兴人才队伍,破解乡村人才发展困局提供建议。

(一)充分讨论,发放问卷

问卷调查具有广泛性和客观性的特点,操作简易,能够广泛运用并节省经济开支,且不要求署名,有利于被调查者表达真实想法,但如何在有限的实践时间内,提高问卷调查的效率是我们团队反复思考的问题。考虑到不同调研群体,实践队决定根据普通群众和村级干部两种不同受众设计相应的问卷。对于普通群众的问卷,我们主要是询问村民们对近几年家乡变化的看法,对乡村振兴、人才振兴的了解程度,是否有问题需要反馈或者为我们调研提供建议等。而面向村级干部,我们将重心移到目前农村的人才结构问题上,如领导队伍的人才总量、年龄结构、性别比例、学历结构和人才类型结构等,询问基层干部们对当前农村发展问题的看法,对人才问题的建议。现今互联网发达,信息传播速度快,因此我们除了发放纸质问卷,也制作了网络问卷,采取线上线下相结合的方式展开调研。

我们的问卷调研获得当地村民和政府人员的积极配合和反馈,收到显著的效果。随后,我们查阅大量资料,对回收的问卷及时进行整理和分析,得到许多很有价值的结论。通过问卷调查,我们对当地的发展情况、人才结构有了更深的了解,同时也提升了自身思考问题的深度和水平。

(二)走访村落,调研情况

除了发放问卷,实践队也深入乡村,与村民们进行面对面交流。通过实地走访,队员们在南坑村看到了可喜的一面:随着村里基础设施的完善及旅游业的发展,外来企业及返乡创业的人越来越多。但村里的大多年轻人都外出务工,留村人口中老人和孩子居多,缺少年轻劳动力,这也成为村产业发展迟缓的主要原因。有村民表示,"如果有需要,将来也会让自己的孩子毕业后留在村中,为南坑村发展贡献一份力"。虽然从群众的反馈中,我们可以得知村里仍然存在人才外流现象,但我们不难理解这种现象的原因,城市的薪酬待遇高、生活质量好,与农村相比具有更多的发展空间。然而近些年国家对乡村振兴的重视程度提高,省内的许多高校颁布了激励大学生返乡的政策,鼓励大学生下到基层去帮扶、积累经验,人才外流的问题也在一点点地改善中。

在与村干部交流的时候,听他们讲述平时的工作安排,我们设身处地,感受到基层干部工作的不易,为他们的坚持和奉献感到敬佩。但是许多年事已高的村干部也表达了自己的担忧,认为随着自己的年龄增大,精力有限,促进乡村的发展,需要更多的年轻人、更多的有为之人加入这个行业。

乡村振兴,关键在人。基层一线,乡村中仍然存在青年优质人才持续外流、总量不足、结构失衡等问题。虽然随着国家政策的开放,基层人才队伍建设的加强,乡村的人才缺少问题有所改善,但是促进乡村发展,仍需要源源不断地注入人才"活水"。

（三）总结问题,献计献策

在实践的最后几天,我们整理调查问卷和走访调研收集来的问题,向相关专家咨询建议,集思广益收集到人才振兴的方法策略,如进行本土人才培养,鼓励人才返乡创业,建设良好的人才发展环境和完善人才激励机制等措施,并将这些建议与村干部讨论交流,得到积极的反馈和肯定。通过实践,我们对乡村振兴、人才振兴的战略有了更深刻的理解。作为当代大学生,应该深入基层亲身实践,关注农村发展,把所学所思融入其中,发现问题,提供思路,为乡村的全面振兴贡献自己的一份力量。

三、社会实践总结

（一）"三力"概念界定

（1）内力。新时代下,使人才为了实现自身的价值,谋求未来的发展,厚植乡村建设的情怀,而选择参与到乡村振兴建设当中的力量,从而为乡村振兴提供人才接续,最终实现促进乡村振兴人才队伍建设的目标。

（2）推力。新时代下,使人才被反推参与到乡村振兴建设当中的力量,从而为乡村振兴提供人才接续,最终实现推进乡村振兴人才队伍建设的目标。

（3）引力。新时代下,使人才在外部因素吸引下能够主动参与到乡村振兴建设当中的力量,从而为乡村振兴提供人才接续,最终实现加快乡村振兴人才队伍建设的目标。

（二）闽西乡村振兴人才队伍建设的现状

虽然国家和地方各级政府出台各级各类政策指导推动人才振兴的落地,乡村人才队伍建设取得了明显的成效,但是制约乡村振兴战略实施的人才瓶颈依然存在。

（1）人才数量少、结构不优。我们通过调研南坑村、南江村、捷文村、五龙村4个村发现,乡村年轻且富有创造力的劳动力多数外流,留守乡村的多为老弱病残,人才数量少,人才结构不佳。

①人才总量。大部分有知识有能力的大学生毕业以后选择去城市工作,有一技之长的农民工也选择去外地发展,导致人才外流,留村人才总量不足。在访谈中,各个村

干部都表示有引进外来人才,但他们大多在基层 2～3 年就走了,真正愿意扎根下来,带动产业发展的人才少之又少。乡村日益发展壮大与人才日益缺乏的矛盾,城乡之间发展不平衡不充分,这些瓶颈使得闽西在乡村振兴的道路上出现人才总量不足等问题,严重影响乡村的发展。

②年龄、性别结构。调研地的人才队伍无论是在年龄结构还是在性别结构上,都存在较严重的失衡现象。村干部年龄普遍在四五十岁以上,特别是南坑村、南江村的乡村振兴带头人年龄偏高。以南坑村为例,其领导队伍 48 人,在年龄结构上,60 周岁以上 18 人,占总人数的 37.5%;40 周岁以上至 60 周岁以下 16 人,占总人数的 33.3%。在性别结构上,该队伍的男性 39 人,占比 81.25%;女性 9 人,占比 18.75%。这显示了南坑村村干部队伍不仅老龄化现象较为突出,而且女性在乡村建设中发挥作用的机会少。

③学历结构。4 个村的基层村干部人才的学历层次普遍为中学及以下,虽有引进选调生、"三支一扶"高校毕业生等高学历人才,但数量少,且在基层工作多属 2～3 年"过渡性质"。

④人才类型结构。现有乡村人才类型的构成与乡村振兴战略要求有较大的差距。农业生产经营人才占大多数,但由于大部分人的学历为初中及以下,只能从事传统种养殖业,而且既懂技术又懂管理的产业化经营人才极少,乡村专业技术人才、高技能人才更是匮乏,该类人才的不足限制了产业的发展,而产业的前景又决定着吸引人才的引力大小,致使产业和人才陷入双向匮乏循环。

(2)后备干部力量不足。4 个村的乡村人才队伍自给和外部输入能力弱,导致乡村人才后备不足。一方面,由于村干部收入水平低,有才能的年轻人大多数选择"走向城市"外出发展,致使年轻力量"留不下来"。通过调研可知,年事已高的村干部普遍表示自己年事已高、精力有限,但难以找到接班人。另一方面,乡村中有能力、有才华的人才通过抽调、考录、选调等方式离开基层一线,后备干部力量流失严重。

(三)基于人才"三力"模型的农村人才不足的原因分析

1. 乡村人才"内力"不足

我们在实践过程中,了解到有一部分人才由于自身年龄而引发对自身价值的思考,想要在乡村振兴中贡献出自己的一份力量,也有人是因为想回到家乡为家乡做出一份贡献的情怀,而选择回到乡村发展。这些人才大多数是因为自身,选择回到乡村参与到乡村振兴工作中,为当地乡村振兴的发展做了很大的贡献。但总体上,这部分人数不多,参与乡村振兴工作的大部分是选调生或公务员,他们在村庄里的时间一般为 3 年内,这不利于村庄可持续发展。

2. 乡村"引力"不足

产业的发展以及政策优待一直以来都是人才来到乡村的两大吸引力。

(1)乡村产业未发展。据我们调研,虽然这 4 个村产业较之前有发展,但由于产业未升级、规模不大,只能吸引老年人或极少数的青壮年劳动力。

(2)乡村人才环境保障不完善。通过调研我们发现,4 个村的交通、教育、医疗等硬件条件不完善。村内在很久之前是有小学的,但由于就读人员少、师资力量弱,最后缩减合并了。而在医疗卫生方面,虽然各村在村委会设立了村医室,但由于资金、村医欠缺等投入并正常使用的极少,有的只是偶尔开放,更有的出现虽然设立专门村医室,但实际上为闲置的杂物间的情况。乡村工作、生活、上学条件落后于城市,加上产业缺乏好的发展前景导致乡村对人才的吸引力不大。从经济学角度思考,人都是理性人,衣食住行是最基本的保障,在满足基本温饱基础上,才能更好地实现情怀与大爱。

(3)乡村人才激励机制不健全。乡村人才待遇与实际业绩、贡献不符。现行体制内工作人员福利待遇呈"倒三角"结构,导致人员越往基层总体收入越低。据调研,目前在乡村一线服务的乡村干部及其他各类年轻人,月收入普遍在 2000～3000 元,与县级以上同职级人员相比,差距明显。但乡村基层条件艰苦、工作任务繁重,除了要做好自身业务工作,还要参与扶贫、社区服务、产业发展等中心工作,加上农村劳动力资源数量不足、质量不高的问题,更是加大了基层干部的工作难度。

3. 乡村"推力"不足

人才在自身发展过程中,总会遇到一些瓶颈或者困难,成为一种直接或者间接推力,将人才推往乡村。例如,因为家人在乡村生活产生对亲人的挂念,或者因为在城市发展不尽人意,想回到乡村发展等直接推力;也有政策强制执行,将人才调往乡村的间接推力等。为了接受更好的教育和拥有更好的就业、医疗等机会,在多年城市化进程中,很多村民已经搬到县城。这就意味着,总体上(以我们调研的 4 个村为样本)留守儿童不多,留守老人因为能自给自足又距离县城不远,导致青壮年劳动力回到乡村的推力也不足。

(四)基于人才"三力"路径探究

(1)完善人才队伍结构体系。一要保证人才资源总量的稳步增长;二要保证人才类型、人才分布、人才层次等结构不断优化改善;三要全面提高各类乡村人才综合素质,尤其是大学生村干部,要培养其将专业能力与乡村振兴工作合理配合。我们在实践过程中了解到,各村的人才工作模式基本都为半劳力,像兼职主播等,以及大学生村干部、选调生等接续力较弱。因此,各地可以在吸引人才的过程中,选择用"人才共享—半劳力"的工作模式(半劳力:指在基层需要时进行服务,非全职)来匹配当地人才需求,提高人才利用效率。同时也可以通过培养继承人的模式培养指定类型人才,查缺补漏完善当地人才队伍结构体系。

(2)提高人才队伍综合素质。习近平总书记强调:"人类社会需要通过教育不断培养社会需要的人才。"只有提高人才队伍的综合素质,才能充分发挥服务乡村振兴人才的主观能动性。多渠道构建和培育乡村振兴人才队伍需要做好人才引进和培育,发挥人才聚合效应。

在人才引进上，可以借助高校、科研院所等科研技术力量服务乡村振兴发展，让有专业技能的科技人才和落实"三支一扶"、欠发达计划的高校毕业生等各类人才到乡村基层一线流动。此外，可以引导在校大学生在寒暑假期间开展服务农村的专项活动。同时，鼓励从乡村走出去的优秀人才返乡创业，为乡村振兴做出贡献。

在人才培育上，需要加强对乡村人才教育培训的投资，建立健全完善的人才培育体制，充实乡村人才队伍的精神食粮，这是提高人才队伍综合素质的有效路径。一是可以通过采用与职业院校合作，利用"半农半读""农学交替"等方式开展新型职业农民实用技术培训。二是可以提供一些继续教育的政策支持人才深造，如为提升学历的人才提供教育学费补贴等，让人才在工作之余更有热情学习更多知识，提升自身综合素质；三是要适应大数据的时代环境，宣传新政策培训新技术，让人才能够了解最新的乡村振兴发展方向。各地可以通过建立人才根据地开展培训交流活动，同时在提高人才队伍综合素质的过程中，也要注意在加强技能培训或者提升学历时，突出对思想观念和意识的培训，这样才能更好地提高人才队伍的综合素质。

（3）建设人才队伍发展环境。人才队伍发展环境的优劣，事关乡村人才的去留。只有建设好人才队伍发展环境，人才才愿意"走进来"，也愿意"留下来"。建设好人才队伍发展环境，就是通过人才"三力"的引力，来吸引人才，留住人才。一要建设引才惜才的政策环境，给予乡村振兴人才一定的政策支持；二要建设尊才爱才的社会环境，给予乡村振兴人才足够的重视；三要建设公平公正的制度环境，保证人才考核监督过程的公平公正，平等对待各类人才；四要建设热情积极的工作环境，保证乡村振兴人才的高度工作热情；五要建设优秀多样的产业环境，吸引乡村振兴人才前来，提供给乡村振兴人才足够的就业岗位与经济支持。乡村人才队伍发展环境的建设要做到视野开阔，要真正做到站在人才的视角，为人才谋取福利，为人才建设良好的工作环境。只有积极优化闽西地区乡村人才环境保障，才能完全发挥人才"推力"和"引力"作用。

（4）激发人才队伍工作热情。中共中央《关于深化人才发展体制机制改革的意见》指出人才管理体制要更加科学高效，人才评价、流动、激励机制要更加完善。因此，要建设人才激励机制，激发人才队伍的工作、创新热情。一是完善政治激励机制，为人才提供广阔的发展空间，坚持公平公正的人才评价机制，实行奖惩机制，对优秀的有能力的人才可以考虑优先编制或者提拔晋升，对懒惰懈怠的人才进行相应的处罚，激励人才队伍高涨的工作热情；二是完善荣誉激励机制，加大人才表彰力度，定期对在乡村振兴工作中有卓越贡献的人才进行表扬表彰，同时开展各类评比活动，引领人才为乡村振兴的发展做出更多贡献，激发人才的自豪感，提高工作热情；三是完善待遇激励机制，要重视提高乡村人才的薪酬待遇和社会福利待遇，同时对他们的家人进行一定的照顾，重视人才生活环境及工作环境方面的改善，增强人才三力的"内力"。同时，各地还可以在各种节日举行活动,为人才提供文化建设方面的需求,激发其工作热情。

四、心得体会

虽然乡村发展还存在许多人才瓶颈,但由于现阶段我们自身能力不足,无法直接破题。这次调研最大的收获还是与村书记们的交流。首先是敬佩书记们几十年的坚守,无论是江书记自 50 岁回村一改南江村面貌,为家乡做贡献至今已坚守 16 年,还是从他乡嫁到南坑村,在前乡贤的影响下为当地坚守 24 年的另一位书记。从与他们的对话中可以明白坚守背后的原因:一是对家乡的情怀,有为家乡变得更好的心;二是作为一种身份的责任——是村书记,是党员,更是家乡的一分子。最难忘的是江书记在交流中反复提到的对自己设立的标准——"我将无我,不负人民""乡村振兴的人才一定要公平、公正、公开有公心,并且心系群众",还有沈书记的"要做就做到最好,不然就不要做"。两位书记也对我们提出期待,"好好学习,将来回报社会""党有今天来之不易,年轻人应该且必须好好学习党史"。他们的语气是恳切的,希望是热诚的。他们这一代奋斗者是真真切切地将党和党的历史融进了自己的生活、工作中,融进了骨子里,所以在用自己几十年的人生去守护和拓新这片山河。他们的信仰与坚守让我深深动容,我觉得自己身为一名预备党员,作为一名大学生做得远远不够。

——李淳淳

通过这次三下乡社会实践活动,我发现乡村人才正在面临着老龄化、流失严重、总量不足等诸多问题,乡村振兴人才先行的计划已经迫在眉睫。失去人才领导的乡村旅游、乡村文化、乡村产业如同雄鹰失去了双翅,即便心里向往多么广阔的天空,也始终到达不了想去的远方。时代在召唤我们去完成新的使命,我们新时代大学生担当大任的时候到了,我们应该积极下乡做力所能及的事情或者为乡村振兴提供智力支持。为了乡村振兴能够更好地发展,我们应该立刻行动起来。

同时,我明白这次三下乡对我自己来说不仅仅是一次社会实践活动,更是一场心灵的洗涤,让我的内心对乡村振兴由无知到懵懂,从了解到敬佩。如果可以,毕业后我会毅然选择回到农村。这个决定,是我人生规划由城市到农村的第一次转变,也是三下乡带给我成长路上最好的礼物。

——申浩玉

此次参与到基于人才"三力"的乡村振兴路径探究社会实践活动中,让我更深入地了解到了人才的重要性。我们在调查过程中了解了 4 个村的人才现状,在后续研究谈论过程中共同探讨了人才短缺的原因和解决方案。以前谈到很多问题出现的原因时,大部分都会提到类似人才数量不足、人才教育不足、人才结构不合理等内容,从未真正思考过为何会出现这些问题以及该通过何种路径来解决这些问题。

实践队实地调查的这些村书记,很多都年事已高,他们当初放下自己的工作选择回家乡参与到乡村振兴的建设过程中,无私奉献,甚至贴上自己的家底,日日夜夜投身到乡村建设中。还有很多乡村振兴人才放弃了在城市发展的机会,为了家乡发展,即使领着100元的工资也要投身家乡的乡村振兴工作中。这种精神让我们很多队员都大受震撼,舍小家为大家,一心为人民,"我将无我,不负人民"的话不是说说而已,而是体现在实际行动中,体现在为村民们新添的一砖一瓦中,更体现在乡村振兴进程迈出的一大步中。

此次社会实践使我们收益颇丰,极大地开阔了我们的视野,提高了我们的处事水平和团队合作能力。实践活动结束,但是为社会服务的步伐并没有停止。聚焦人才振兴,助力乡村发展,我们将努力学习,练就本领,为促进社会进步,实现乡村振兴献出自己的一份力量。

——林雨彤

(2021 年 9 月)

数字乡村建设,助力乡村振兴

——以上坪乡大进村为例

当前和未来一段时间是我国脱贫攻坚和乡村振兴战略实施交汇的特殊时期。在这关键时期,加强脱贫攻坚与乡村振兴的有效衔接,重点要抓好产业、人才、规划、组织、政策"五个衔接"。

为响应国家乡村振兴战略,7月14日至7月23日,三明学院"春晖行动"乡镇实践队前往福建省永安市上坪乡大进村开展以"数字乡村建设,助力乡村振兴"为主要内容的"三下乡"社会实践活动。据悉,大进村是福建省建档立卡脱贫村和乡村振兴试点村,曾入选2020年福建省森林村庄名单。在全面推进乡村振兴背景下,实践队运用文献资料法、访问调查法、个案研究法等,对大进村的历史、产业、文化沿革及基本发展情况展开详细调查和具体分析。

一、实践开展的意义

(1)推进大进村数字乡村经济建设。随着网络信息技术的日益发展,传统的线下医疗逐渐演进为数字化、网络化、智能化的数字健康,数字化和医疗健康产业融合渗透、一体化发展趋势明显。为全面推进大进村乡村振兴重点任务建设,队员们结合专业知识、围绕大进村现有的生态资源开展数字乡村建设调研,对大进村村民开展基础健康数据普查活动,为村民建立健康档案,规范开展健康教育。

(2)锻炼实践团队调研能力。在指导老师的带领下,实践队以分组进行深度访谈为首要调研方式。队员们根据大进村的居民点分布,进行路线探索;在分工完成后进行讨论,制定具体的调研问卷以及具体的调研方法;根据所有小组收集完的材料,制订适合并且可靠、可执行的大进村研学方案;最终总结实践经验,发表感想。各环节紧密联系,系统完整地锻炼学生的实践能力。

二、实践的主要内容

(一)实践队基本情况

实践队依托上坪乡党委、三明学院信息工程学院党委、永安市教育局机关党委和大进村党支部的党建联盟合作项目,共有指导教师 1 名,队长 1 名,队员 16 名,其中 2018 级学生 2 名,2019 级学生 7 名,2020 级学生 8 名,具有良好的实践基础。

(二)实践前期准备

在实践之前,实践队制订了详细的活动策划。前期,团委负责老师与几名队员专程前往永安市上坪乡大进村考察当地情况,并及时反馈给学院领导,确保社会实践的学生之后为期一周半的人身安全。

在此期间,我院团委负责老师与学校团委相关老师多次召开安全会议,明确责任,部署制定了详细、周密的安全措施,并确保参加社会实践的全体师生均购买好意外保险,保证参加活动的全体师生的安全。

在行动前期,指导老师对学生进行指导,组织大家准备活动方案。为了助力乡村振兴的工作,大家通过查阅书籍、上网查询等多种方式,初步了解了永安大进村的基本情况,并多次展开讨论,提出自己的建议与看法。同时,2 名带队学生负责对团队进行分组、分配工作、安排日程事项等。此外,学生还积极与当地政府人员和老师进行沟通交流,根据他们的建议对策划进行修改。

(三)实践分工情况

本次社会实践将实践队分成 5 个小组进行。

第一组:大家坊调研组。通过采用访问调查法、实地观察法、抽样调查法、重点调查法等多种方法进行深度调研,针对不同情况进行不同分析。由于大家坊人口较多,因此主要用访问调查结合抽样调查的方式进行调研,通过入户加问卷的形式了解大家坊居民的个人健康状况、家族遗传病史情况、锻炼情况与频率、家庭收入来源、生活情况、饮食情况等,进行一个比较完整的调查。

第二组:垾丘田调研组。由于垾丘田人口较少,因此采用一家一户入户调查的方式可以使调查结果更加准确。在调查居民的同时观察周边可作为"网红打卡点"的标志性建筑,为日后打造打卡点提供素材,并利用互联网的宣传效益宣传美丽风景,最后通过居民意愿以及环境地形等因素实现相对应的增收。

第三组:漈下村调查组。提前准备好漈下村独特的问卷,由于漈下村离其他自然村较远,因此问卷内容需要根据实际情况制定,同时采用一家一户的调查方式去走访,询问村民是否会手艺,如竹制品的制作、竹笋的加工等。通过了解得知漈下村的居民大多都会制作竹笋制品,这为以后的大进村竹笋制作提供了充足的人力以及技术资源。同时通过询问居民以及村委得知,漈下村有一些废弃的居民屋可供改造,并且有废弃的小型发电站,可开发作为瀑布观赏点,还可以将漈下村独特的水田布置为景点来吸引游客,旅游加竹笋制作二合一。

第四组:祖兴殿调查组。由于祖兴殿是大进村较为著名的标志性建筑,因此调查组从祖兴殿的文化入手,提前一天查阅相关资料,先对祖兴殿有一个大致的了解,再通过走进祖兴殿调查了解更多详细情况。祖兴殿内两位驻殿老人为调查组提供了很多信息,如祖兴殿内有几间空房可以用来给游客、学生落脚,同时祖兴殿有特殊节日吃斋的习惯,可以让外来游客、研学学生了解吃斋文化。祖兴殿比较有名的就是挂在殿前的"皇牌",相传是明朝景泰年间给予的。此外,"林贤真仙"娘娘的故事可以让人们了解到一些独特的传说故事。祖兴殿的调研结果说明,祖兴殿适合作为研学地点,可与当地学校等进行合作。

第五组:铜锣形调研组。开展入户调查工作,由陈村长和驻村书记张书记带领前往入户调查。通过调查当地居民的基本情况以及一些意愿了解到,当地居民较希望铜锣形增添路灯、修路等。同时还了解到在铜锣形有一块十分大的空地(约 170 平方米),可以作为竹编等手艺授课场所。

三、社会实践总结

(一)大进村基本情况

1. 村落历史

大进村的历史可追溯到 600 年前。自 1949 年之后,各村先后进行了土地改革、合作劳动、农业合作社等历史改革,其中"大进"是 1954 年由 7 个自然村合并而成的农业高级社,称为"上坪公社大进大队"。"大进"选自大步前进,反映了大进村民对大队发展的美好期望。1958 年,小仓变大仓,大家坊、黄南等共建祠堂,实行大锅饭制度,直到 1959 年才建立起人民公社。

到了 1963 年,大进村实行组队干活帮扶制,其中包括大家坊、铜锣形、埕丘田、大栏山、漈下等 8 个小组,小组工作实行工分制,10 个工分可换取 4~5 毛钱。1978 年,大进村实行农村联产承包责任制。由于山高地薄,大进村的经济落后于其他村落,被认定为省级贫困村。大进村村民众志成城、艰苦奋斗,在 2020 年的时候大进村成功蜕变为乡村振兴省级示范村。

2. 地理方位

大进村位于永安市东部,距永安市区 15 公里,与联合村、龙共村、合群村、甲圣村、铜盘村、九龙村、荆坪村、上坪村等相邻,海拔 518 米,辖 7 个自然村(包括前洋、大家坊、铜锣形、埕丘田、漈下和大岚山等)。截至 2021 年,大进村有 7 个村民小组,175 户,864 人。全村土地面积 18558 亩,其中耕地面积 1281 亩,果园面积 483 亩,林地面积 13982 亩,竹林面积 12967 亩。

大进村是福建省建档立卡脱贫村、省级乡村振兴试点村和三明市级村财空壳村,被纳入三明扶贫协会第二轮重点挂钩帮扶贫困村。村民收入主要靠经营竹山和传统种植业。2020 年 12 月 23 日,2020 年福建省森林村庄名单出炉,大进村入选。村附近有永安桃源洞、甘乳岩、永安霞鹤生态农庄、刘氏土堡、永安宝应寺等旅游景点,有永安贡川草席、永安吉山老酒、安砂鱼、安贞旌鼓、永安莴苣等特产。

(二)大进村村民情况

大家坊以及漈下村家庭住户相对较多,均有 40 多户人家,而大家坊、铜锣形以及埕丘田相对而言家庭住户较少,最少的只有 2 户人家。如今居住在大进村的村民基本以砍毛竹为主要经济来源,种田为辅,少部分人会一些编竹子手艺,但是不以手艺为经济来源方式。

大进村大部分青壮年外出打工,留在村内的都是老人和年纪较小的小孩。村里老人都会做一些简单的竹产品,如竹筐、竹篮,年轻人会的相对较少。当地村民的生活作息都很有规律,都很关注健康问题,40～60 岁的中老年人的身体都很健康,60 岁以上的老人会患有少数的疾病,如腰椎间盘突出、经常性的风痛、血管容易堵塞等。村民受教育程度普遍较低,大多数村民只有小学毕业学历。村民收入以卖所种植的毛竹、春笋、冬笋为主,饮食主要为大米、自己种植的蔬菜与养殖的家禽,有时会进城买肉。

1. 80% 的村民身体健康状况良好

本次共走访 44 户人家。据不完全统计,在接受调查的人当中,平均年龄为 58 岁,家庭人口平均是 7 口。80% 的村民体检状况显示为健康,其中老年人的患病率较高,普遍患有高血压、糖尿病、风湿等疾病,基本无家族遗传病史。

2. 60% 的村民有坚持锻炼的习惯

通过调查走访得知,近六成大进村现居村民有坚持锻炼的习惯,其中大部分人的锻炼方式是散步、爬山、跳广场舞、干农活等,锻炼频率为每周 5 次左右。

3. 村民收入主要靠经营竹山和传统种植业

据村民介绍,永安是中国竹笋之乡,所以大进村村民的主要收入来源一部分依靠上山砍毛竹、卖毛竹以及卖制作的笋干,还有一部分通过下田种水稻等农作物获取经济来源。村里近四成的村民会做简单的竹工艺品,如编竹篮、竹簸箕,做竹雕、竹刻笔筒等。

4. 90% 的村民对大进村的未来规划充满期待

在走访中,实践队成员向村民介绍了大进村的未来规划,并提到将来计划在村健康体检中心为村民免费体检,超过九成的人愿意接受免费的健康咨询,并表示若大进村研学基地逐渐落成,愿意提供自家的房子做住宿、学习场所。

（三）大进村现状问题

1. 发展问题

(1)年轻劳动力缺失：农村无法以明显的经济增长留住年轻劳动力，所以越来越多的年轻人选择外出打工，不愿意在此居住，导致大进村年轻劳动力锐减。

(2)基础设施不够完善：大进村有 7 个自然村，相隔较远，且有些自然村的住户较为分散。相较于大家坊，其他 6 个自然村的基础设施不够完善，埕丘田、漈下部分路段没有硬化，铜锣形部分路段没有路灯，基础设施不完善影响村民出行。此外，基础建设难以开展，调研小组对走访过的许多地方都做了发展规划，但大进村面积较大，做一个整体的开发需要投入的资金较多，且短期难有明显的收益。

(3)森林康养体验欠佳：福建省注重森林康养，大进村作为福建省的一个村庄，需要践行这一理念。然而大进村拥有森林康养的条件，有山有水，但是目前还没有针对森林康养进行建设、制订方案以及宣传。

2. 健康教育问题

(1)医疗就诊：大进村没有基础的医疗设施，村民看病需要前往上坪乡就诊。村中居住的大部分为老人，行动较为不便，而且许多老人都有疾病缠身，若遇到突发情况没有应急的救治会难以处理。

(2)留守儿童：大进村有许多留守儿童，父母在外工作，对孩子教育就难以监督到位。村里没有小学，孩子们都要去县城和市里寄宿，没有家长的陪伴对孩子的成长会有一定影响。

3. 文化交流问题

文化传承不到位，大型文娱活动较少。大进村虽有 600 年的历史，但据我们调研，流传下来的人物故事不多，主要都是祖兴殿的"林贤真仙娘娘"的事迹，且大部分村民不知道大进村的建村历史与发展历程。村里的大型文娱活动只有每年阴历七月初一开展的庙会，以此纪念"林贤真仙娘娘"，除此之外没有大型的文娱活动。没有足够的文化活动，对于文化传承会有所影响。

4. 环境问题

(1)缺少环保意识：大进村青山绿水，自然环境优美，但村民的环境保护意识不强，河边路边都能看到随手乱丢的垃圾。大进村发展建设离不开优美的自然环境，所以环境保护也是大进村发展的一个任务。

(2)生态建设不合理：由于缺少劳动力，村民选择了更方便的经济作物——毛竹。由于毛竹的生长习性，相较于其他的经济作物更不需要打理，于是村民就都种植毛竹，山上的其他树木都被砍掉换成了毛竹，这样生态的多样性就会减少；而且竹子是蓄水能力不强的一种植物，渐渐地会导致水土流失，不仅损害了生态系统的功能，也容易导致低地势地区的涝灾发生。漈下是大进村 7 个自然村之一，相较于其他村，漈下村的稻田更集中,沿小溪两侧都是大片的稻田。调研时漯下的农民反映,在雨季时河道旁边的田地会被淹没,影响村民耕作。

5. 宣传问题

在网上几乎搜索不到关于大进村的信息,百度百科中的介绍也只有寥寥几句,新闻、报道更是几乎没有,这对于大进村的发展是一个大问题。宣传工作不仅要当地政府支持,还要当地村民配合,宣传工作尤为重要,是大进村"走出去"的重要一步。

四、实践建议反馈

我们的实践虽然结束,但是助力大进村乡村振兴的步伐没有停止。调研结束后,实践队根据大进村基本情况,提出发展意见。考虑到大进村现有的自然资源、优美环境及文化底蕴,我们认为其适合发展森林康养和学校研学项目。因此,实践队就这两方面内容进行了更深入的调研挖掘,以增加当地村民收入,有效提高当地村民生活质量为主要目标,针对大进村资源开发问题,提出两点设计建议及政策建议。

(一)森林康养设计规划

绿水青山就是金山银山。我们建议通过加强对大进村自然生态、田园风光、传统村落、历史文化、民俗文化等资源的保护,打造生态优良、林相优美、景色宜人、功效明显的森林康养环境。我们将大进村沿途路线规划如下。

1. 过桥点——进家

描述:适合的运动是慢走和快走以及骑行。全长约 550 米,步行约 8 分钟,骑行约 4 分钟。在桥头添加一个显示屏,显示的内容包含欢迎词,还有该地的温度、湿度、高度、负氧度。

实现方式:在大进村的周围放大约 5 个温湿度传感器,1 个负氧离子检测仪(大约 254 元),通过后端对获取的数据进行处理得到平均值,而后回显到桥头的显示屏上。游客将汽车或其他机动车全部停放在过桥的一处地点,而后步行到进家,在此期间游客可以实时了解该地的环境质量。

2. 进家—荷花下端

描述:全长 230 米,步行约 4 分钟,骑行约 2 分钟。

3. 荷花下端—交叉口

描述:全长 390 米,步行约 6 分钟,骑行约 3 分钟。

4. 荷花下的一块空地

描述:用于放自行车。

设计:可以自己购买然后收取租金,或者投放共享自行车。

5. 两个荷花池

描述:全长约 180 米,适合的运动是慢走和快走。

设计:修剪荷花周围的杂草,在荷花池中种一些美观的花,如玉蝉花、睡莲、黄菖蒲、凤眼莲等。

6. 筑梦园

描述:适合晨练和晚上开展广场舞活动。

设计:灯光设计得柔美一点,对里面的树木稍微进行修剪以保持美观。

7. 进家—祖兴庙

描述:全长 1700 米,步行大约需要 25 分钟,骑行 10 分钟,适合慢行、快行、骑行运动。

设计:在起点和终点处各安装一个红外传感器,并且安装一块显示屏,需要锻炼的人可以通过显示屏来选择自己要进行的运动项目,如慢走、快走、骑行,一旦点下"倒计时"3 秒后开始计时。使用 java 的多线程操作方式,将不同运动的人进行分类,一旦有人通过终点,点击显示屏的"结束"便可以获取当前运动所消耗的能量。

8. 大进村—铜锣形

描述:全长 2400 米,骑行约 14 分钟,步行约 34 分钟。

9. 大进村—埕丘田

描述:全长 4800 米,步行约 1.9 小时,骑行约 27 分钟。

(二)研学线路设计

研学游要在活动组织上力求新颖多样,让孩子们在享受旅游乐趣的过程中能够了解大进村文化,激发其学习兴趣。具体研学路线规划如下:大家坊—祖兴殿—埕丘田—漈下村—铜锣形—大家坊(表 1)。

表 1　具体研学路线规划

时　间	内　容	地　点	备　注
第一天上午	1. 报到、分组 2. 安全教育 3. 研学课程准备	大家坊	尝试自己制作午饭
第一天下午	1. 了解林贤真仙娘娘事迹 2. 介绍竹子的一生 3. 石头彩绘	大家坊	晚上住大家坊
第二天上午	1. 喝观音茶 2. 参观祖兴殿 3. 竹内绘画	祖兴殿	中午在祖兴殿吃斋饭
第二天下午	1. 学习唱山歌 2. 观看竹簸箕制作 3. 制作竹叶标本	祖兴殿	晚上住大家坊

续表

时　　间	内　　容	地　　点	备　　注
第三天上午	1. 红豆杉知识讲座 2. 红豆杉打卡及制作标本 3. 品鉴山泉水	埕丘田	午饭安排在埕丘田
第三天下午	1. 参观子母树,了解孝廉故事 2. 竹林远眺 3. 认识并寻找芒萁 4. 天文学学习,星海探知	埕丘田	晚饭在埕丘田,夜宿埕丘田
第四天上午	1. 农园特色游览 2. 感受生态农业	漈下村	
第四天下午	1. 参与竹片绘画 2. 夜间观赏稻田,小道上欣赏星空,听虫鸣蛙叫	漈下村	午晚饭在漈下村,夜宿漈下村
第五天上午	1. 竹编教学 2. 学生边学边做 3. 评比优秀竹编作品	铜锣形	午饭在铜锣形,饭后回大家坊
第五天下午	结业式	大家坊	

(三)政策建议

大进村是省级建档立卡贫困村,自从三明市和永安市两级扶贫开发协会(简称两级协会)共同挂钩帮扶大进村后,大进村逐渐得到更好的发展。"挂钩帮扶,发展产业是关键,项目建设是基础。"两级协会领导经过认真调研后,形成了这个共识,并采取"一户一策"的办法,引导贫困户增加收入,还指导村委会策划出了村级生态旅游观光项目。

乡村振兴战略是习近平总书记在党的十九大报告中提出的。十九大报告指出,农业农村农民问题是关系国计民生的根本性问题,必须始终把解决好"三农"问题作为全党工作的重中之重,实施乡村振兴战略;要坚持农业农村优先发展,建立健全城乡融合发展体制机制。经讨论,实践队得出三生融合、以人为本、因地制宜、健康指导 4 点政策建议。

1. 三生融合

大进村土地利用规划编制应优先保护生态环境,合理安排生活空间,优化生产(产业)布局,在规划中坚持山、水、园、林等的综合,合理安排生活空间。规划要与村域内的产业开发和生产布局结合起来,改善生产环境,保育经济增长极,推进"生产、生活、生态"三生。

在自然生态方面,应补齐生态短板,提升大进村当地的绿色吸引力。在该过程中,首先应当注意的是遵循自然规律,保护大进村原有的生态系统。针对已被破坏的生态环境,应当积极进行修复,并关注环保基础设施的建设。其次,形成稳定持久的绿色生态体系。

以生态生活为核心，营造绿色生态体系内部互相配合、人与自然和谐共生的绿色生态空间。

2. 以人为本

以人为本，满足农民实际生活生产的需要，把农民的生活生产需要放在首位，全力创造富有归属感、领域感和安全感的和谐生活环境。结合大进村经济发展的现状和要求，在规划编制过程中，应充分满足当地群众愿望以及自然生态环境、土地资源条件等，大力改善农村的社会发展和人居环境。

树立以人为本的农村发展观，站在经济社会发展全局的高度，以农民为本，尊重和保护农民各种权益。统筹城乡发展、区域发展、经济社会发展、人和自然的和谐发展、国内发展和对外开放，实现以城带乡、以工促农，城乡互动、协调共进。

3. 因地制宜

立足乡村文明，在保护传承的基础上，创造性转化、创新性发展，不断赋予大进村文化建设新的时代内涵。坚持土地集约高效利用，盘活存量土地，引导大进村居住用地合理布置，促进村庄适度集聚和土地等资源节约利用。通过规划设计，有效配置土地资源，使功能布局合理，路网清晰便利，设施配套齐全，自然生态优良，环境特色鲜明，满足人们日常生活的需求，同时具有较好的开发效益。

4. 健康指导

对大进村村民健康实行分级管理，根据村民不同的健康状况，有针对性、有目的地进行健康教育管理服务，让医生能够更准确地评价服务对象的当前身体健康状况、发展趋势及后天危险因素，在此基础上帮助对象通过行为矫正，对危险因素进行干预控制并追踪。同时，由个体扩展到群体，广泛深入地开展长期健康教育活动，通过中心医护人员与服务对象的密切合作，最终达到预防和减少疾病发生，控制或延缓疾病进展的目的。

（1）做好卫生宣教，向村民传授保健和疾病预防的知识，使其对常见病的注意事项有一定的了解，掌握简单的自救方法，培养村民自我判断、自我治疗、自我护理、自我预防能力。开展戒烟宣传，鼓励村民培养良好的生活习惯。

（2）指导合理运动，运动可以改善机体各器官系统功能，提高思维反应能力，控制肥胖、延缓衰老，增强人体防病能力。

（3）日常生活保健，指导村民养成良好的生活习惯，注意个人卫生，保持空气新鲜、光线适中、温度适宜，保证足够的睡眠，食物应多样化，防止便秘。此外，注意保持路面干燥。

五、实践结语

此次暑期实践拉近了我们与社会的距离，锻炼实践能力的同时，也让我们对国情和国家战略有了更加深刻的理解。乡村振兴,产业兴旺是基石,生态宜居是关键,文化建设是灵魂,治理有效是保障。我们相信在政府和人民的共同努力下,大进村一定能够迈着稳健的步伐走在乡村振兴的大道上。数字乡村建设,助力乡村振兴,"春晖行动"乡镇实践队一直在行动!

(2021 年 9 月)

携手助力乡村振兴，以青春谱写时代新章

——乡村振兴视角下岩山镇发展新路径研究实践报告

为积极响应党和国家提出的乡村振兴战略，巩固脱贫攻坚成果，更好地推进大学生志愿者暑期"三下乡"社会实践活动的开展，助力乡村振兴，龙岩学院经济与管理学院组织乡村振兴视角下岩山镇发展新路径研究实践队前往龙岩市新罗区岩山镇进行实地考察。

实践队成员怀揣自己的梦想，担负起新时代大学生的历史使命，充分发挥自身专业特色，推动美丽乡村建设，助力乡村振兴发展，展示当代大学生的良好精神面貌和时代担当，为国家和社会的发展与进步贡献出自己的青春力量！

一、实践开展的意义

（一）助力乡村振兴

实施乡村振兴战略，是党的十九大做出的重大决策部署，是全面建成小康社会、全面建设社会主义现代化国家的重大历史任务，是新时代"三农"工作的总抓手，是实现全体人民共同富裕的必然选择，是国家在全面实现小康社会下的一项伟大工程，关乎广大农村群众的切身利益，在党中央的高度重视和积极引导下，正逐步成为现实，一步一步地向着目标迈进。我院通过开展本次暑期实践活动，帮助学生了解国情、了解社会，增强社会责任感和使命感，让学生在实践中进行职涯规划，在学生心中留下助力乡村振兴的种子。

（二）提升综合素质

大学生以课堂学习为知识的主要接受方式，通过暑期实践，帮助学生走出课堂、走入基层，进一步接近社会和自然，获得大量的感性认识，使他们能够把自己所学的理论知识与接触的实际现象进行对照、比较，把抽象的理论知识逐渐转化为认识和解决实际问题的能力。暑期实践能增强学生适应社会、服务社会的能力，让学生在实践中不断动手、动脑、动嘴，直接和社会各阶层、各部门的人员打交道，培养和锻炼实际的工作能力，并且在工作中发现不足，及时改进和提高，更新知识结构，获取新的知识信息，适应社会

的需要。

（三）青年汇智助农

暑期下乡活动帮助大学生走进农村,进一步探索、帮助农户和农场主解决实际存在的问题。实践队成员以经济与管理学院和传播与设计学院的学生为主,在实践过程中充分发挥专业特点,广泛走访调查,深入当地,通过实地考察、个例访谈等方法,了解当地农户遇到的问题,结合专业知识,进一步帮助农户解决实际困难,提升宣传、销售效益。

二、实践的主要内容

实践队积极响应国家号召——以乡村振兴推动国家现代化进程中的农村发展,通过前期探索,发现新罗区岩山镇具有典型考察意义。岩山镇位于新罗区东北部,镇政府驻地芹元村,距市区36公里,东邻漳平市永福、拱桥,西南接曹溪、铁山,北接雁石,与国家4A级风景区龙硿洞相邻。近年来岩山镇不断进行产业调整和结构转型,以"美丽田园·多彩岩山"为发展目标,坚持"以工哺农·以农促游"思路,持续开展招商引资,充分发挥旅游资源,大力扶持农业产业。借着自然资源丰富的地域优势,在政策红利的支持以及相关部门的有力引导下,岩山镇乡村振兴发展已取得了显著成绩,但仍有着巨大的开发空间。

实践队在出发前通过查找文献、小组讨论的形式制订了详细的实践计划,对实践日程做出阶段性的安排,并与岩山镇政府、家庭农场协会等相关人员提前做好了联系。实践队于暑假期间赴岩山镇深入调查,与当地政府工作人员开展座谈交流,对相关部门干部和镇家庭农场协会会长进行采访。实践队成员深入果园,参与水果采摘过程,亲身体验劳作等,更进一步了解岩山镇当前的"花果经济"状况和乡村振兴发展的现状,探索发展路径,提出乡村振兴新方案,为岩山镇的可持续发展提供经验与借鉴,带动辖区内经济发展,促进乡村振兴,建设美丽乡村。

三、社会实践总结

实践活动前期,通过院内、校内宣传,面试招募队员,最终由18名来自经济与管理学院、传播与设计学院、师范教育学院的学生组成实践队,团队架构合理,队员搭配合适,涉及年级、专业丰富。实践前期,带队老师前往岩山镇进行踩点考察,结合相关情况对实践队成员进行文献研究、实地考察、问卷调研、举办座谈会、个例访谈等的技巧培训,为后期与岩山镇政府领导开展座谈、岩山镇家庭农场协会展开的两次交流及群众的调研顺利进行提供基础保证。

（一）参观学习，协助"采摘节"直播带货活动

实践队初到岩山镇，恰逢当地正在开展"'花果岩山·桃李飘香'世界冠军助农带货直播采摘活动"，队员们观看学习了采摘节现场的带货直播活动，在观摩带货直播的途中，对直播情况进行记录、总结，并针对相关内容对工作人员进行采访记录。

在采摘节现场，实践队成员还有幸见到了岩山花果代言人——举重冠军陈晓婷女士，大家与她进行交流学习。陈女士热情地与实践队成员交谈，并肯定了实践队为岩山镇谋发展的初心。

（二）参与禁毒宣传，协力深化禁毒斗争

为进一步加大禁毒宣传教育力度，强化全民禁毒意识，切实提高人民群众参与禁毒斗争的意识和抵御毒品的能力，在全镇营造全民禁毒氛围，实践队在工作人员的邀请下参与了禁毒宣传片的录制。在视频录制过程中，陈晓婷女士进行了一次禁毒宣传教育，通过她的讲解，实践队成员更加清楚地懂得了毒品的特征与危害。队员们也共同发出禁毒宣言，与陈女士一起，号召大家远离毒品，珍爱生命。

（三）下果园亲自体验采摘，访谈游客及农场主

实践队成员在岩山镇家庭农场协会会长的带领下，深入果园种植一线体验采摘活动，进行劳动学习，帮助当地果农采摘水蜜桃、葡萄等时令水果，切身体验采摘过程并对游客和农场主进行访谈。在采摘活动中，实践队也对果园的具体情况进行观测与踩点，提前为宣传视频的拍摄做准备。

（四）了解岩山花果经济发展史，商讨产品包装

实践队成员在家庭农场协会张会长的带领下参观了岩山花果小镇的部分种植园。岩山镇江镇长给实践队成员介绍当地花果经济的发展历程，家庭农场协会张会长向实践队成员介绍岩山水蜜桃，并就水蜜桃的产品外包装与队员们进行讨论。在讨论过程中，实践队成员积极发表个人意见，并向张会长提出相关问题，张会长一一进行解答。

（五）实地调研，发现短板与不足

为了获得一手数据并保证数据的真实性，切身了解当地花果经济发展现状及发现发展中存在的问题，实践队成员深入田间地头，与张会长一起对当地农户进行访谈并记录。张会长根据自身家庭具体情况，结合岩山镇花果种植业发展历程为实践队进行具体讲解。在经过为期一天半的实地调研和在张会长的反馈下，实践队成员了解到岩山镇的花果在宣传方面存在着不足和短板后，通过前期的踩点准备与创意构思，为果园拍摄了宣传短片。

（六）开展座谈会，进行采访并收集数据

实践队成员在岩山镇政府与镇政府领导干部一同开展共建座谈会，出席座谈会的

有岩山镇党委书记、岩山镇镇长、岩山镇乡村振兴办负责人和岩山镇家庭农场协会会长等;实践队成员还对镇政府相关部门干部进行采访。实践队深入了解了岩山镇脱贫攻坚史及脱贫攻坚与乡村振兴衔接工作的实施现状,同时围绕着岩山经济发展现状和规划、脱贫攻坚史、脱贫攻坚成果和巩固方式、乡村振兴推进方案等,与政府领导干部展开了充分的交流,收集当地经济数据。

（七）签订合作协议,携手助力乡村振兴

实践队在岩山第一阶段的调研期间,便和岩山镇家庭农场协会达成初步合作意向,实践队成员将根据岩山镇花果产业现有不足进行补缺补漏,如设计更加丰富的产品外包装、帮助农户在平台上直播带货等。第二次来到岩山后,实践队成员与家庭农场协会张会长再次进行交流。交流中,张会长就实践队成员个人爱好、特长进行了解,并以个人经验对实践队成员人生规划树立提出建议,教导队员们要及早确立自己的主要方向,才不会顾此失彼。同时,在岩山镇政府的牵头见证下,实践队与家庭农场协会签订了乡村振兴发展战略合作协议,达成战略合作伙伴关系,进行长期帮扶合作。

（八）汇总调研材料,整合报告

两阶段的实地调研很快就接近尾声,实践队在结束实践活动后立即启程返校。在抵达学校后,实践队成员召开了一次短会,根据所获信息进行沟通分享,并进行相关任务分工。会后,实践队成员根据会上的相关安排就所获信息进行分工整合并汇总形成报告,报告中包括岩山镇的基本情况、脱贫攻坚和乡村振兴衔接工作的当前状况、实施乡村振兴发展战略的规划和措施、家庭农场协会的介绍和运作机制、实施乡村振兴发展战略的现存问题及改进措施、岩山镇乡村振兴发展的启示等。报告对岩山镇的相关问题进行剖析,并对岩山镇今后的发展具有一定的借鉴作用。

四、心得体会

党的十八大以来,以习近平同志为核心的党中央坚持把解决好"三农"问题作为全党工作的重中之重,把脱贫攻坚作为全面建成小康社会的标志性工程,组织推进人类历史上规模空前、力度最大、惠及人口最多的脱贫攻坚战,启动实施乡村振兴战略,推动农业农村取得历史性成就、发生历史性变革。

为深入学习习近平新时代中国特色社会主义思想,鼓励大学生通过社会实践坚定理想信念、锤炼自身本领,立足专业、结合实际、服务社会,争当有理想、有本领、有担当的新时代青年榜样,实践队积极响应习近平总书记提出的实施乡村振兴战略的要求,前往新罗区岩山镇进行暑期实践,投身乡村振兴。通过深入调查分析岩山镇发展现状,探索岩山镇发展路径,我们提出乡村振兴新方案,为岩山镇的可持续发展提供经验与借鉴。

通过此次调研活动，我们有以下几点总结和感想：

(1)亲身经历，实践出真知。从小在象牙塔生活的我们，习惯于从书本中汲取知识，缺乏实践能力，常常纸上谈兵。此次暑期社会实践活动，我们不仅亲自深入田间地头，进行实地考察探索，还接触了各行各业的人，并与他们进行沟通，收获经历众多。大家不仅提升了与人沟通的水平，还锻炼了处理突发事件的能力，并对已有的知识有了更深刻的理解，考虑事情不再过分天马行空，而是热衷于脚踏实地、实事求是。

(2)团队合作，力往一处使。经过这些天的社会实践，大家都知道了拍摄、宣传、撰写、宣讲等工作十分重要，但一个人的精力终究是有限的，无法包揽所有工作。只有通过团队合作，大家找准自己的位置，分工明确，各司其职，同时在完成自己分内的工作后对同伴们伸出援手，帮忙分摊一些力所能及的事，才能高效地达到调研目标。

(3)大胆创新，恰当的想象。经过此次社会实践，大家深知，既为学生，遵循原有的相关方法固然轻松，但挣脱固有观念束缚，以新的眼光去思考看待问题，适当进行天马行空的想象，才能更好达成实践目标。墨守成规终究无法做出大的创新，反而会使实践过程事倍功半。

(4)新型媒体，提升宣传力。在"'花果岩山·桃李飘香'世界冠军助农带货直播采摘活动"现场，我们有幸亲眼见识了直播带货的"盛况"，清晰地感知到网络新媒体的巨大力量。因此，合理使用这把"利刃"，斩断岩山发展路上的"荆棘"，是我们后续需要努力的方向。了解相关知识，学习相应技术，在各个平台宣传岩山镇的特色，吸引大众来岩山一探究竟，是我们暑期的奋斗目标。

(5)善于思考，巧用新方式。在实地调研中，队员们勤于思考，发现实地调研有时不必拘泥于形式。在访谈过程中，实践队常常会遇到受访者不愿意直面摄像机等情况，据此，实践队成员试着放下摄像机，打开录音笔，以闲聊的方式在不经意间抛出调研问题，往往能收获许多有用信息。

(6)独立思考，落实好结果。在与政府主要领导进行深入交流后，队员们懂得了分析—调研—再分析的工作方法。首先是分析，分析问题不能仅仅停留于表面，而要多方面、多角度地考虑问题，独立思考、深度分析，通过讨论等多种形式得到初步的解决方案。其次要具体贯彻落实，在实践中检验真理。最后通过实践中遇到的困难进行再次研究分析。

"天将降大任于斯人也，必先苦其心志，劳其筋骨，饿其体肤。"社会实践调查并不像我们最初想象的那样简单，而是充满了艰辛和挑战的，但我们选择了坚持。通过实践，原来理论上模糊和印象不深的知识得到了巩固，原先理论上欠缺的在实践环节中得到补偿，加深了对基本原理的理解和消化。在短短几天的社会实践调查活动中，我们有了前所未有的收获，也有了许多深刻的感悟。通过深入基层，我们拥有了与更多各行各业、各型各色的人接触交谈的机会。在实践中，我们也逐步认识到了自己的不足，如在与他人交流时容易磕磕绊绊、行动开始前的准备不够充分等。这次活动同样开阔了我们的眼界,让我们对自身价值重新进行了客观的评判,这使我们对自己有了一个更正确的定位,明晰了自己的目标后,也增强了自己努力学习的信心与毅力。社会实践弥补了我们理论知识与实际之间的差距,社会实践的真正意义也在于此。

作为大学生,在这次的暑期实践之后,我们更加深切地体会到参与社会实践的重要性。这种社会实践活动是大学中的社团生活无法比拟的,只有亲身到基层,在真正的社会实践活动中体验过真实的生活、亲自接触了真实的社会情况后,才能得到锻炼,收获知识,才能使自己所学的理论知识得以运用于实际,才能让自己在实践中真正出力、发光。

(2021 年 9 月)

第五篇

环境卫生篇

文化振兴墙绘行,美丽乡村小龙绘

党的十八大以来,以习近平同志为核心的党中央擘画了新时代乡村振兴的宏伟蓝图,其中文化振兴是实施乡村振兴战略的重要内容。习近平总书记指出:"实施乡村振兴战略要物质文明和精神文明一起抓,特别要注重提升农民精神风貌。"由此可见,文化振兴是乡村振兴的题中应有之义,做好文化输血,将先进、健康、有益的文化输送到农村非常重要。

为聚焦实施乡村振兴战略,促进乡村文化旅游事业,龙岩学院传播与设计学院团委发挥引领凝聚、组织动员、联系服务广大青年的职能,组建"扶贫振兴墙绘行,美丽乡村小龙绘"志愿服务团队,引领龙院学子热爱龙岩、宣传龙岩、建设龙岩,用专业奉献乡村、用实践改造乡村。实践队深入闽西革命老区龙岩市长汀县、武平县、永定区等3个县区中的3个村,先后开展6次美丽乡村墙绘服务活动,通过重温红色历史、调研走访、墙绘创作等活动形式,增强大学生"学党史、悟思想、办实事"的理想信念,发扬深入基层、服务群众的精神,为乡村振兴奉献青春力量。活动期间,共绘制"乡村振兴""红色文化""农耕文化""客家文化"等主题墙绘 2000 平方米以上,实践活动受到"学习强国""人民日报"等媒体广泛报道。

一、实践开展的意义

(1)服务社会需求。美丽乡村墙绘是深入贯彻落实乡村振兴战略的生动实践,以倡导文明、宣传公益、健康运动、绿色环保、宣传文化为己任,把墙景美化作为支持乡村精神文明创建工作的一项行之有效的载体,与改善美化乡村街景结合起来。乡村墙绘要将优秀思想观念、人文精神、道德规范在传承的基础上创造性转化、创新性发展,以通俗易懂的方式绘制出社会主义核心价值观、中国梦、脱贫攻坚、扫黑除恶、道德文化、村规民约等内容,在新时代焕发出乡风文明的新气象,让乡村面貌焕然一新的同时,也使一面面墙壁变成美观又会"说话"的文明传播者,弘扬文明新风尚,营造社会新风气。

(2)服务地方需求。美丽乡村墙绘,点缀美丽乡村。一村一特色、一墙一文化,"美丽乡村墙绘"可以成为美丽乡村最靓丽的风景线,让乡村旧貌变成代表乡村文明新形象的宣传阵地,既给美丽乡村建设增添了别样的色彩,也在潜移默化中滋润了居民的精神土壤。在美丽乡村墙绘中融入创意文化,把乡村院墙作为宣传先进文化的有效载体,充分利用墙绘的表现形式,将社会主义核心价值观、中国梦、脱贫攻坚、扫黑除恶、道德文化、村规民约等展现在村民面前。文化是美丽乡村的灵魂,文化建设是美丽乡村建设的内在要求,而文化墙是弘扬先进文化的有效载体,形象生动、通俗易懂的内容让村民变"被动学"为"主动看",促进村风、民风进一步改善。

(3)提升学生能力。三下乡实践是培养学生社会主义核心价值观的生动课堂,是塑造学生"立鸿鹄志,做奋斗者,求真学问,练真本领"品格的广阔平台。墙绘服务活动的开展一方面锻炼了实践队成员的墙绘能力,使队员们积累绘图经验,提高知识掌握水平;另一方面也提升了队员们的社会实践水平,使队员们在实际工作中磨炼意志、增强能力,在实践中检验自己。

二、实践的主要内容

(一)实地调研

实践队通过实地观摩、问卷调查、访谈等形式了解当地历史文化特色、支柱产业特点、乡村特色产业。调研发现,农村经济社会形势稳定和谐,乡风文明建设的力度加大,农村面貌良好,但也面临着许多不利于乡风文明建设的因素,主要表现在思想观念、生活方式、文化教育、基础设施、管理手段等方面。可利用农村现有资源,结合本地特色,在村庄内清洁粉刷后的各类墙体上绘制出展现中华优秀传统文化内容、符合社会主义精神文明建设要求的书画作品,这些经过美化的墙体被称为"文化墙"。

(二)科学规划内容设计

(1)目标清晰,明确设计意义。为什么要设计文化墙?怎么设计文化墙?想清问题便于开展工作,有的放矢才能提高效率。因此,在墙绘活动进行前,实践队成员对文化墙的设计理念和目的意义展开讨论。农村"文化墙"是固定的书画展,是实实在在的送文化下乡,是教育农民群众的天然课堂。我们建设"文化墙",希望在清除断壁残垣和过时陈旧的标语广告,美化村容村貌的同时,能够以图文并茂的方式宣传党和国家的方针政策,传播精神文明,丰富农村文化生活,潜移默化地促进村风民风的改善和生活方式的转变。在具备发展乡村旅游条件的村庄建设"文化墙",为休闲农业创造环境,可以给农村经济带来实惠,促进农民增收致富。实践队与当地政府相配合,集中开展了农村文明创建、清洁家园工程、环境卫生整治、旧村危房改造等工作,把农村"文化墙"建设为群众乐于参与的美好家园建设内容。

(2)内容丰富,突出时代主题。在推进"文化墙"建设中,我们始终坚持以社会主核心价值体系为主旋律，倡导文明和谐、健康向上的时代主题，努力把"文化墙"建成群众欢迎的政策明白墙、科技指导墙、文化娱乐墙、美德教育墙。"文化墙"根据党和政府的方针政策、中心工作，进行阶段性更新创作，内容贴近农村生产生活实际，涉及范围比较广，有名言警句、科普知识、文明礼仪、交通安全、中华传统美德、社会主义荣辱观、民风民俗、婚育新风、环保知识、卫生常识等，还有宣传孝敬父母、邻里和谐的生动事例。

（3）形式多样，力求喜闻乐见。农村"文化墙"的受众对象是广大农民群众，考虑到他们的喜爱方式和接受程度，我们在各乡镇村"文化墙"的创作形式上注重生动活泼，图文并茂，广泛采取国画、漫画、卡通画、书法、谚语、歌谣、顺口溜等多种艺术形式，让农民群众易于理解和接受，变"被动看"为"主动看"，在寓教于乐中让群众发自内心地喜欢上"文化墙"。

（三）因地制宜展现特色

在科学合理规划的基础上应结合当地特色，挖掘乡土文化内涵，融入当地民俗，突出地域性特点。由于风俗习惯、村民的素质和关注点等各不相同，我们整合实践前期的调研成果，结合各村庄自身实际，创造性地建设"文化墙"，力求体现时代特色，展示地方精神风貌。在墙体选择上，实践队秉承"不贪大求洋，不盲目建设"的原则，依托本地现有资源，充分利用村庄道路两旁的农户院墙以及乡村文化长廊、文体活动广场，进行文化墙建设。建设文化墙不仅在文化传播方面起作用，在经济方面也能够带来有益影响。一些村庄如武平县尧禄村，把"文化墙"建设与发展休闲农业相结合，"文化墙"依地势而设，与自然环境、特色民居相得益彰，进一步带动了当地农家乐旅游，吸引了众多本市和外地游客前来休闲观光，产生了"文化墙"经济效应。

（四）分工合作进行墙绘

我们在开展实践前，对墙绘工具、材料等经费进行预算，以期实现低成本、高效益的目标。墙体绘画工艺是作画者手工绘制，本身自带艺术性，而且墙绘不拘于限定尺寸，可根据墙面规格和要求任意绘制以达到最好效果。我们采用丙烯颜料作为墙绘材料，较为便宜。由于绘制时相比于广告喷绘和墙体打印来说，墙体绘画对墙体条件要求不高，可因地制宜，更为灵活，成本更低，经济适用性高，适合预算较低的乡村农户，这一点是广告喷绘和墙体打印等其他载体无法比拟的。实践队成员到实践地后以小组的形式开展活动，每个小组设 1 名组长，2～3 名成员配合，在质量保证的情况下加快实践活动节奏，以保证能够在有限的时间内达成实践效果。

三、社会实践总结

党的十九大以来，习近平总书记就实施乡村振兴战略发表一系列重要讲话、做出一系列重要指示批示。在党的十九大报告中首次提出实施乡村振兴战略之后，中央农村工作会议上就系统阐释了实施乡村振兴战略的重大意义和深刻内涵,明确指出要走中国特色社会主义乡村振兴道路。在 2018 年全国两会期间参加山东代表团审议时,习近平总书记强调要推动乡村产业振兴、人才振兴、文化振兴、生态振兴、组织振兴;在湖北、山东考察时,对乡村振兴进一步提出了明确要求。实施乡村振兴战略,统筹山水林田湖草系统治理,加快推行乡村绿色发展方式,加强农村人居环境整治,有利于构建人与自然和谐共生的乡村发展新格局,实现百姓富、生态美的统一。

近年来,乡村休闲游、生态观光游、民俗风情游等特色旅游在各地兴起。在乡村振兴战略的背景下,突出特色主题,根据乡村不同特色确定不同的墙绘主题和内容,打造特色美丽乡村,为乡村旅游产业的发展营造良好的环境氛围。如何吸引游客发展乡村旅游?墙绘、壁画、涂鸦成了众多村落不约而同的选择。国内的云南丽江金龙村,是我国较早打造特色墙绘的村庄,它准确抓住了丽江浪漫爱情和民族风情两大特色,还加入了 3D 的画风,通过统一规划,营造出别具一格的乡村艺术风情。目前来看,乡村墙绘确实起到了吸引游客、改善村容村貌、提升乡村景观、丰富旅游内容的作用。

龙岩学院聚焦实施乡村振兴战略,促进乡村文化旅游事业,组织"扶贫振兴墙绘行,美丽乡村小龙绘"志愿服务团队,深入闽西革命老区龙岩市长汀县、武平县、永定区 3 个县区中的 3 个村,先后开展 6 次美丽乡村墙绘服务活动。中华文明根植于农耕文化,乡村是中华文明的基本载体。美丽乡村墙绘在研究实施过程中需深入挖掘农耕文化蕴含的优秀思想观念、人文精神、道德规范,结合时代要求在保护传承的基础上创造性转化、创新性发展,在新时代焕发出乡风文明的新气象,进一步丰富和传承中华优秀传统文化。在开展墙绘工作过程中,我们紧紧围绕社会主义核心价值观、传统文化、移风易俗及乡村振兴等内容,将中国传统文化元素和新时代精神转化为易看易学易懂、生动形象的文化墙,在让乡村面貌焕然一新的同时,也使一面面墙壁变成美观又会"说话"的文明传播者,传递了向上、向善的正能量,弘扬文明新风尚,营造良好的社会新风气。

(一)暑期社会实践的简单回顾

在开展墙绘活动前,实践队前往实地展开调研,通过问卷调查、访谈等形式,了解当地文化特色和产业特点。实地调研一方面有利于我们加强与当地村民的联系,深入对村落的了解,便于墙体绘图的风格设计;另一方面也使我们能够了解当地的发展情况,了解民情,站在乡村振兴工作一线,更好地为乡村振兴献策献计。通过调研,我们决定利用农村现有资源,结合本地特色,在村庄内清洁粉刷后的各类墙体上绘制出展现中华优秀传统文化内容、符合社会主义精神文明建设要求的书法作品、美术作品。

文化振兴是乡村振兴的铸魂工程,文化是一个国家、一个民族发展中最基本、最深沉、最持久的力量,可以说没有乡村文化的繁荣兴盛,就难以实现乡村振兴。

实践结束后,村民们向我们表示由衷的敬佩和感谢。我们欣喜地发现,一面面发黄老旧的墙焕然一新,文化墙围绕着社会主义核心价值观、传统文化、移风易俗及乡村振兴，将中国传统文化元素和新时代精神转化为易看易学易懂、生动形象的色彩和线条。乡村面貌焕然一新的同时，一面面墙壁变成美观又会"说话"的文明传播者，传递了向上、向善的正能量，弘扬文明新风尚，营造良好的社会新风气。此次活动的开展，让文化墙绘成为乡风文明的"天然课堂"，在潜移默化中提高村民文化素养，引领和谐新风。此次社会实践得到了学校和当地政府各级领导的大力支持，不仅是实现乡村面貌的改造，也实现了实践队成员自身面貌的改造，锻炼了实践能力、提高了专业水平，为我们以后的学习和工作奠定了良好的实践基础。当代大学生要做贡献、长才干、悟新知，以实际行动投身乡村振兴战略的实施，勇做担当民族复兴大任的时代新人。

（二）暑期社会实践的收获

（1）汲取丰富知识。墙体绘画内容丰富，突出时代主题，融入时事政策、文化风俗、科普知识等内容。时事政策增进我们对国情和社会现状的了解，缩短了我们与社会的距离；文化风俗加深我们对当地民情的认识，这些奇特有趣的风俗习惯在丰富我们生活的同时，提高了我们的民族文化认同感；科普知识开拓了我们的学习领域，培养了我们的科学素质。为了更顺利地开展工作，我们在墙体绘画活动开展前，查阅了大量资料，在潜移默化中汲取许多新内容。

（2）提高团队合作能力。这次社会实践让我们明白了团队合作的重要性，在实践开展初期，队员之间互不了解，起初配合并不默契。但在一次次调研、一次次讨论中，我们努力磨合，学会了如何在团队中各司其职、相互配合。社会实践活动就像一条紧绳，将我们所有人紧紧串联在一起，齐心合力完成一件事情，学会团队合作使我们的能力得到了全面提升。

（3）锻炼实践能力。社会实践是学生锻炼个人能力不可多得的平台，走出校门，走进社会，走进乡镇，一方面能够加强学生对实践活动的了解，锻炼协调能力、沟通能力；另一方面也是学生抛开课本，在实践中检验自己专业水平的最佳时机。我们在实践中发现专业知识和实际运用存在脱轨现象，实地墙体绘画的难度要比以往学校要求在纸板上作画更高，因此我们常常遇到难关，这在某种程度上也说明我们自身专业知识掌握并不牢固，这也激励我们继续努力学习，不断完善自己。

四、心得体会

又是一年暑假时，时间匆匆而过，我们也要为步入社会做打算。社会实践是大学生活的重要环节，暑假我们参加了大学生暑期三下乡社会实践活动，这次活动培养了我们的实践精神，完善了学校教育教学工作，丰富和深化了大学生思想政治教育的实践内容，促进了大学生在理论和实践相结合的过程中增长才干、健康成长，从而优质成才、全面成才。

作为义务墙绘工作者，首先，我们坚持走绘画的基本路线，根据设计草图进行墙绘。在思想上我们积极要求进步，爱岗敬业，任劳任怨，遵守场地的各项规章制度，积极听取前辈们的建议和经验，并且认真做好记录，及时总结反省，努力提高自己的思想觉悟，不断地完善自我。其次，我们端正自己的学习态度，服务态度，绘画态度。经常利用空闲时间跟队友和前辈进行沟通交流，让我们能更好地融入这个集体和活动中去。墙绘对我们每个艺术生来说，是一次磨炼，要具备吃苦耐劳的精神。因此，在我们加入"墙绘"队伍之前，自己已经做好了充分的准备，不管遇到多大困难，一定要坚持下来，尽自己最大的努力干好自己的本职工作。我们严格要求自己，在工作中坚持做到服从安排，以大局为重，以集体利益为重，不计较个人得失，理性地处理好个人利益与集体利益的关系，尽心尽职做好自己的本职工作。

这一阶段的墙绘生活使我们在学习方法和工作能力方面有了很大的提高，为我们接下来的大学时光做了很好的铺垫。曾经，我们因太过于自信，认为自己一定能够很出色地完成学校布置的各种学习、绘画任务。而当真正进入这一角色之后才懂得远非之前想的那么轻松，要想在墙绘方面表现出色，应使自己从思想上正确看待墙绘这一行业。我们作为美术爱好者，要不断进取，同时，作为艺术设计专业学生，还应该不断充实自己，开阔视野，不断钻研，用行动来提高自己的专业技能。美来源于生活，我们要用发展、审美的眼光看待这个充满神奇色彩的大世界。在墙绘设计上，我们要不断加强自己对设计的理论学习、专业学习及实践学习。因此，我们便在活动之余着重加强这几个方面的学习，不断向前辈请教，多看他们的作品，学习技法。这次墙绘活动我们主要以室内墙绘为主，要对场地的具体细节、长宽高比例等了如指掌。对于不同的墙绘对象，要用不同的绘画图形和方法进行创作。

就这样，为期30几天的社会实践随着开学的到来结束了。这次实践真的教会了我们很多很多东西，在工作上怎么处理事情，如何待人接物，如何与师长、同事沟通，以及团队精神的重要性。就比如刚开始我们这些志愿者互相都不认识，经过几天的交流分工合作，基本上能够了解彼此，并且合作得天衣无缝，相互补充。我们也发现只有合作才能高效办事。这次活动拓展了我们的交际圈，为我们将来走向社会奠定了一定的基础。

老子曾言："千里之行，始于足下。"这短暂而又充实的实践，就像一座桥梁对我们走向社会起到了一个良好的过渡作用，是我们人生的一段重要经历，也是一个重要步骤，对将来走上工作岗位也有着很大帮助。向他人虚心求教，与人文明交往等一些做人处世的基本原则都要在实际生活中认真贯彻，好的习惯也要在实际生活中不断培养。这一段时间所收获的经验和知识是我们一生中非常宝贵的财富。

大学生参加社会实践是了解社会、认识国情，增长才干、奉献社会，锻炼毅力、培养品格的一个重要过程，是完成从自然人到社会人转化的过程，是发展个性、促进个人进步和完善社会角色的过程。如果每一个大学生在校期间都能积极参加社会实践，勇于走出校门，努力适应社会，那么势必能为自己毕业后积攒一定的社会经验，不至于面临工作岗位时手足无措。我们更要正确认识社会实践，积极参加社会实践，努力完成社会实践。社会实践能让我们在校期间就能为自己的职业生涯打下坚实的基础，所以具有非常重要的意义。

总的来说这次活动是很完美的，是很切身的实践体会。作为21世纪的大学生，我们要抓住培养、锻炼才干的好机会，提升自养的修身，树立服务社会的思想与意识。同时，我们要树立远大的理想，明确自己的目标，为祖国的发展贡献一份自己的力量，为中华之崛起而奋斗！

（2021年11月）

保护龙津河流，我们步履不停

　　"实践是每个人的必经之路，在这条路上，我们锻炼着、成长着，虽然跌跌撞撞，但是我们且歌且行，勇往直前。虽然短暂的暑期社会实践专项行动结束了，但是不代表我们爱护环境、保护环境的决心也停止了。我们会继续发扬'河小禹'精神，将这个精神一直传承下去，鼓励更多的人来加入我们，积极地向我们身边的同学宣传我们的精神，大家一起保护环境，共建美好的生态家园，树立环境保护意识助力乡村振兴！"这是"河小禹"实践队成员的共同意愿。光阴似箭，日月如梭。龙岩学院化学与材料学院"河小禹"暑期社会实践专项行动，从 2017 年暑假成立，已走过了 5 年的岁月。这 5 年来，一届届"河小禹"们秉持青年大学生有责任、有担当的精神，争做保护母亲河的时代新人，深化"河小禹"的品牌建设，奋力打造美丽乡村的载体，为建设生态龙岩贡献出一份力量。

一、实践开展的意义

　　龙津河位于龙岩海城的东部，发源于莲花山南麓银瓶山，包括多段流域，全程约 15公里。这条河流在龙岩生态环境中扮演了极其重要的角色，让闽西地区与漳州平原的生态实现物质交换。人们习惯性地把龙津河与它的下游丽江一带合为丽江流域，其流经了新罗区、红坊镇、小池镇等地段，环绕了大半个龙岩。因此，龙津河被誉为是龙岩人的"母亲河"，孕育着一代又一代的龙岩人，是他们永远不能磨灭的记忆。百代江山，人事代谢，不管思古还是抚今，龙津河都在提升着龙岩古城的历史穿透力和文化底蕴。

　　在老一辈人的记忆中，龙津河是他们快乐与幸福的一部分，少时河边看母亲洗衣，长大后与爱人河边赏月，再后来是与挚友在河畔钓鱼，纵情享受休闲时间……但是这一切仿佛在突然之间，发生了翻天覆地的变化。随着龙岩经济的迅速发展和生产力水平的不断提高，龙岩市的母亲河——龙津河受污染日益严重，龙津河的污染问题也一次次地被推上热议话题榜。龙津河是龙岩人民的母亲河，是龙岩人民赖以生存的河流，它用自己的乳汁哺育了闽西儿女。正是因为有了龙津河，才有了龙岩的繁荣景象。因此，保卫龙津河是每位龙岩人民义不容辞的责任。作为化学和环境工程专业的学生，我们更有责任和义务保卫赖以生存的母亲河。因此，这次暑期社会实践活动通过开展龙津河实地调研，根据调研结果制订具有科学性、可行性的治理方案，以期带动他人，强化大众保护母亲河的责任意识，为建设生态龙岩贡献出一份力量。同时，由此弘扬实践精神、环保精神、志愿者精神，并通过自身的行为，用以小见大的形式进行宣传，让大众认识到环境保护的必要性与重要性。

二、实践的主要内容

在实践活动中，通过与河道管理负责人面对面的座谈、参与日常巡河工作、分段采水样并进行试验与分析等工作全面了解龙津河（东肖溪段）的现状，其中实验测定项目包括 pH 值、电导率、氨氮含量、化学需氧量（chemical oxygen demand，COD）以及重金属（铁、锰、钙、镁、镉、铬、铅、铜）含量的测定。实验数据可以作为龙津河（东肖溪段）目前水质情况的参考数据，进而为治理龙津河（东肖溪段）提出更为合理的建议提供理论依据。

实践活动分两个阶段开展。第一阶段，前往学校图书馆和区河长办查阅龙津河（东肖溪段）相关资料，参与龙岩市预防学生溺水联防联控活动启动仪式，与新罗区河长办工作人员开展座谈会等。实践队成员对龙津河（东肖溪段）的现有情况有一个初步的了解，为后续的实验检测和水质保护宣传等做好前期准备工作，在巩固专业知识的同时践行实践队成员全心全意服务社会的初心。第二阶段，分别前往龙津河（东肖溪段）的上、中、下游实地采取水样，并及时进行水样检测，同时与河道巡查员一起开展巡河工作，以及开展户外宣传活动。

本次实践活动结合水样分析及问卷调查结果，同时结合专业知识和龙津河（东肖溪）的现状，有针对性地宣传龙津河的重要性，从而为保护龙津河，为乡村振兴贡献自己的一份力量。

三、社会实践总结

（一）队员们团结协作，确保活动顺利

在本次实践活动中，大多数实践队成员都有学生干部经历，故实践队整体上富有责任心，做事诚恳，态度认真，有着为他人服务的思想。队员们在工作分配方面采取扬长避短的做法，尽最大可能发挥实践队每一名队员的优势，使实践效果达到心理预期。在指导老师的统筹下，策划与安排、资料收集、调研与实验、拍照记录、新媒体宣传、材料整理、安全督查等多个工作都有条不紊地进行。活动过程中实践队全体成员从未缺席，将负责、认真的精神贯彻到底。

（二）深入河流调研，获知河流动态

实践队分别于龙津湖公园、洋潭村（综合楼）、后田人民广场、榕树小区附近分段进行河水的取样工作，同时开展河流周围居民的环保宣传和问卷调查工作。在进行环保宣传和问卷调查的过程中，队员们耐心地回答居民提出的问题并进行记录，获知河流附近区域潜在污染源的群众线索，使我们后续的宣传工作能够有的放矢，进而确保宣传工作的精准性和高效性。

（三）发挥专业特长，磨炼意志品质

实践队成员在指导老师的带领下，对水样进行 pH 值、电导率、氨氮含量、COD 以及重金属（铁、锰、钙、镁、镉、铬、铅、铜）等水质检测指标的检测工作。在指导老师的悉心指导与队员们的积极配合下，检测分析工作按照计划井然有序地开展。检测分析工作结束后，我们通过查阅相关文献，最终形成水质检测报告。水样的检测过程并不像我们一开始想象的那样顺利，遇到了不少数据结果异常等意外情况，每当遇到问题，我们都积极思考、分析原因，进而有效解决问题。这不仅锻炼了我们自主思考和灵活应变能力，而且还提升了我们的实验水平，培养了我们的动手能力和实践能力。

（四）增强社会责任，全心服务社会

调查等实践活动让我们对龙津河（东肖溪段）的水质有了更深入的了解，并意识到保护水资源的重要性。我们深知，保护水质要从点滴做起、从自己身边做起。社会主义生态文明建设是社会主义现代化建设的重要内容，需要个人、企业、政府合力营造良好的生态环境。此次活动促进了我们对社会的了解，增强了我们对祖国山河的热爱之情，实现了书本知识和社会实际的更好结合，同时还帮助我们树立了正确的世界观、人生观和价值观，增强了全心全意服务社会的意识。

（五）倡导环保理念，建设生态龙岩

龙津河（东肖溪段）调研实践队全体成员与新罗区河长办工作人员在区河长办开了一场小型面对面座谈会。座谈会上龙津河（东肖溪段）调研实践队派代表将实践过程中发现的问题逐一进行了汇报，比如实验数据表明龙津河附近存在某些工厂和部分散养户偷排乱放的现象，建议政府和相关部门能够加大监督力度；大多数人对龙津河的污染情况判断标准还停留在河水黄与清这一阶段，殊不知有的时候河流泛黄是因为河床泥沙翻涌而并非水质污染，故在水质宣传教育方面需要进一步深入群众内部，排除村民的一些误解。同时，实践队还向工作人员简单介绍了团队前期和后期的行程及目标。之后队员们积极发言，提出心中的问题和看法，发表自己的感言，河长办相关人员也十分配合地为队员们一一解答，并对我们后期的活动提了一些中肯的意见和建议。相信在多方的努力下，保护龙津河这件事会做得越来越好！

(六)传递环保精神,人人保护环境

龙津河(东肖溪段)调研实践队于龙岩学院校门口开展了一次关于保护母亲河的户外宣传活动。经过前期的充分准备与材料收集,活动现场的宣传演讲主题明确、案例鲜明,采取寓教于乐的形式向民众们生动地介绍了龙津河的现状。同时,活动开展过程中我们积极向市民呼吁从自身做起、从身边小事做起,爱护环境,保护水资源,并邀请市民在相关条幅和海报上签名、合影留念等,使群众加入保护母亲河的队伍中,扩大"保护母亲河流,助力乡村振兴"主题宣传深度。

(七)开展水质检测分析,提供有效治理建议

在本次的抽样调查中,我们一共抽取了 15 个样品。我们采用国家测试水质的方法对样品进行检测,对氨氮的测定采用纳氏试剂分光光度法,对 COD 的测定采用分光光度法,对金属含量的测定采用原子吸收光光度法。经过对龙津河(东肖溪段)上、中、下游的水质检测和对河流两岸的污染源调查,我们总结分析了它存在的一些主要问题。为了保护环境,还龙津河一片清澈,综合实验结果和实地取样情况,我们提出以下几个建议:

一是改善河道环境,尽快开展河水、河岸等全方面的治理工作。首先,对污染源进行处理,杜绝工厂、散养户把污水、粪渣等直接排放到河流中,应集中处理,避免其对环境造成不利影响。同时对河边、河道中已废弃的建筑材料进行清除,并对水道进行整改,进一步将河内的垃圾、淤泥清除。如果条件允许可通过植草沟、生态隔离带及城市湿地公园等绿色技术措施,有效缓解径流污染对环境造成的不利影响。

二是完善城市污水处理系统,推进龙津河周边流域污水管道建设,完善污水管网,加大污水处理能力;改造老旧排水管网和泵站、定期对排水管网系统进行清淤维护,保证污水处理能力不下降。同时,加强河道环境的保障,应对附近的工厂(花生厂、地瓜干厂)、养殖场、散养户等加大管理力度,对污染河流的行为进行严肃处理,并加强对沿岸居民及全体市民的环保知识宣传教育,增强环保意识。河流环境的维系,主要还是在于大家的思想意识,只有大家都自觉保护河道,保护环境,一条无污染的龙津河才会永远呈现在人们面前。

"河小禹"暑期专项行动的开展不仅使队员们的专业能力有了较大的提升,同时还锻炼了队员们的社交能力,让大家学会如何在发挥自己专业知识的同时将自己心中的目标向大众传达。时间虽然过得很快,但实践活动带给队员们的能力永远不会消逝。它让我们学会走出课堂,走出校园,走向社会,走上专业知识与实践相结合的道路,最重要的是它让我们成长,让我们更加坚定了要保护母亲河的决心!

四、心得体会

裴斯泰洛齐曾说:"实践和行动是人生的基本任务;学问和知识不过是手段、方法,通过这些才能做好主要工作。所以,人生必须具备的知识应该按实践和行动的需要来决定。"这说明智慧与实践永远是分不开的,在实践中可以检验真理,也能培养能力,弥补不足。这次暑期"三下乡"活动使我们有了一个验证、反思自我的机会,使我们无论在能力上还是在心灵上都有了一次大的飞跃,同时也发现自身存在的不足。社会是一所更能锻炼人的综合性大学,只有深入社会,了解社会,服务社会,投身到社会实践中去,才能使我们发现自身的不足,为今后走出校门,踏进社会创造良好的条件;才能使我们学有所用,在实践中成才,在服务中成长,并有效地为社会服务,实现大学生的自身价值。

为了积极响应大学生"三下乡"的号召,龙岩学院积极组织成立"保护龙津河,助力乡村振兴"实践队,从前期的项目书到确定人数、上交材料,立项成功,经历了半个月的时间。这半个月以来,实践队反反复复修改资料并咨询老师,尽最大努力完成相关材料。

在期末考试结束后,"三下乡"活动也在出征仪式之后正式开启了。首先举行了行前安全教育,对一些工作进行了安排,而后开始分工进行活动。问卷调查是第一项工作,然后我们前往龙岩图书馆查找资料和各个龙津河流域定点取水样,接下来就是各项工作的相继开展。这个过程并不是一帆风顺的。由于队长第一次作为团队负责人参加实践活动,对很多事宜不太明白,不熟悉,以及天气状态致使在工作安排和实行上出了许多小插曲,队员们也有过意见分歧和抱怨,不过我们都尽快去调整,最后问题都得以解决,一切都顺利完成。我们发布的新闻稿等内容被校团委转发和点赞,并选中征用,这些成果不是一两个人的功劳,而是整个团队,是大家一起共同努力的结果。

我们依然记得,开展问卷调查那天,并没有我们想象的那样简单,远远超出了预期的想法,这也恰恰应了"万事开头难"的说法。由于我们之前几乎都没有做过户外的问卷调查,且遇见的都是陌生人,针对每位来往游客进行问卷调查就成了一件很困难的事。但是,为了能得到真实有效的结论,又想到如果现在这点小困难都克服不了,那以后在工作岗位上岂不是会处处碰壁?我们便怀着忐忑的心情开始采访第一位对象。第一位被采访者是一位阿姨,很和蔼可亲,通过交谈我们了解到她的孩子也在上大学并且也参与了暑期社会实践,阿姨很了解我们的心情并且很乐意配合我们的访问,就这样我们顺利地打开了采访之路的大门。但并不是每个人都像这位阿姨一样配合我们的调查,有的游客拒绝接受调查,有的即便是接受了,但在进行敏感问题调查时也不愿意透露真实的情况。遇见这样的情况我们会礼貌地说明来意,承诺不会透露被调查者的任何信息，并且说明调查都是采取不记名的方式，调查结束后这些调查问卷我们会存档作为参考，保证不会对被访人员带来伤害，有了这样的保证，有些游客开始愿意配合我们了。进行了两天的调查采访，我们各个都口干舌燥，但一想顺利地完成了调查，我们都觉得这样的付出是很值得的。

这次实践活动，让我们明白了"艰辛知人生，实践长才干"的真谛。通过参加丰富多彩的社会实践活动，我们逐步深入了解了社会，开阔了视野，增长了才干，并在社会实践的过程中认清了自己的位置，发现了自己的不足，感受到了团队合作的乐趣。"千里之行，始于足下"，这次短暂而又充实的实践活动将对我们走向社会起到一个桥梁的作用，它是我们人生一段不可或缺的重要历程，对将来走上工作岗位有着巨大的帮助。社会实践也告诉了我们，在新时代，大学生应具备新观念，有掌握技术的能力，同时还应具有良好的交际、沟通能力，更要有集体意识和团队精神，在学习时也要时刻与外界保持同步发展，做到与时俱进。珍惜现在的学习机会，珍惜生命的分分秒秒。我们在学习好专业知识的同时也要努力汲取专业领域的相关知识，努力提高自身综合素质，尽自己最大的能力去造福人类。

这次"三下乡"活动让我们明白，也更深刻体会到，在一个团队里，只要大家拧成一股绳，朝着一个方向去努力，就能把事情做好，也只有这样才能做好。这一次的经历让我们有了许多受用的收获，也让我们看到了自己的不足，确实是一次很好的锻炼和洗礼。在这一个暑假，这一次活动中，无论如何，我们都很感谢这一群伙伴，感谢大家一起共同走完这一段路程，做完、做好了这一个项目。

（2021 年 9 月）

积极参与垃圾分类，"绿水青山"扮靓家乡

垃圾分类涉及千家万户，是一件关乎绿色发展、节约资源的大事。为响应"绿水青山就是金山银山"的号召，以建设美丽乡村为导向，由龙岩学院资源工程学院老师带队，实践队前往福建省漳平市双洋镇开展社会实践活动。实践队师生针对农村垃圾分类情况进行调研，重点围绕农村垃圾处理、垃圾分类等方面展开实践活动，同时利用现代化信息传播手段与媒介向民众科普环保知识，宣传垃圾分类知识，助力他们树立绿色低碳循环发展理念。垃圾分类工作功在当代，利在千秋。虽然目前农村垃圾分类还处于探索阶段，在农村全面实行垃圾分类的时机也许还不够成熟，但是实践队师生依旧秉持着初心，立足于脚下这片红土地，积极参与垃圾分类，把"绿水青山"留在家乡、扮靓家乡。

一、实践开展的意义

（一）有助于建立农村垃圾分类处理体系

农村的垃圾分类处理体系处于一个不完善、不健全的状态。在农村全面实施垃圾分类工作之前，进行调研，因地制宜，局部试行，并根据发现的问题提出可行性建议，有助于完善与健全农村垃圾分类处理体系。

（二）有助于再生资源循环利用

节约原生资源垃圾并进行分类，对厨余垃圾进行生化处理，建立再生资源通道，这样便于资源化利用，节省原生资源，从而减少资源的浪费。

（三）减少环境污染

废弃的电池含有金属汞、镉等有毒的物质，会对人类产生严重的危害；土壤中的废塑料会导致农作物减产；废塑料被动物误食，导致动物死亡的事故时有发生。因此，回收利用和明确分类处理垃圾可以降低对动植物的危害，同时也可以减少环境污染，保护农村的生态环境。

（四）有助于提升全民文明素质

垃圾分类在某种程度上是社会文明建设和全民素质的一种体现。实现垃圾分类，

有助于提升全民文明素质和环保素质，同时也有助于人居环境的改善，使居民拥有更多的获得感和幸福感。

二、实践的主要内容

本次实践以"绿水青山就是金山银山"为宗旨，前往双洋镇开展实践活动。在调查活动开展之前，实践队师生先后通过咨询当地政府以及访问当地居民，了解近几年该镇的环境状况。经了解分析，居民对其所居住环境普遍满意，这主要得益于政府近几年大力推动环保事业；但提到垃圾分类，居民们在这方面的知识还是相对空白。基于此现状，实践队师生通过线上线下的问卷调查，了解双洋镇居民对"垃圾分类"的认识，以及关于"垃圾分类"的常识了解情况。在垃圾分类情况调查中，实践队师生发现了双洋镇垃圾分类现状所存在的问题。于是，实践队主动联系政府相关部门，结合知识储备向农村群众传播关于垃圾分类的基础知识、分类原则以及垃圾种类的知识。在该过程当中，实践队师生和居民深入交流，并在人流量较大的双洋主街道挨家挨户宣传和普及垃圾分类，面对老人家和儿童，队员们更是耐心讲解和沟通。最后，通过与居民们的深入交流，实践队针对双洋镇垃圾分类现状以及存在的问题提出了应对方案。

三、社会实践总结

在开展本次实践活动之前，实践队师生共同学习《突发事件应急处理预案》，查找、阅读与项目有关的参考材料，并且制订出行方案。此后，实践队前往福建省龙岩市漳平市双洋镇，了解当地道路交通等情况，确保活动可以顺利开展。在实践活动开展过程中，实践队师生在双洋镇集市附近的主要街道、路口和学校、广场等人流量较大的场所进行问卷调查，并科普垃圾分类知识，助力群众提升环保意识。最后，实践队整理分析调研所得的文字、影音材料，撰写社会实践报告。

（一）针对双洋镇开展垃圾分类情况调查

双洋镇位于九龙江北溪上游，其下游则是漳州市、厦门市的主要水源。因此，双洋镇环境的优劣不但影响着当地的居民生活，而且对生活在下游的人们也会造成影响。同时，双洋镇是福建省省级历史文化名镇，其环境卫生的优良程度，对其本身也有十分重要的影响。经调查，我们发现双洋镇空气清新，树木葱郁，街道干净、整洁，环境尚佳。实践队中有来自双洋镇的队员，从个人情感角度出发，对家乡的发展比较重视，由衷希望家乡能够更好更快地发展。

在走访过程中，我们发现双洋镇的各个街道都有定点摆放的垃圾桶，但是存在着垃圾桶的颜色与相对应的垃圾种类不太一致的情况，可回收垃圾桶的颜色就有 2～3 种，有的是可回收垃圾桶与不可回收垃圾桶的颜色相同,这极易导致不认识字的居民无法准确地进行分辨。通过调查得知,双洋镇居民以未成年人和45岁以上的中老年人居多。在对双洋镇的垃圾分类情况和居民的垃圾分类意识进行一定的了解之后,我们选择双洋镇作为调研农村垃圾分类的主要据点。

(二)针对双洋镇垃圾分类调查问卷设计及内容

实行垃圾分类势在必行,是迫在眉睫、事关民生的一件大事。但与城市相比,出于传统生活条件的影响,农村生活垃圾分类仍然存在着不少的问题,推行起来有着较大的难度。为响应新时代下"保卫绿水青山,收获金山银山"的时代号召,我们在双洋镇对各个年龄段以及不同职业的居民进行无差别访问的问卷调查。同时,我们也通过双洋镇居民的微信朋友圈发布网上问卷,号召大家参与问卷调查。通过线上线下的问卷调查,我们有效了解了双洋镇居民对"垃圾分类"的认识,以及关于"垃圾分类"常识的了解情况。

(三)双洋镇垃圾分类情况调查分析

经过调查了解,我们发现在近几年中,双洋镇的街道、河流等卫生情况有了极大的改观,当地居民对其现居环境总体上是满意的。在走访过程当中,我们偶遇一位常年在外经商返乡的群众,他表示近几年双洋镇的卫生状况改观很大,之前往河中随意倒垃圾、随手乱扔垃圾等现象,现在已经几乎不存在了。这毋庸置疑得益于政府大力推动环保事业的发展,以及当地部门所做的不懈努力。但当我们提到垃圾分类的时候,大部分50～80岁这一年龄段的居民表示不太了解。虽然当地政府对垃圾分类做了大力的宣传,但是这一年龄段的居民较多是没有受过教育的,也较少关注新闻等宣传,以至于对垃圾分类的信息了解不够充分。虽然农村垃圾的种类没有像城市那样繁杂,但一些较年长的居民们普遍存在着"不愿分、不想分、不会分、懒得分"的主观因素,他们习惯随便乱扔生活垃圾,尤其是一些住在离垃圾场较远的农户。

(四)在双洋镇垃圾分类情况调查中发现的问题

在此次实践调研活动中,我们对双洋镇各个年龄段以及不同职业的居民群众进行了无差别访问的问卷调查。据调查了解,近几年双洋镇的街道、河流等卫生情况有了极大的改善。与此同时,我们通过调查发现在垃圾分类中主要存在以下几个方面的问题。

1. 无具体的垃圾处理体系

(1)以湿垃圾为例。乡镇农村地区由于大多数家庭都有饲养家禽、家畜,针对每天产生的厨余垃圾,多以喂养方式处理。目前随着乡村振兴、城镇化发展步伐的加快,许多居民已搬至单元楼房或是乡镇政府所划的新农村当中,使得这些家庭每日产生的湿垃圾极易与其他生活垃圾混杂在小区的垃圾投放点。这就导致对生活环境产生一定的影响,尤其是在夏季,蚊虫增多,垃圾极易发酵腐败,同时对环卫工人的人身健康也存在一定的危害。

(2)以农作物残骸处理为例。双洋镇的农业以烟、竹、茶等特色农业产业为主导,近年来随着香菇产业的兴起,种植香菇的农户也日益增多。每年的 6 月,当农田中的烟叶采摘完毕后,仍有许多烟的根茎遗留在地里。而烟的根茎不易腐败,多堆放在田埂边上,极易造成不便。有的种植户会直接选择焚烧根茎,这对大气会产生一定程度的影响。香菇种植后,也有许多种植户会直接选择将菌棒遗弃在农田里,大量的废弃菌棒不经过处理不仅会污染环境,而且会对农田的正常耕作产生一定的影响。

(3)以有害垃圾为例。随意倾倒或是没有妥善处理有害垃圾,对环境具有极大的危害。在农村常常因为没有具体的相关处理办法,电池大多在报废后被直接投入垃圾桶中,有的甚至直接被丢入河流或农田当中。乡镇居民对电池的污染性极强这一情况了解得不多,随意丢弃后对环境造成恶劣影响。这不单是双洋镇存在的问题,在很多乡镇都是一个普遍现象。

2. 基础设施不合理、不完善

双洋镇的各个街道都有定点摆放的垃圾桶,但存在垃圾桶的颜色与相对应的垃圾种类不太一致的现象,具体为可回收垃圾桶的颜色有 2～3 种,或者是可回收垃圾桶与不可回收垃圾桶的颜色相同。上述问题再加上双洋镇居民年龄分布及总体的文化程度等因素,极易导致居民们无法准确地进行分辨。若是相同分类的垃圾桶颜色能够保持一致,这就能使人们形成固定思维,根据颜色的区别而认准垃圾桶,从而按类倾倒垃圾。

3. 文化程度普遍较低,环保观念有待加强

在调查过程中,我们的调查对象主要集中在 50～80 岁这一年龄层的居民,当提到垃圾分类时,大部分的居民对此表示不太了解。虽然当地政府对垃圾分类有做大力的宣传,但是这一年龄层的居民大多没有受过教育,文化程度较低,并且在日常生活中也没有看新闻的习惯,从而导致他们对垃圾分类的信息了解不够充分,甚至有一部分人对垃圾分类存在误解。即便是当地的环卫工人,也无法有效进行较为系统的垃圾分类。

4. 恶习惩戒力道不足

乱倒垃圾现象虽然已经减少了许多,但是仍有一些地方无法监管到位。例如,部分村子往河里倾倒垃圾或随意乱倒垃圾现象仍有发生。而对于这些情况没有具体的惩戒手段,这易使得部分群众有恃无恐,继续这样的行为。

(五)针对双洋镇垃圾分类现状存在问题提出的应对方案

1. 统一建立健全垃圾分类标准及完善后续处理方式

(1)明确分类标准。农户日常将生活垃圾分为有机易腐垃圾(湿垃圾)和不可烂垃圾(干垃圾)两大类,保洁员进一步将不可烂垃圾分类成可回收物、有害垃圾和其他垃圾。各地根据经济发展水平和处理设施建设情况选择合适的垃圾分类标准,并对分类标准进行细化,制定农村生活垃圾分类目录并向社会公布。各镇和村可根据区域内再生资源产业规模、回收利用技术水平和网点布局等体系建设情况,对可回收物细化分类。

(2)推动分类减量先行。收运处置前开展村庄保洁和垃圾分类。有机易腐垃圾优先纳入农业有机废弃物资源化利用体系或就地就近堆肥处理,灰渣土、碎砖旧瓦等惰性垃圾用于村内铺路填坑或就近掩埋,可回收垃圾纳入资源回收利用体系,有毒有害垃圾单独收集、妥善处置,实现农村生活垃圾分类减量,有效减少需外运处置的农村生活垃圾量和外运频次。

2. 完善垃圾分类收集制度

(1)建设科学合理的分类收集体系。采用农户源头分类＋保洁员分类收集的两次分类收集方法,第一次是农户源头分类,第二次是保洁员分类收集。保洁员定时上门,将不可烂垃圾进一步分类成可回收物、有害垃圾和其他垃圾,进行分类收集,并将可回收物和有害垃圾送到设于行政村的垃圾分类分拣站。

(2)建设简便易行的农户分类投放体系。农户按照可腐烂垃圾(湿垃圾)和不可烂垃圾(干垃圾)两大类,将垃圾投放到指定容器中。如果产生有害垃圾,应单独存放,再定期交给保洁员。各镇、村垃圾分类管理部门应结合本地垃圾特点和处理能力进一步细化分类。

(3)建设完善匹配的分类运输体系。各类别生活垃圾必须分类运输,以确保全程分类为目标,建立和完善分类后各类生活垃圾转运系统。可回收物和有害垃圾由对应系统配备专用车辆进行运输,其他垃圾由现有垃圾转运系统进行运输。按照区域内各类生活垃圾的产生量,合理确定收运频次、收运时间和运输路线,配足配齐密封性好、标志明显的专用收运车辆。环卫收运作业应当严格执行分类收运规范,杜绝"先分后混""混装混运"。探索建立"不分类、不收运"的倒逼机制,对未实行生活垃圾分类或分类不符合要求,多次违规拒不整改的,收运单位可以拒绝收运。

3. 加强公民环保意识,普及垃圾分类认识

(1)广泛宣传发动。建立健全生活垃圾分类宣传发动体系,充分利用各种媒体平台,发挥微博、微信等新媒体平台的作用,持续开展生活垃圾管理相关法律法规的公益宣传,鼓励建设宣传科普基地,积极开展舆论宣传引导,切实提高群众对垃圾分类的认识水平。积极倡导集约、节约的生产和生活方式,推进生活垃圾源头减量。普及生活垃圾分类知识,引导群众自觉参与生活垃圾分类工作,培养生活垃圾分类的良好习惯。

(2)加强素质教育基础。教育主管部门要依托课堂教学、校园文化、社会实践等平台,加强各类学校的生活垃圾分类教育,将垃圾分类融入课堂。深入开展垃圾分类进校园、进教材、进课堂等活动,培养学生良好的文明习惯、公共意识和公民意识,从小孩子抓起,带动家庭做好垃圾分类,达到"教育一个孩子、影响一个家庭、带动一个社区、培养一代新人"的效果。

（3）发挥群团作用。积极开展青年志愿活动，鼓励和引导青少年积极参与生活垃圾分类，主动践行绿色生活方式，让低碳、环保、公益成为青少年的时尚追求。培育志愿者队伍，引导青少年志愿者深入农村，与群众面对面开展生活垃圾分类宣传、引导和服务等实践活动，不断提升志愿活动的专业性。通过开展形式多样的社会宣传、主题实践等活动，面向广大家庭传播生态文明思想和理念，倡导绿色生活方式，普及生活垃圾分类常识，引导家庭成员从自身做起，从点滴做起，自觉成为生活垃圾分类的参与者、践行者、推动者。

4. 加强引导力度

扎实开展典型示范创建活动，分批培育高标准的农村生活垃圾分类模范县（市、区）、模范乡镇（街道）、模范村（社区）等。由党员干部带头引导村民，发挥组织影响力。村委会监督、邻里互助、党员带动、政策推动、宣传发动，强化引导力度，推进农村垃圾分类回收建设。

四、心得体会

当今社会，有两个词是我们无法忽略的，那就是"垃圾"与"环保"。可以说，在 21 世纪，这两个词有着沉甸甸的分量，深刻地影响着人类社会的前进与面貌。其中一个最明显的例子就是，为了消除垃圾对环境的影响，许多国家政府投入巨额资金研发相关的技术，使得人类社会在环保方面的技术得到了极大提升。然而，即便是有组织、有技术，我们也无法彻底解决"垃圾"这一困扰人类已久的问题。同时，我们应当清醒地认识到，在所有的垃圾中，生活垃圾并没有像其他垃圾一样，随着技术的发展而逐渐减弱对人类社会的影响，反而有愈演愈烈的趋势，垃圾山臭气熏天的景象一次次地困扰着我们。我们此次所进行的社区垃圾分类实践正是基于这种大背景而展开的。

在进行垃圾分类的同时，我们注意到，一些青少年比较不自觉，缺乏分类意识，往往是在有他人看到的情况下才将垃圾丢进相应位置，否则就随意丢弃。这应该与"垃圾是放错了地方的资源"这一理念的宣传和推广不力有关。因此在学校中，所谓的垃圾分类不能仅仅存在于书本或口号上，要以实际行动唤醒广大青少年学生的垃圾分类意识和环保意识。

此外，据我们了解，关于垃圾分类后的去向，在中国大多以焚烧的方式进行处理。然而，经过高温焚化后的垃圾虽然不会占用大量的土地，但它不仅投资惊人，并且会增加二次污染的风险。二噁英，这种令人谈"噁"色变的剧毒致癌物质，就是垃圾焚烧后产生的主要气体成分之一。所以在垃圾分类回收的问题上，我们应该积极采用回收与再利用的方式，对不同的垃圾要有不同的回收容纳点，进行不同的处理，只有这样才能实现真正的可持续发展。

我们作为当代大学生,必须要有社会责任心,树立良好的环保意识。我们是中国社会的一分子,有义务尽自己之力使国家变得富强美好。在垃圾分类工作上,我们在学好科学文化的同时,要充分结合自己的专业知识,深入认识不同的垃圾,在实际生活中做到按类丢垃圾。除此之外,我们还应该把这种知识传授给身边的人,只有这样,涓涓细流方能汇入大海,垃圾分类的工作才能更好地被大众接受和理解。"绿水青山就是金山银山",愿人人参与垃圾分类,减轻"垃圾围城"所带来的困扰!

(2021 年 9 月)

"逸动"社区让小区更美好

社区很"小",它是社会治理的基本单元;社区又很"大",老百姓的生活起居、吃穿住行,都与它密切相关。随着社会主义市场经济的发展和城镇化进程的加快,城市社区在经济社会发展中的地位越来越重要,社区居民对社区服务的需求扩增,要求也逐渐提高。做好社区服务工作对提高居民生活质量、扩大就业、化解社会矛盾、促进和谐社会建设都具有重要意义。

为提高社区居民文化和身体素质,龙岩学院体育与健康学院学子在街道党工委及办事处的正确领导和街道文化站的有效指导下,前往龙岩新罗区南城街道莲滨社区,开展"逸动"社区运动保健知识宣传指导与服务活动。学院始终以社区居民身心需要为出发点,以服务社区群众为目标,充分调动青年教师、大学生的力量,积极开展丰富多彩的社区文体活动,受到社区居民群众的支持和称赞,同时也成功地向居民们宣传运动保健等有关知识。

一、实践开展的意义

(一)创新形式,广泛宣传

学院师生立足社区现有的条件,充分发挥社区文体宣传阵地作用,通过做游戏、做活动、收集印章兑奖以及手把手教授按摩方法等形式,加大宣传有关运动保健知识力度,促进和谐社会的构建,并且通过此项活动,进一步提高了我院教师和学生群体服务地方的意识,更好地发挥了体育运动为社会服务的作用。

(二)整合和优化社区资源

社区与辖区内各物业小区、社会单位相互联动,相互优化,真正实现了资源共享,强身健体,共建和谐,以居民满意为目标的社区文体工作资源整合,为推动社区文体活动项目,拓宽文体活动阵地,奠定了坚实的物质资源基础。同时,社区内建有市民学校,社区及辖区内各物业小区、社会单位还建有图书室以及各类宣传橱窗、宣传栏,为社区居民群众提供生活、学习以及交流环境,满足了社区不同人员的文化需求,奠定了社区文化教育工作的阵地资源。此外,充分挖掘社区内各类文体人才资源,培育组建社区文体各种活动队伍。社区干部通过深入社区,走访居民,了解掌握社区文体人才资源,以社区党员为龙头,发动、鼓励居民群众、单位职工、离退休人员参与到社区文体队伍和活动中来。

(三)开展多种形式活动,极力打造和谐社区,提高学生群体专业技能

运动康复队员在莲滨社区的实践活动中,将所学的基本理论、基本知识和基本技能综合地运用到保健知识的宣传实践中,并在实践中检验、巩固、提高、丰富所学理论和技能,提升专业能力。啦啦操队员也在此次的社区实践中提升了自身水平以及群体的合作能力。对于学院学生会代表的学生群体来说,更是在此次的社区实践活动中提高了自己的处事应对能力,并且让社区人员看到了当代大学生的青年魅力,向大家展示了青年风采。

二、实践的主要内容

龙岩学院秉承"厚于德、敏于学"的办学宗旨,每年都会安排师生群体走进社区,进行社区服务活动。为充分利用学院的资源,发挥学院师生党员的专业知识和技能,深化学院党建团建的工作以及提高学院学生群体的实践能力,2021 年 11 月份,学院联合莲滨社区在博士园二期举办了"逸动"社区运动保健知识宣传指导与服务活动,学习贯彻党的方针,进一步提高党员服务社会、服务地方的意识。学院党委书记、副书记和指导老师,部分学生党员和入党积极分子参加了本次活动。

社区活动组织前期,实践队成员在社区人员的带领下走访邻里,鼓励居民群众、单位职工、退休人员等参与到活动中来,通过纸质宣传、线上宣传等形式,吸引社区群众。我们通过宣传活动,将运动保健知识传递给社区群众,提高他们对自身健康的关注度和保健活动的重视度。

社区活动组织过程主要有 3 个环节。首先是场地布置,能够成功举办活动,场地的布置与完善是十分关键的环节。而对于场地的布置,学院学生会各个干部都付出了巨大努力。为了筹备音响设备和租借运动器械,学生会的同学来回奔波,与校方协商,和当地居民沟通,花费许多时间和精力。各项设备租借齐全后,如何将它们运输到社区也是场地布置的一大难题。所幸在大家的协调组织下,男生负责搬运,女生帮忙整理布置,顺利解决了这个问题。

其次是社区正式活动环节。在主持人为大家讲述本次活动流程前,由学院啦啦操成员带来啦啦操表演为大家开场,带领大家进入轻松愉快的氛围。啦啦操展现了青年人锐意进取、昂扬向上的精神风貌。经过 10 多天的练习,队员们将最好的状态展现出来,用优美灵动的舞姿、整齐划一的动作为大家带来一场视觉盛宴,赢得了大家的掌声和欢呼。

　　开场结束后,本次活动进入正题。此次活动分为两大类,一个是运动康复指导(肌肉牵拉处理,保健知识推广,运动损伤处置等),由学院康复科的优秀学生群体具体负责。平时大家可能会因为久坐、跌倒、健身等各式各样的情况导致肌肉拉伤,但人们的普遍做法是等待伤口自行痊愈,不再多加关注,尤其是老人。上皮组织受伤尚可,伤口恢复能力较强,不会损伤到内部,等待伤口结痂就可以。但如果是肌肉受伤,则不能马虎应对,轻微的肌肉拉伤很容易被人忽视,如果不进行科学的处理,也容易对肌肉形成一定的伤害。所以无论何种程度的肌肉拉伤,一定要及时进行处理,并且积极进行调养,才能够减少对肌肉形成的不可逆性伤害,避免出现其他不可控的情况。此时运动康健就承担了十分重要的角色,只有科学正确的康健才能达到痊愈的效果。实践队结合专业知识,践行"知行合一"的学习理念,将技术讲解、理论学习与实际运动结合起来,制订了一套康复运动知识普及方案。

　　在活动现场,实践队成员向居民进行动作演示,指出易受伤的腰、肩、膝、踝等部位和可能导致这些部位损伤的动作。我们针对运动损伤的预防措施和伤后处理两方面内容进行详细讲解,内容包括运动前需要注意的事项、运动中需要注意的细节、运动后损伤需要采取的措施3个部分,告知居民们掌握人体各关节活动度的重要性和意义。宣讲结束后,我们与居民进行交流。在现场访谈环节,我们和居民积极沟通,回答他们的疑难困惑,解决他们在日常运动中的问题和困扰。除此之外,对于个别有运动损伤的居民,我们还提供现场指导,提出运动康健动作建议,提醒注意事项。社区居民们认真学习实践队讲解的康复知识与实践技能,许多人纷纷表示,对运动康复的作用有更多的了解。

　　另一个是趣味运动,由学院学生会优秀学生群体组织。为了激发孩子们参与体育锻炼的兴趣,促进孩子们健康发展,丰富孩子们的课外生活,实践队成员结合活动主题,引导家长和孩子们参加多种多样的体育活动。实践队成员根据孩子的特长,精心设计活动内容和活动环节,让孩子们在游戏中收获友谊和信心。趣味运动能够释放孩子天性,是拉近孩子与孩子、孩子与家长距离的良好途径。实践队分为多个小组,每个小组负责一个游戏,并有明确的人员分工,1人负责组织,1人负责裁判,1人负责登记成绩,1人负责发放奖券。在活动开始前,每组都会解释规则,讲明游戏过程的注意事项,并设置奖励制度,给赢得游戏的小朋友小礼品奖励,这一环节更是激发了孩子们的好奇心和积极性。在飞镖游戏中,小朋友们专注地瞄准目标,在反反复复思考距离后,才将飞镖掷出,认真的模样十分童真可爱。家长们也加入游戏中,在跳绳、踢毽子环节,大家奋力地跳跃着,铆足了力气,在活动中展现自己的长处,和小朋友们互相配合,默契十足,欢声笑语不断。活动让社区居民们从忙碌的生活中解放出来,走到户外去,在轻松愉悦又不乏激烈的氛围中缓解身心,陪伴孩子愉悦玩耍,丰富孩子们假期生活。直至活动结束,居民们仍兴致勃勃,意犹未尽。我们给获得胜利的小朋友颁发奖品,同时鼓励没有获得奖品的小朋友不要灰心,继续加油,给孩子们树立"友谊第一,比赛第二"的正确观念。活动尾声,我们号召孩子们在平时生活中积极运动,锻炼身体,家长们也要积极配合,常常带领孩子参与体育活动,增强身体素质。此次趣味活动激发了孩子们参与体育活动的积极性和热情,增进了孩子与家长之间的交流和联系。我们希望通过这次活动能够让孩子们体会到运动的快乐,提高孩子们对运动的兴趣。

社区活动组织过程中,实践队成员认真制订相关文体工作计划、方案和要求,妥善解决工作中出现的难点和问题,并且积极探索党员在新形势下为文体工作增光添彩的新方法。通过健全组织,加强管理,切实有力地保障了本次社区文体工作规范有序开展。通过这次活动,学院师生把运动保健的相关知识带给了社区的居民,不仅提高了社区居民的健康运动意识,也促进了和谐社会的构建。实践队成员在这个过程中也收获颇丰,不仅锻炼了自己的实践能力,也深入了解了当代社会现状,以此来帮助自身不断提高。

三、社会实践的总结

"逸动"社区活动开展以来,学院每年都会早早开始筹备方案,通过宣传以及与社区沟通、师生群体的组织,最终组织形成新一批实践队。正是因为前期充足的准备,才能顺利开展如此成功的社区活动,并且完美结束。社会实践是认识的来源,说明了亲身实践的重要性,但是并不排斥学习间接经验的必要性。"逸动"社区实践活动让我们的假期很充实,同样它也是有意义的。跨出学校的大门,融入社会,这是一个质的飞跃的过程,其中的辛酸苦楚只有自己体验过才知道。对于我们新一代大学生来说,走进社会,需要一份勇气,需要一份睿智。

(一)暑期实践回顾

实践前期,我们在社区进行了活动宣传工作,发放宣传单,走访街里邻居,鼓励居民们加入活动中。选定实践时间和地点后,我们开始繁忙的场地布置工作。起初,我们的音响设备和运动器械是十分短缺的,但经过实践队成员和学校的协商沟通,我们的设备逐渐完善了起来。在团队的共同努力下,我们将设备运输到了现场,完成场地布置工作。

实践中期,我们围绕"运动康复指导"和"趣味运动"两大主题展开活动。在正式活动开始前,学院的啦啦操成员带来精彩的舞蹈,活跃现场氛围的同时,展现了学院学子积极向上、锐意进取的精神风貌,获得大家的一致掌声。

运动康复指导活动由学院康复科的优秀学生负责,实践队成员向大家普及了康复运动的重要性和必要性,向社区居民们指出平时运动过程中易受伤的几个部位,如腰部、肩膀、膝盖等,针对运动损伤的预防措施和伤后处理内容进行科普讲解。在宣讲结束后,我们还积极和社区居民进行交流,运用专业知识为人们的疑难困惑之处提供可靠建议。这项活动不仅提升了居民的运动康复意识,也锻炼了我们的交际能力,在问答中让我们加深了对专业知识的印象,在实践中检验自己,发现不足,及时补缺。趣味运动由学生会的同学组织,实践队成员在策划过程中,根据孩子的特长,精心设计活动内容,制订相应的活动计划和方案,最终选择扔飞镖、跳绳、踢毽子、罚球线投篮、幼儿拍球这几项活动,呼吁家长一起加入游戏中。小朋友们互相配合,互相鼓劲,洋溢着幸福的笑容,家长们也一返童年,乐此不疲地加入游戏当中。趣味活动增进了小朋友之间的情感,也拉近了孩子与家长的距离,让大家实实在在地感受到运动的快乐。

在实践活动的末尾,我们号召居民们健康运动,大家纷纷表示在今后的生活中会多多锻炼,增强体质。此次活动不仅激发了居民们的运动兴趣,也提高了他们对运动康复的认识,达到了我们实践的初衷。

(二)暑期实践收获

(1)提高专业水平。实践队成员结合自身专业知识,开展健康知识普及和康复知识宣传活动。在资料收集和整理的过程中,实践队成员了解到许多新的知识,完善自己的知识库。在与人们进行沟通的过程中,每一次解答疑惑都是检验自己专业水平的可贵的机会,可以发现自己的知识盲区,及时补缺补漏,提高专业素养。

(2)增强运动意识。在参与游戏和运动的过程中,实践队成员也收获了许多快乐。平时学习工作繁忙,运动的时间寥寥无几,经过此次活动,我们体会到运动的乐趣,也决心加入运动的队伍中,劳逸结合,增强体魄。除此之外,我们也更加重视运动康复工作,对运动康复的措施有更加深入的了解,关注自身健康,从我做起。

(3)锻炼实践能力。大学生社会实践是引导学生走出校门、接触社会,实现理论和实践结合的良好形式,是增强大学生服务社会意识,促进大学生健康成长的有效途径。走访邻里提高我们的交际水平,场地布置锻炼我们团队合作和组织协调能力,撰写方案提高我们的文书工作和活动策划水平,普及知识、进行宣讲检验我们专业素养,给予我们信心和勇气。我们投身社会实践,在实践中磨炼意志,不断成长,提高了自己的综合实力。

四、心得体会

学院始终坚持贴近实际、贴近生活和贴近群众的原则,围绕构建公共文化服务体系,精心指导和组织群众性文化活动,保障人民群众的基本文化利益,带领指导学生策划了以"厚于德、敏于学"办学理念为宗旨的实践活动,学生们在实践中能够及时发现问题,及时与老师和社区工作人员进行沟通并调整。在社区工作者的配合下,我们充分发挥青年学生的先锋模范作用,组织社区居民开展各项文体活动,积极探索社区文体工作新领域，为居民创造一个和谐文明、健康欢乐的社区大家庭。

此次"逸动"社区实践活动能够成功举办，场地的布置完善是一大"功臣"。对于如何布置一个设备齐全而宽敞明亮的场地，实践队成员绞尽脑汁，付出了许多心血。音响设备的使用为本次的社区活动提供了令人愉悦的气氛，但在筹备过程中负责该环节的同学遇到了运输的难题，幸运的是在与指导老师的及时沟通中解决了运输的问题。抵达社区之后，负责各个活动点的学生群体在互帮互助下及时地搭建好了活动点，活动开始之后，我们将场地的秩序维护得井井有条。本次活动的准备过程锻炼了学生的组织能力和团队协作水平。

为让社区的居民们有良好的活动体验，以及让学生们能在实践中得到进步，我们必须确保在活动过程中万无一失。在运动保健知识宣传时，实践队成员以身传教，让知识变得通俗易懂，让年迈的社区居民容易接受。对于新一代的年轻群体来说，宣传工作要更生动形象才有吸引力，而在这方面的宣传工作上，我们也有相对应的解决方法，使得运动保健知识更能够深入社区居民之中，更好地走进大家的生活，让居民将来遇到有关情况时能正确解决自身的疼痛问题。面对社区里的小朋友们，为了提高幼儿、青少年积极参与运动的意愿，让他们知道运动对身体健康的重要性，实践队成员结合活动主题，带领各个年龄阶段的幼儿及青少年们开展了多种多样的体育活动。学院学生群体举办了飞镖、跳绳、踢毽子、罚球线投篮、幼儿拍球等一系列活动，通过奖券兑换奖品的形式，大大提升孩子们参与活动的兴趣，通过运用一些巧妙的体育器械，也激发了家长陪伴孩子的兴趣。在这次活动中，小朋友们不仅学习了许多体育技巧、体育技能，也收获了和爸爸妈妈在一起玩耍的欢乐，更激发了对体育活动的兴趣。而孩子们的家长，也腾出时间来陪伴孩子们，走进孩子们的童趣世界、内心世界。

作为龙岩学院学生，我们应当尽可能地参加更多的实践活动，服务社会，锻炼自己。实践不仅能巩固我们所学的抽象的理论知识，更重要的是在实践的过程中我们往往能发现新的问题。这次"逸动"社区活动的主题是为了宣传运动保健知识以及提高幼儿、青少年的体育运动兴趣，于是学院组织了一批专业对口的师生群体来进行实践活动。我们结合自身专业优势，联系实际，突出重点，注重实效寻找与自己专业相吻合的实践工作，更好地服务社区工作。通过不懈努力，在指导老师的帮助下，实践队顺利地组织起一系列活动，并且带领着幼儿及青少年进行了一系列的体育活动。看着孩子们认真和刻苦的样子，我们心中不由得升起了几分满足和自豪之情。孩子们在玩游戏的同时也激发了我们对体育活动的兴趣，这就是活动的真正意义所在。提高孩子们的体育兴趣，是一个循序渐进的过程，并不是一蹴而成的，而我们的职责就是指导他们，让他们去自行完成以及保护好他们。在活动中，对于赢了的孩子我们给予相应奖品，而对于输了的孩子我们也对他们的努力给予肯定，哪怕是微小的进步也予以赞赏和鼓励，让孩子们体会到成功的快乐，这既是对孩子最好的精神奖励，也有利于激发孩子的下一次尝试。

　　从这次的"逸动"社区活动中我们深刻领悟到,身体乃"革命"的本钱,劳逸结合才能实现自身健康发展。在日常生活中,我们要有意识地进行体育活动,并且也要有效地掌握一些有关运动保健的知识保护我们的身体。生命在于运动,"每天锻炼一小时,健康工作五十年,幸福生活一辈子"。运动是生命体必不可少的,它能够使身体更能适应环境,更加强健,让我们机体中的九大系统维持平衡,保证每一个系统能够有序、正常地进行工作,而正是有一个稳定的内环境和外环境才能够保持机体的正常运转。

　　此次社区活动让我们明白了社会实践的重要性,它不仅培养了我们自愿奉献的精神,也最大程度地锻炼了我们的专业能力。从宣传运动保健知识的过程中,我们感受到,原来所学知识也可以帮助到这么多人,心里不由得激动。社会实践不仅是展现个人能力的最佳平台,也是实现集体合作水平提升的良好途径。我们在群体中体会到了团体协作的重要性,经过与老师和同学以及师兄师姐同心协力完成一系列的活动,我们学到了许多相关事件的应对方式。总而言之,这次"逸动"社区的实践活动带给我们的收获是相当丰富的。这次活动虽然结束了,但是我们投身社会工作的步伐没有停止。在今后的学习工作中,我们将不断提升自己,为促进社会建设贡献出自己的力量。

(2021 年 9 月)